シェイクスピアのファースト・フォリオ

THE FIRST FOLIO

OF

SHAKESPEARE

Peter W. M. Blayney

シェイクスピアのファースト・フォリオ

偶像となった書物の誕生と遍歴

ピーター・W・M・ブレイニー
五十嵐博久――監訳

水声社

目次

【凡例】

一、本文中の（　）は、原文にある通りである。

一、本文中の〔　〕は、監訳者が注釈として補ったものである。また、詳細な説明を要する事柄については本文末尾の訳注にまとめた。

一、原著者の要望により、原文の一部を削除・修正のうえ訳出した。

一、本文中に見える「フォリオ」とは、すべて「ファースト・フォリオ」を略した“the Folio”の訳である。原文が“a folio”または“the folio”となっている場合は、混乱を避けるため、「フォリオ判の本」または「フォリオ版」として訳した。

一、本書で使用されている図のうち、クレジットを付していないものはすべて原著者およびフォルジャー・シェイクスピア図書館に帰属するものである。

一、原書の図には番号が付されていないが、本書においては参照の便宜を考えて通し番号を付した。文中では【　】によって示してある。

日本語版に寄せて

ピーター・W・M・ブレイニー

一九八四年から二〇〇〇年まで、私は、フォルジャー・シェイクスピア図書館の旧閲覧室にいつも居座って、一五九一年から一六一〇年までのロンドンの出版業に関する単独研究を行っていた。一九九〇年のある日、図書担当評議員（the Curator of Books）をしていたレイチェル・ドジェット氏が昇格し、その肩書に、「兼展示担当（and Exhibitions）」の文字が加わった。彼女に祝意を伝えた折に、私はこんなことをいった。「もしアイデアに困ることがあれば、ファースト・フォリオを所蔵するために創設されたこの図書館で、情熱を傾けてその展示をやったことがないと思い出してください」。翌日、彼女は、私のところへやってきて、こういった。「この図書館でファースト・フォリオ展をやったことがないなんて、昨日初めて知りました。先生にその監修をお願いできないかしら」。

本書を一瞥していただければ、私の専門知識は、広い意味での演劇学や、あるいはシェイクスピアに特化したものではなく、出版業の歴史に関するものであることはご察しいただけるだろう。つまり、私は、自分を追い込んで重荷を背負い込む破目になったのだが、英文学で学位を取得するまえに役者として研鑽を積んだこともあったので、この仕事をする資格がなくはないとも思った。

私は、普段は、自分の分野の専門家向けに文章を書いているが、展覧会の小冊子〔本書は、一九九一年にフォルジャー・シェイクスピア図書館が主催した「シェイクスピアのファースト・フォリオ展」の小冊子として書かれている〕となると、それは来館する誰もが、その興味の度合いに関係なく読むものである。自分の分野について万人に説くことができない者は「真の」専門家ではないというのが、昔からの私の信念だったので、本書に限っては、脚注や後注を付けずに書いた。書く途中で、マニア的な書き方に陥ってしまいそうになったときは、筆を休め、「もし一四歳の娘に質問されたら、どう説明するのか」と自問することにした。

日本語読者の皆さんのシェイクスピア演劇の経験は私のものとはきっと違うだろうが、私は日本語を学んだ経験がないので、それがどのようなものなのかは想像できない。しかし、本書は、一冊の本の出版と、その過程で実際に起こった出来事を綴ったものである。そして、その出来事がもたらしたものを、私たちは今日でも目で見ることができる。

したがって、本書に綴られているストーリーは、シェイクスピア演劇とは大きく違った意味で、「万人のもの」といえるだろう。五十嵐氏の監訳で「私の」物語（*my story*）が伝わるのか、それとも、私の言葉で氏の綴る「歴史」（*his story*）が伝わるのか、それは私には分からない。いずれにせよ、一九九一年に私が製作した本書を、氏がこうして語り直してくれたことは、著者として光栄である。

二〇二〇年五月

まえがき

ワーナー・グンダースハイマー
（フォルジャー・シェイクスピア図書館長〔当時〕）

フォルジャー・シェイクスピア図書館は多くの事柄によって知られているが、その最も広く知られた特徴は、現存するシェイクスピアのファースト・フォリオの約三分の一を所蔵することである。しかし、このことじたいは広く知られているのだが、そのコレクションの一冊を取り上げ、それがいったいどのような本なのかについて筋の通った説明のできる人は比較的少ない。また、有名なこのコレクションには、いったいどのような意義があるのかと問えば、いうまでもなく、説明できる人は少ない。

ファースト・フォリオについて知らないのは、一般人ばかりではない。それどころか、古書蒐集家やシェイクスピアの熱狂的な愛好家の間では、ファースト・フォリオはまるで信仰対象のように扱われている。彼らの間では、ファースト・フォリオは、儀式用品のように神秘のオーラに包まれた状態で存在し続けている。また、驚くべきことだが、フォルジャー・シェイクスピア図書館の所蔵する数千冊の英文古書の中で、ファースト・フォリオだけが蔵書目録に載せられていなかった。本図書館がこの状況の改善に向けた第一歩を踏み出したのは、わずか数ヶ月まえのことである。

さらに、フォルジャー・シェイクスピア図書館に勤務する私たちも、フォリオ崇拝に貢献する役割を担っていた。古い慣例により、文明の生んだこの秘宝のサンプルをご覧いただけるようにと、本図書館が所蔵するフォリオの一冊をグレート・ホールに展示している。ファースト・フォリオの唯一無二の価値をこうして強調することが、少なからず誤解を生じさせている。また、この行為は、図書館側の利己的な営みともいえる。文化遺産としての価値をさておけば、ファースト・フォリオは特別に珍しい本というわけではない。本図書館には、(ほとんどは、フォリオの価値には到底及ばないことは確かだが)もっと珍しい本が、何千冊も所蔵されている。

しかし、ファースト・フォリオは、書物の歴史において、また、シェイクスピア作品の保存と校訂という文脈において、画期的な本である。いったい、なぜ、そう明言できるのか。「シェイクスピアのファースト・フォリオ展」は、まさにその問いに答えるものである。企画を監修したピーター・ブレイニー博士が、本図書館が所蔵する二四冊のファースト・フォリオと四冊の断片(零本)を選定し、その類似点および差異に光を当ててくださった。ブレイニー博士は、フォリオの分析——展示したフォリオの解説と本書に書かれている見事な評論——を通じて、しばしば探偵のような粘り強さと推理能力を発揮されながら、その膨大な知識を私たちにも分かりやすく説いてくださっている。一六二三年に印刷所を離れたときすでに、フォリオの一冊一冊には差異が生じていたこと、そして、その後の数百年間に、製本師や書籍商、それに様々な《ディファレント》（また様々に無頓着な《インディファレント》！）所有者の手を介して、一冊一冊に個性が加わっていったことに博士は注目されている。そして、フォリオのような本がどのようにして製作され、誰が誰のために製作したのか、また、製作費がどのくらいかかり、時代とともに変わるシェイクスピアへの興味関心がフォリオの保存状態にどのような影響を及ぼしたのか、説明されている。さらに、蒐集家としてのフォルジャー夫妻の活動について解説し、二人に特有の価値観や考え方が、同時代の人々の考え方をいかに踏襲し、またそこに影響を及ぼしたのか解明されている。

　端的にいえば、おそらく現代に生きる誰よりもシェイクスピア時代のロンドンにおける出版業について知っておられるブレイニー博士は、本書において、一冊一冊のファースト・フォリオとその経済的・社会的な遍歴、そしてフォリオについての専門的知識の変遷について、極めて独自で説得力のある文章で明瞭に解説してくださっている。本展覧会のための調査中に、博士は個々のフォリオについていくつかの興味深い発見もされている。しかし、本書は専門家向けに書かれたものではない。近年の展示物に付いている多くの学術的な解説とは違い、博士の解説は、ファースト・フォリオについて興味を持つ方なら誰もが楽しんで読み、学ぶことのできる文章である。

　その博識を分かりやすく説いてくださったことはもとより、このたびの展覧会の資料をほぼ単独で準備してくださったことに対し、フォルジャー・シェイクスピア図書館としてブレイニー博士に御礼を申し上げたい。博士は、ジェイムズ一世時代のロンドンにおける印刷所研究の真の門徒として、展示物に供するラベルと本書の写真製版原稿の考案から準備まで請け負ってくださった。本館写真担当主任のジュリー・エインズワースにも、心からの謝意を表したい。彼女は、この展覧会のために六〇枚を超える写真を準備してくれたが、その多くは準備に大変な労力を要するものであった。J・フランクリン・マウリーと彼の率いる有能な保存修復チームには、資料の安全と利用のしやすさ、さらにはその展示方法という、しばしば相克する判断基準について、この展覧会のために調整してもらった。

この展覧会は、ファースト・フォリオという注目すべき本についての知識を享受していただける唯一無二の——世界中で本図書館だけが提供し得る——機会である。私の感激をぜひ皆様と共有できればと願うところである。

(Photograph by Dr. Peter W. M. Blayney. By permission of the Folger Shakespeare Library.)

【図 1】 1991 年 4 月 1 日～9 月 21 日にフォルジャー・シェイクスピア図書館が開催した「シェイクスピアのファースト・フォリオ展」(THE FIRST FOLIO OF SHAKESPEARE) に展示された「ファースト・フォリオのつくり」の解説ケース。

はじめに

ウィリアム・シェイクスピアがストラットフォード・アポン・エイヴォンの家で亡くなってから七年後の一六二三年一一月、彼の書いた芝居三六本を収録した一冊の本がロンドンで出版された。その本は大判のフォリオ（横幅が今の百科事典並で、縦が百科事典よりも二、三インチ高いサイズの本）で[1]、このような内容の本がフォリオ判で出版されたのは、歴史上、初めてのことだった。

フォリオ判は、たいてい（神学、法学、歴史学、紋章学といった学問の）参考書や古代の重要な著述家（ホメロス、タキトゥス、聖アウグスティヌス）、近代の重要な著述家（エドマンド・スペンサー、サー・フィリップ・シドニー、ジョセフ・ホール主教）の著作集の出版に用いられる様式だった。公衆劇場での上演用に書かれた芝居は、一般的には、文学としてまじめに考える値打ちはなく、大衆向けのはなはだつまらない娯楽作品とみなされていた。一六一六年、ベン・ジョンソンが九本の芝居を『著作集』（*Workes*）というフォリオ版の本に収録したが、同時代人たちの中には、ジョンソンは「著作」と「芝居」の違いを忘れてしまったのではないかと冗談をいう者もいた。一六二三年の「ファースト・フォリオ」[2]は、シェイクスピア作品を集めた最初の版というだけではなく、芝居のみを収録したフォリオ判の本としては、イギリスで出版された最初のものだった。

ファースト・フォリオに収録された三六本の芝居のうち一四本は、それ相応の良質の本文からなる四つ折本（クォート）[3]の形で、すでに個別に出版されていた。その一四本のうちそのままの状態でフォリオに収録されたのは二本のみである。六本は、クォート版の本文を少なくとも部分的に、（ファースト・フォリオの製作に協力した）役者たちが持っていた手稿本《マニュスクリプト》に照らして編集した原稿を印刷したものである。そして、他の六本は、ファースト・フォリオが出るまえに出版されていたクォート版とは本文の状態がかなり異なる手稿本を新しく活字にしたものである。残る二二本の芝居のうち四本は、本文が大幅に短くされていて（上演のためにそうしたのかもしれない）、また、少なくとも部分的に、本文の質が劣る（記憶を頼りに再現されたからかもしれない）。このことから、それらは「不良クォート」と呼ばれている。[4]ファースト・フォリオでは、この四本の芝居は、シェイクスピアが書いた短くなるまえの状態に近いと推定される通常の長さ《フル・レングス》の手稿本が活字になっている。

ファースト・フォリオに収録された残る一八本の芝居は、どれもそれ以前には出版されていないものである。一五九〇年代に出版された著者不詳の芝居が二本存在し、それらがシェイクスピアの『ジョン王』と『じゃじゃ馬ならし』の翻案ものだとか、不良本だとか、最初の草稿だといわれることもある。しかし、これらはシェイクスピアが種本《ソース》とした古い芝居だった可能性が高い。また、もう一本、シェイクスピアの存命中にドイツで人気を博したイギリスの旅芸人の一座が、おそらく上演用に短縮して翻案し、翻訳して、最終的には一六二〇年に出版した芝居が存在する。この『ジュリオとヒポリタ』というドイツ語のテクストはファースト・フォリオの三年まえに出版されているが、これを『ヴェローナの二紳士』の「初版」として語るのは、現実的ではない。

残念なことに、ファースト・フォリオには、シェイクスピアのものとして知られる芝居のすべては収録されなかった。一六〇九年にシェイクスピアの名前で出版された『ペリクリーズ』は、少なくとも部分的にシェイクスピアが書いた芝居の「不良クォート」であると、長く考えられてきた。また、(一六三四年にシェイクスピアとジョン・フレッチャーの共作として出版された)『血縁の二公子』も、最近ではシェイクスピア作品の一つに数えられるようになった。また、その意味では、手稿本の状態で存在し、その未定稿の三ページがシェイクスピアの直筆であると広く信じられている『サー・トマス・モア』の一部も、シェイクスピア作品といえる。『恋の骨折り得』(*Love's Labours Won*)という芝居は、一五九八年のシェイクスピア作品とされ、一六〇三年にある書籍商の取引日記に記録されているが、この芝居は紛失してしまったか、あるいは別の題名を冠した芝居となって残っていると考えられる。(5) シェイクスピアとフレッチャーの共作である可能性が高い『カーディニオ』という芝居の三つの手稿本が一八世紀まで残っていたと伝わるが、この芝居は、今で

は一七二八年に出版された翻案が存在するのみである。(6)

シェイクスピアが単独で書いたもの、または部分的にシェイクスピアが書いたものと認定されている三九本の芝居(7)のうち一八本は、ファースト・フォリオによってのみ現在まで残っている。四本は、ファースト・フォリオが出版されていなければ、短く編集された不良本の形でしか残らなかっただろう。また、他の一七本のうち少なくとも半数は、私たちが知っている形とは多少なりともはっきりと違った状態で残っていただろう。ファースト・フォリオが「英語で書かれた本のうちで比類なく重要なもの」と呼ばれるのは、当然である。

出版業者、役者、そして計画

ファースト・フォリオの出版を最初に考えたのは役者たちだったのか、それとも出版業者だったのか定かではない。しかし、フォリオの出版が実現するためには、両者の協力が必要だった。事業が成功して最大の利益を得るのは出版業者だった。役者たちは、事業が失敗しても損失を被ることはほとんどなかった。シェイクスピアは劇場人生の大半を、一六〇三年に国王一座（それまでは宮内大臣一座）となった一座の株主の一人としてすごした。フォリオの出版を企画したのが出版業者だったとしても、一座で一番の当たりをとった劇作家への賛辞となり記念碑ともなるその企画を、一座の役者たちは歓迎したことだろう。さらに加えていえば、一六二〇年代には、シェイクスピアの芝居のうち定期的に上演される作品は他の芝居に比べて少なくなっていたと考えられるが、かつて人気のあった芝居を要求されれば、一座としてはそれらを舞台に復活させる用意があることを、フォリオの出版によって人々に知らしめることもできただろう。

出版に協力した理由が財政的なものだったと看破できるほどの額ではないが、彼らには報酬も支払われた。出版業者たちの間では、今でいうロイヤルティ契約のような契約交渉が行われることがあったが、出版業者が書籍出版業組合《ステーショナーズ・カンパニー》の組合員ではない者から「原本」を買う際には、たいてい即金で買い取っていた。役者たちが自分たちの所有する手稿本をフォリオの印刷業者に使用させる料金を受け取ったのは、その一度限りで、彼らの受け取った額は、五〇ポンドを超えることはありえなかったし、もっと少なかったかもしれない。

企画を主導した出版業者のエドワード・ブラウントとアイザック・ジャガードは、それまでにない相当高額の利益を見込んでいたようだが、事業はリスクを伴うものでもあった。国王一座の所有する手稿本の借用賃を支払う他に、すでに出版されている芝居について、二人は、その出版権利を買い受けるか借りるかする必要があった。当時の出版権利は今の「版権」とは実質的に異なり、それによって保護されるのは作品のコンテンツだけではなかった。例えば、『ジャジャウマ馴ラシ』〔作者不詳、一五九四年出版〕や『ジョン王の乱世』〔作者不詳、一五九一年出版〕の出版権利を有している業者が、その売れ残りの部数を大量に抱えていたとすると、その業者は、シェイクスピアによるそれらの改作〔『じゃじゃ馬ならし』、『ジヨン王』〕が出版されれば、自分たちの本が売れなくなるため、権利が侵害されてしまうと訴えることができた。したがって、ブラウントとジャガードは、そうした芝居の出版権利を有する同業者らとも交渉する必要があった。

どれほどたくさんの部数を印刷しても、一冊にかかる紙代と印刷代の合計額は基本的に同じである。しかし、一冊の販売額に、芝居の出版権利取得のために支払った経費を分割して組み込むことになるので、印刷する部数によって本の値段が違ってくる。あまりにも少ない部数しか印刷されない場合、その本は、一冊の値段が高すぎて売れず、他方、あまりにも多くの部数を印刷すれば、かかった経費を取り戻すのに十分な部数を捌《さば》くことができなくなってしまう。実際にフォリオを捌いた先例はなかったので、採算が取れる理想的な出版部数は推測するしかなかった。一六一六年に出版されたジョンソンの『著作集』は、未装丁のものが九または一〇シリング〔現在の日本の貨幣価値に換算すると大判の国語辞典一冊分の値段〕（簡易なカーフ装丁のもので一三または一四シリング）していたようだが、この価格を基準にして、フォリオの市場相場を読むことはできなかった。シェイクスピア作品集の企てがなされるまでの六年では、ジョンソンの『著作集』はまだ完売にはほど遠い状態だった。再版が出版されたのは、一六四〇年のことである。シェイクスピアのフォリオの出版には、ジョンソンの『著作集』に比べて多額の経費がかかったため（ジョンソンの『著作集』に比べて六〇葉少ないが、より大きな用紙を使って、より小さな文字が一つの版面《はんづら》に左右二段ずつ組まれている）、価格はその一・五倍となった。フォリオの印刷部数は一二〇〇部だったと広く考えられてきたが、それは多く見積もりすぎである。わずか九年で再版されたという事実から、シェイクスピアのフォリオは比較的少ない部数で出版されたと考えられる。印刷部数は多く見積もっても七五〇部程度か、あるいはもっと少なかったかもしれない。(8)

目の見えない印刷業者とその息子

エドワード・ブラウントとアイザック・ジャガードが印刷業者を決めるのに手間取ることはなかった。アイザックの父ウィリアム・ジャガードは、一六〇四年にジェイムズ・ロバーツの印刷所の近くに小さな印刷所を設立していた。一六〇六年にロバーツが引退したとき、ウィリアムは自分のところよりも大きなその店舗を買い取ってそこに印刷所を移した。その印刷所は、ロンドン市を囲む壁の外側に位置し、オールダーズゲイト通りとバービカンの交差点に位置していた。(9)

一六一六年にはアイザックがその印刷所の経営に積極的に加わり始めており、一六二〇年には普段の作業の多くをアイザックが担っていたものと思われる。印刷所の実権は（シェイクスピアのフォリオが完成する少しまえに）父ウィリアムが死去するまで息子に譲られることはなかったが、一六二三年までの数年間、ウィリアムは目が見えなくなっていた。

ウィリアム・ジャガードは、少しまえにシェイクスピア作品集の出版企画にかかわっていた。友

【図2】 ウィリアム・ジャガードの印刷所はバービカンとオールダーズゲイト通り（Aldersgate Street）の交差点（拡大図〔**右**〕）の東側の一角にあった。

残念ながら，1666年のロンドン大火以前の状況を示す信頼できるロンドン地図は存在しない。この図は，ロンドン大火による災害の規模を示す目的で，その年にヴェンツェスラウス・ホラーが版画で描いた2つの地図のうちの1つである。

アイザック・ジャガードとエドワード・ブラウントが，すでに出版されていた芝居の権利を有する出版業者たちと交渉した際，2人の業者がファースト・フォリオ出版企画の共同出資者となった。その1人であるジョン・スメズィックは，ロンドンのフリート・ストリート（Fleet Street）の北側に位置する聖ダンスタン西教会（拡大図〔**左**〕に見える教会）の境内に店を構えていた。もう1人のウィリアム・アスプリーの店（The Parrot）は，**【図37】**（113ページ）に見えるように，セント・ポール教会の境内にあり，エドワード・ブラウントの店（The Black Bear）の2軒西隣にあった。

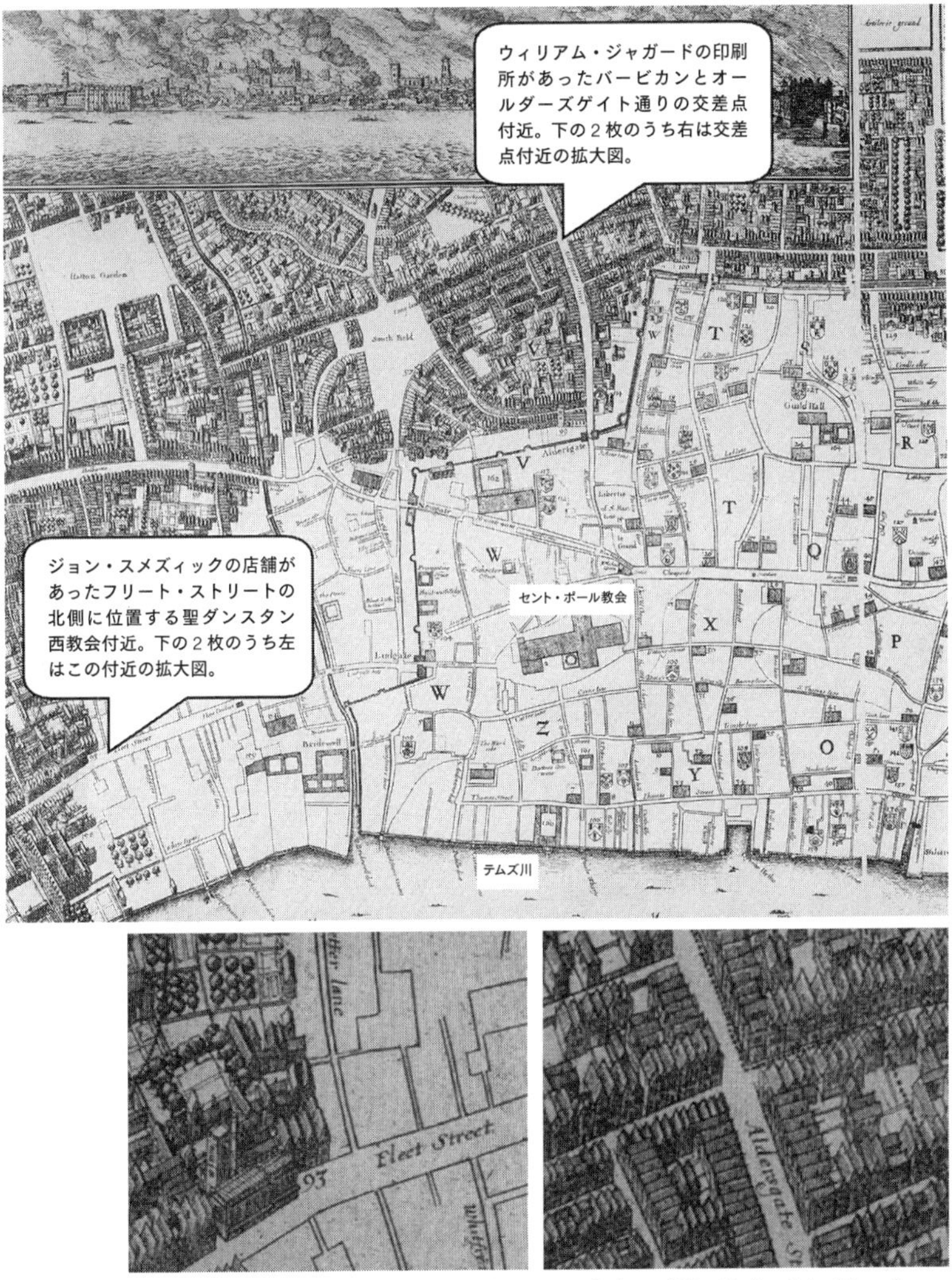

(The National Archives, ref. ZMAP 4/18. By permission of The National Archives Image Library Manager.)

人の出版業者トマス・パヴィアが、シェイクスピア作品やそれ以外の芝居数本の出版権利を有していた。パヴィアは、一六一九年にジャガードを雇い、「不良」本の『ヘンリー六世』(第二部および第三部)と『ペリクリーズ』で始まるクォート版の芝居選集を一巻本として印刷する仕事を依頼していた。しかし、役者たちがその企画について知ると、それを阻止しようとした。理由は、彼らが自分たちでシェイクスピア作品集を編纂しようとすでに考えていたからかもしれない。一六一九年五月には、宮内大臣が書籍出版業組合に対し、国王一座の芝居を彼らの許可なしに出版してはならないとの通告を出している。その通告を受けてパヴィアはジャガードを説き伏せ、偽った日付を入れてもう七本のクォートを刷り直させ、その七冊が一六一九年以前に出版された本の売れ残りであるかのように偽装させた。

そのようなでたらめな出版とかかわっていたジャガードが、シェイクスピアのフォリオの印刷を担う適任者としてまかり通ったことが不思議だと考える研究者もいる。しかし、国王一座の役者たちは、ジャガードが一座の芝居の宣伝ビラを印刷する権利を独占していたことから、一六一九年以降もジャガードとやりとりを続けていた。また、たとえ役者たちが芝居本に偽りの日付が印刷されたことを知っていたとしても、いったい誰がその印刷をしていたのかは知らなかったのかもしれない。そのうえジャガードは、(後にフォリオに収録される四本の芝居を所有していた)パヴィアと、そして、一六一九年の不正な出版行為に加わっていたと考えられる別の二人の出版業者(この二人は後にフォリオに収録される芝居を一本ずつ所有していた)から妥当な条件を引き出す交渉にあた

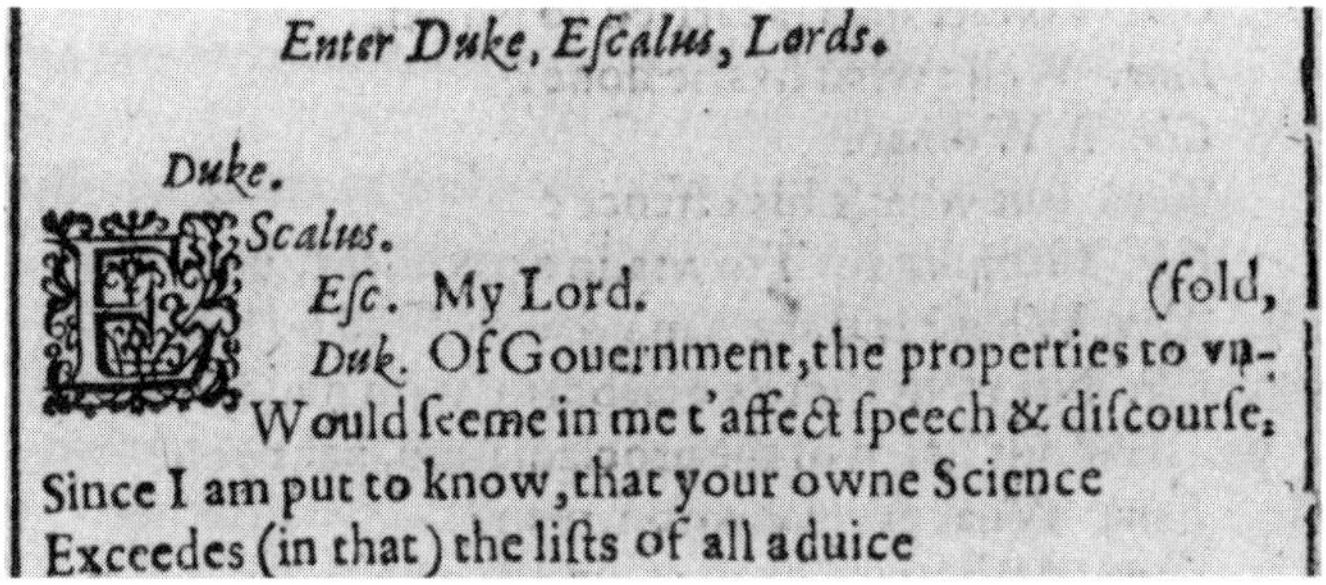
Enter Duke, Eſcalus, Lords.

Duke.

E *Scalus.*

Eſc. My Lord. (fold,

Duk. Of Gouernment, the properties to vn-

Would ſeeme in me t'affect ſpeech & diſcourſe,

Since I am put to know, that your owne Science

Exceedes (in that) the liſts of all aduice

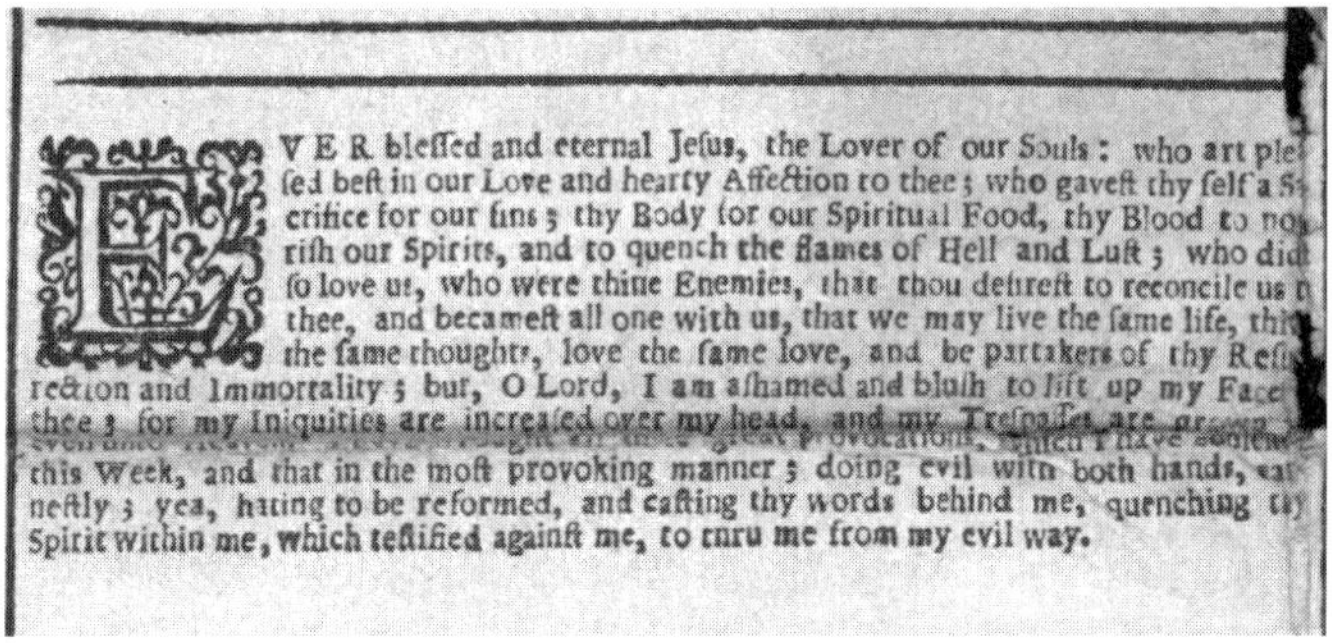
EVER bleſſed and eternal Jeſus, the Lover of our Souls: who art ple-
ſed beſt in our Love and hearty Affection to thee; who gaveſt thy ſelf a Sa-
crifice for our ſins; thy Body for our Spiritual Food, thy Blood to nou-
riſh our Spirits, and to quench the flames of Hell and Luſt; who didſt
ſo love us, who were thine Enemies, that thou deſireſt to reconcile us to
thee, and becameſt all one with us, that we may live the ſame life, think
the ſame thoughts, love the ſame love, and be partakers of thy Reſur-
rection and Immortality; but, O Lord, I am aſhamed and bluſh to lift up my Face to
thee; for my Iniquities are increaſed over my head, and my Treſpaſſes are grown [illegible]
[illegible]
this Week, and that in the moſt provoking manner; doing evil with both hands, ear-
neſtly; yea, hating to be reformed, and caſting thy words behind me, quenching thy
Spirit within me, which teſtified againſt me, to turn me from my evil way.

（下：Reproduced by kind permission of the Syndics of Cambridge University Library.）

【図 3】　ホラーのロンドンの地図〔【図 2】〕が示すように，ジャガードの印刷所は 1666 年のロンドン大火を免れたため，ファースト・フォリオに使われた装飾体の大文字のいくつかは，18 世紀になっても〔印刷所を継承した〕ベンジャミン・モットによって依然として使用されていた。例えば，『尺には尺を』に用いられている書き出しの “E” の装飾文字〔上〕は，1713 年のモットの活字見本〔下〕にも用いられている。

る人物として最適だった。

フォリオの印刷工程はいかにして再現されたのか

ファースト・フォリオの印刷工程について今日知られている大体のことは、チャールトン・K・ヒンマンの不朽の研究業績に負うものである。ヒンマンは自らが設計して組み立てた特製の拡大のぞき眼鏡を使い、フォルジャー・シェイクスピア図書館のフォリオ五五冊を一葉一葉、細部まで丹念に見比べた。彼はまた、それとはっきり分かる様々な特徴が、本全体を通して繰り返し現れる傾向について、数年の歳月をかけて調べ、分析した。具体的には、本文が収められた箱状の枠の印刷に用いられている一つ一つの真鍮製の罫（曲がり具合やとぎれ具合から特定が可能）、それぞれの芝居に付された通し題名のはめ込み具合、本文中にたくさんある傷ついた特徴的な活字に注目した。そうして、版面の組付けと印刷の行われた順序を再現し、工程にかかわった複数の職人のうちの誰がどの版面を組んだのか特定することができた。また、不規則な部分の多くについて、フォリオと同時期に印刷されていた他の本の特定箇所との関係も明らかにした。

『シェイクスピアのファースト・フォリオの印刷と校正』（*The Printing and Proof-Reading of the First Folio of Shakespeare*）というヒンマンの研究は、一九六三年に出版された。それ以来、他の研究者が、ヒンマンの導き出した結論のいくつかを修正し、訂正や補足をしてきたが、彼のこの研究は、今日に至るまでシェイクスピア研究のかけがえのない道標となっている。以下に記述する解説は、いくつかの点でヒンマンのものと違ってはいるが、ほとんどがヒンマンによるフォリオ印刷工程の再現に基づいている。

一六二二年から一六二三年にかけてジャガードが印刷した本

ファースト・フォリオの印刷作業が始まったのは、一六二二年の早い時期、おそらく二月初旬だったと考えられるが、この頃、ジャガードはまだ、一六二一年に始めた二冊の本の製作を行っていた。その一冊――トマス・ウィルソンの『キリスト教事典』(*A Christian Dictionary*)の版本【図4】――は、ほとんど完成した状態にあり、フォリオの「喜劇」にある三番目の芝居(『ウィンザーの陽気な女房たち』)とほぼ同時に仕上がることになっていた。もう一冊は、まだ完成にはほど遠い状態で、一六二二年の一一月下旬かもしくは一二月上旬まで仕上がる見込みはなかった。その本――オーガスティン・ヴィンセントの『誤りの発見』(*A Discoverie of Errovrs*)【図5】――は、ウィリアム・ジャガードにとって、ファースト・フォリオよりも遥かに重要な本だった。

一六一九年、ジャガードは、ヨーク紋章官のレイフ・ブルックが書いた貴族家系図の本を印刷し

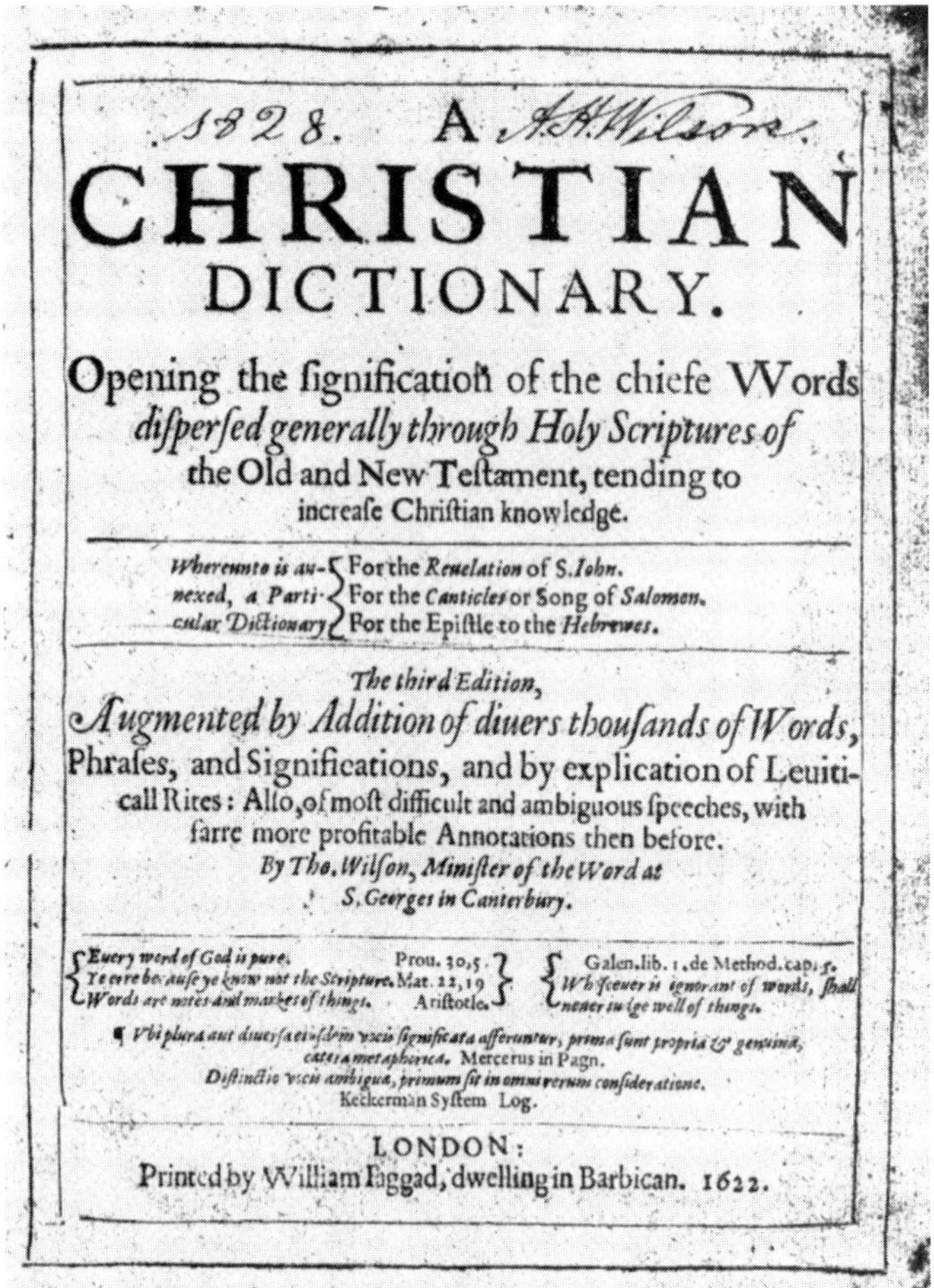

1828. A A.H. Wilson.

CHRISTIAN

DICTIONARY.

Opening the ſignification of the chiefe Words *diſperſed generally through Holy Scriptures of* the Old and New Teſtament, tending to increaſe Chriſtian knowledge.

Whereunto is annexed, a Particular Dictionary { For the *Reuelation* of S. *Iohn*. For the *Canticles* or Song of *Salomon*. For the Epiſtle to the *Hebrewes*.

The third Edition,

Augmented by Addition of diuers thouſands of Words, Phraſes, and Significations, and by explication of Leuiticall Rites: Alſo, of moſt difficult and ambiguous ſpeeches, with farre more profitable Annotations then before.

By Tho. Wilſon, Miniſter of the Word at S. Georges in Canterbury.

Euery word of God is pure. Prou. 30,5.
Ye erre becauſe ye know not the Scripture. Mat. 22,19
Words are notes and markes of things. Ariſtotle.

Galen. lib. 1. de Method. cap. 5.
Whoſoeuer is ignorant of words, ſhall neuer iudge well of things.

¶ *Vbi plura aut diuerſa eiuſdem vocis ſignificata afferuntur, prima ſunt propria & genuina, caetera metaphorica.* Mercerus in Pagn.
Diſtinctio vocis ambigua, primum ſit in omni rerum conſideratione. Keckerman Syſtem Log.

LONDON:
Printed by William Iaggad, dwelling in Barbican. 1622.

【図 4】 トマス・ウィルソン『キリスト教事典』(1622 年) の扉表紙。

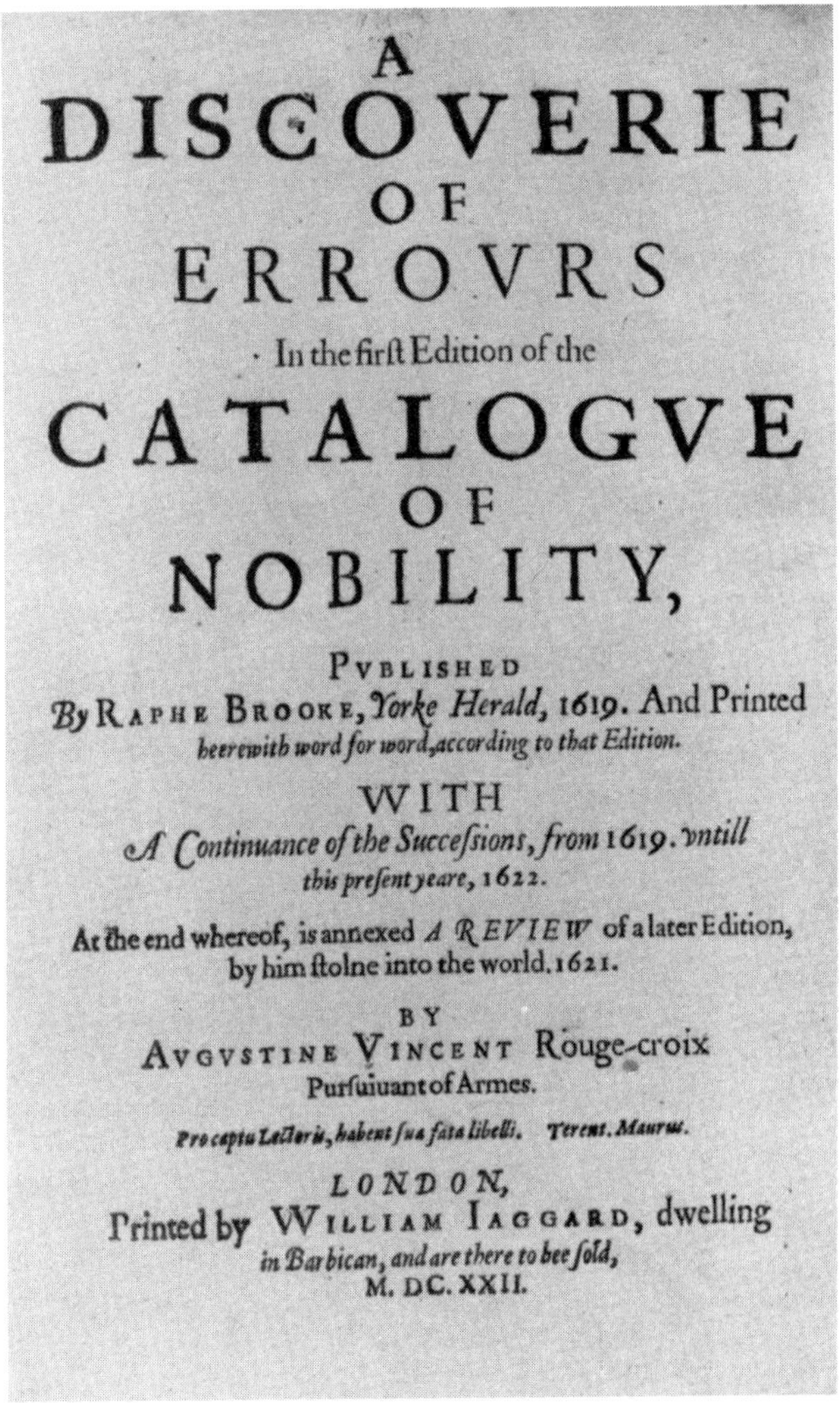

A
DISCOVERIE
OF
ERROVRS
In the first Edition of the
CATALOGVE
OF
NOBILITY,

PVBLISHED
By RAPHE BROOKE, *Yorke Herald*, 1619. And Printed
heerewith word for word, according to that Edition.

WITH
A Continuance of the Succesſions, from 1619. *vntill*
this preſent yeare, 1622.

At the end whereof, is annexed *A REVIEW* of a later Edition,
by him ſtolne into the world. 1621.

BY
AVGVSTINE VINCENT Rouge-croix
Purſuiuant of Armes.

Pro captu Lectoris, habent ſua fata libelli. *Terent. Maurus.*

LONDON,
Printed by WILLIAM IAGGARD, dwelling
in Barbican, and are there to bee ſold,
M. DC. XXII.

【図 5】 オーガスティン・ヴィンセント『誤りの発見』（1622 年）の扉表紙。

【図 6】　ウィリアム・バートン『レスターシャーの歴史』（1622 年）の扉表紙。

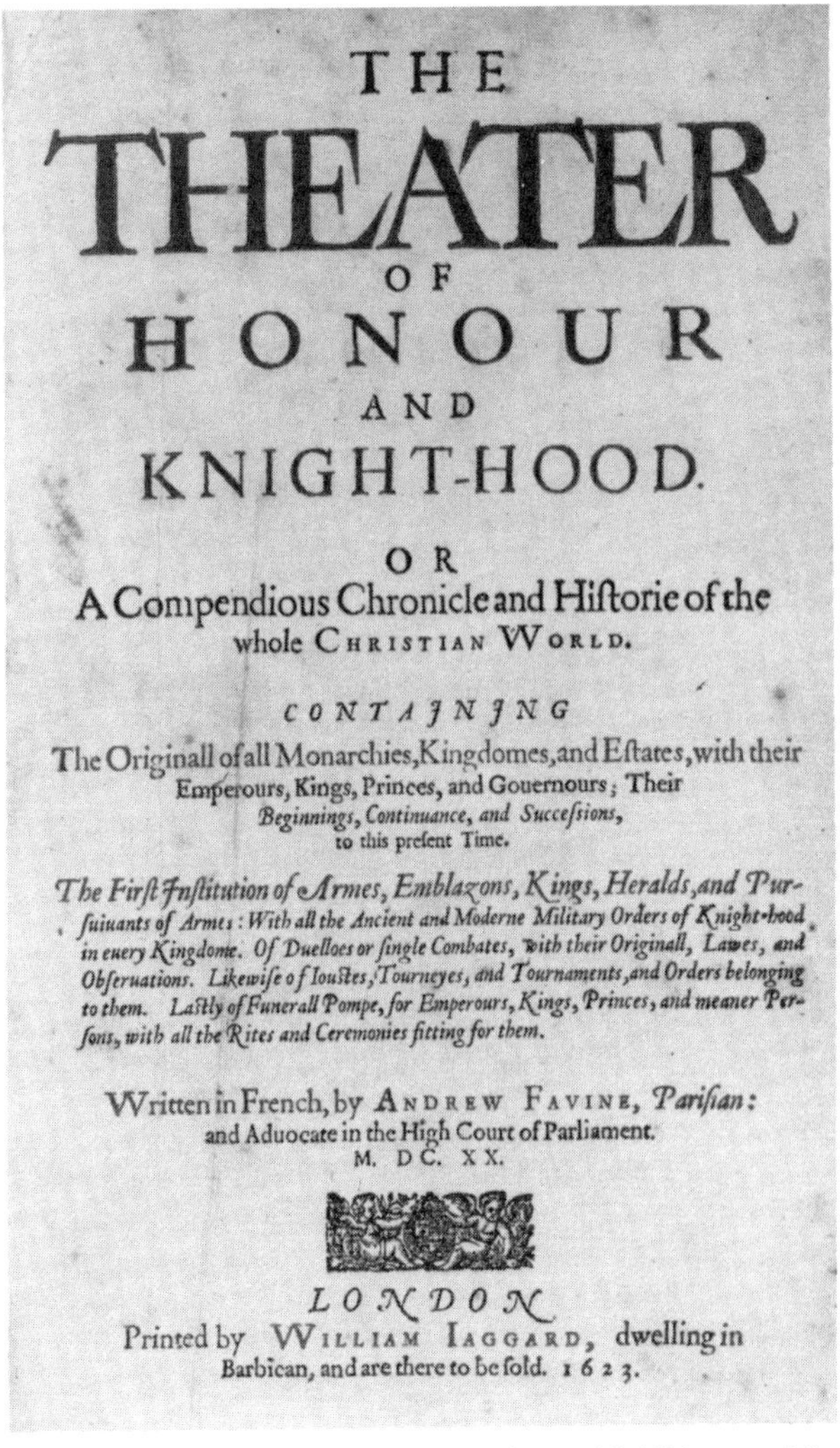

THE

THEATER

OF

HONOUR

AND

KNIGHT-HOOD.

OR

A Compendious Chronicle and Historie of the whole CHRISTIAN WORLD.

CONTAINING

The Originall of all Monarchies, Kingdomes, and Estates, with their Emperours, Kings, Princes, and Gouernours; Their *Beginnings, Continuance, and Succesions,* to this present Time.

The First Institution of Armes, Emblazons, Kings, Heralds, and Pursuiuants of Armes: With all the Ancient and Moderne Military Orders of Knight-hood in euery Kingdome. Of Duelloes or single Combates, with their Originall, Lawes, and Obseruations. Likewise of Ioustes, Tourneyes, and Tournaments, and Orders belonging to them. Lastly of Funerall Pompe, for Emperours, Kings, Princes, and meaner Persons, with all the Rites and Ceremonies fitting for them.

Written in French, by ANDREW FAVINE, *Parisian:* and Aduocate in the High Court of Parliament. M. DC. XX.

LONDON

Printed by WILLIAM IAGGARD, dwelling in Barbican, and are there to be sold. 1623.

【図 7】 アンドレ・ファヴァン『栄光の舞台』（英語版，1623 年）の扉表紙。

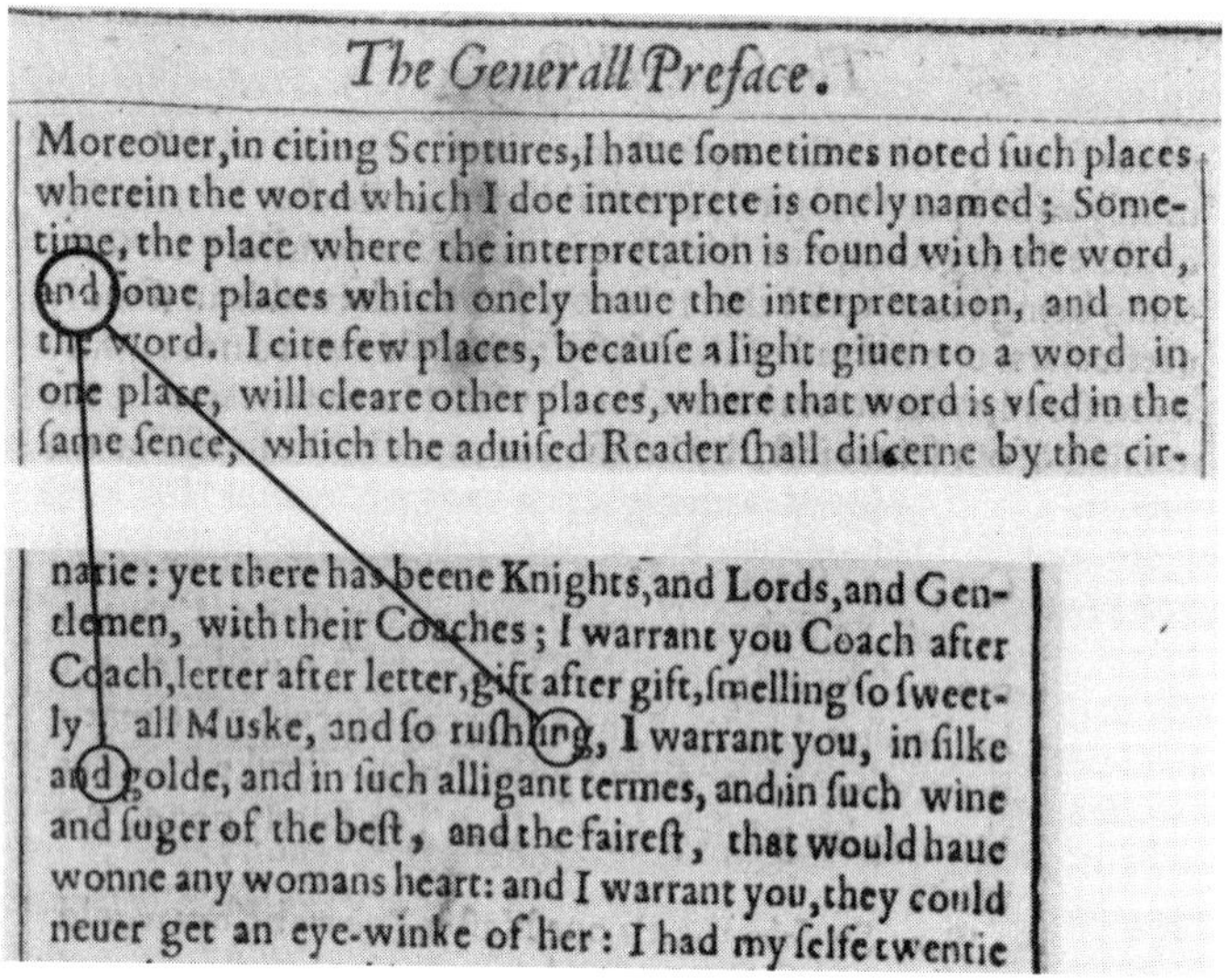
The Generall Preface.

Moreouer,in citing Scriptures,I haue ſometimes noted ſuch places wherein the word which I doe interprete is onely named; Sometime, the place where the interpretation is found with the word, and ſome places which onely haue the interpretation, and not the word. I cite few places, becauſe a light giuen to a word in one place, will cleare other places, where that word is vſed in the ſame ſence, which the aduiſed Reader ſhall diſcerne by the cir-

narie : yet there has beene Knights,and Lords,and Gentlemen, with their Coaches; I warrant you Coach after Coach,letter after letter,gift after gift,ſmelling ſo ſweetly; all Muske, and ſo ruſhling, I warrant you, in ſilke and golde, and in ſuch alligant termes, and in ſuch wine and ſuger of the beſt, and the faireſt, that would haue wonne any womans heart: and I warrant you,they could neuer get an eye-winke of her: I had my ſelfe twentie

【図 8】 あるまとまったページが印刷されると，活字の汚れはきれいに拭き取られた。それから，各ページが行ごとに取り外され，1 文字ずつ解版されて活字箱の決められた仕切り部分に戻された。

ウィルソンの『キリスト教事典』で最後に印刷された箇所は，通常の他の本と同じく扉表紙と前付けだった。印刷の段階で，序文の最後のページ〔図上部〕に使われた隣り合う 2 つの活字〔“and” の “n” と “d”〕が破損していた。そのページの活字が活字箱に戻され，その箱の活字が次に使われたとき，破損した 2 つの活字〔“n” と “d”〕も早い段階で取り出されて使われた。この 2 つの文字は，ファースト・フォリオでは「喜劇」の 45 ページ〔図下部，『ウィンザーの陽気な女房たち』2 幕 2 場〕に最初に現れる。

ヒンマンは，こういった類の証拠を用いて，ファースト・フォリオとジャガードが印刷した他の本との関係を解き明かし，さらにファースト・フォリオのページが印刷された順序も再現することができた。

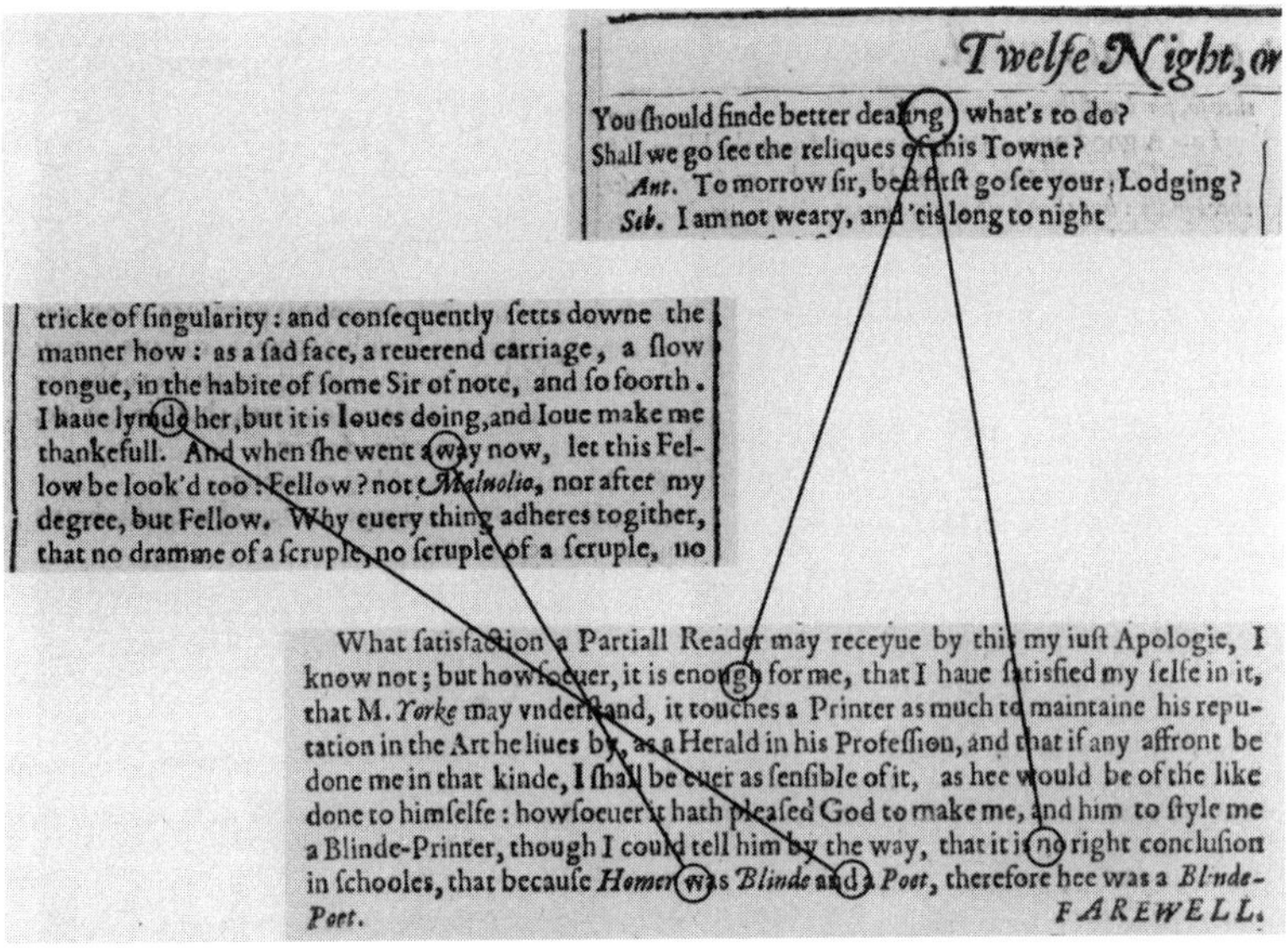

Twelfe Night, or

You ſhould finde better dealing: what's to do?
Shall we go ſee the reliques of this Towne?
Ant. To morrow ſir, beſt firſt go ſee your Lodging?
Seb. I am not weary, and 'tis long to night

tricke of ſingularity: and conſequently ſetts downe the manner how: as a ſad face, a reuerend carriage, a ſlow tongue, in the habite of ſome Sir of note, and ſo foorth. I haue lymde her, but it is Ioues doing, and Ioue make me thankefull. And when ſhe went away now, let this Fellow be look'd too: Fellow? not *Maluolio*, nor after my degree, but Fellow. Why euery thing adheres togither, that no dramme of a ſcruple, no ſcruple of a ſcruple, no

What ſatisfaction a Partiall Reader may receyue by this my iuſt Apologie, I know not; but howſoeuer, it is enough for me, that I haue ſatisfied my ſelfe in it, that M. *Yorke* may vnderſtand, it touches a Printer as much to maintaine his reputation in the Art he liues by, as a Herald in his Profeſſion, and that if any affront be done me in that kinde, I ſhall be euer as ſenſible of it, as hee would be of the like done to himſelfe: howſoeuer it hath pleaſed God to make me, and him to ſtyle me a Blinde-Printer, though I could tell him by the way, that it is no right concluſion in ſchooles, that becauſe *Homer* was *Blinde* and a *Poet*, therefore hee was a *Blinde-Poet*.

FAREWELL.

【図 9】「喜劇」の印刷終盤になって，フォリオの職人は突如「歴史劇」の作業を開始し，『終わりよければすべてよし』を完結させずに，また，『十二夜』の本文を組まないまま，「歴史劇」の最初の 24 ページを組んだ。一方，ヴィンセントの『誤りの発見』が完成に近づいていたため，「ヨーク殿」（ヨーク紋章官レイフ・ブルック）に宛ててジャガードが書いた公開状の最初の 4 ページが印刷された。この手紙の最終ページは，大部分がファースト・フォリオの『ジョン王』の印刷後に解版された活字を使って組まれたが，すぐには印刷されなかった。手紙の最終段落——最後の土壇場で修正が加わった可能性がある——には，『十二夜』のあるページから解版された活字がいくつか含まれている。

図上部と図中部の 2 枚は，「喜劇」の 267 ページ〔『十二夜』が収録された部分〕の 2 箇所を抜粋したものである。それぞれの箇所に一部が破損した問題の活字が 2 つずつ〔“n”，“g”，“d”，“w”〕含まれている。この 4 つの活字がジャガードの書いた公開状の最後の段落〔図下部〕にも使われている。

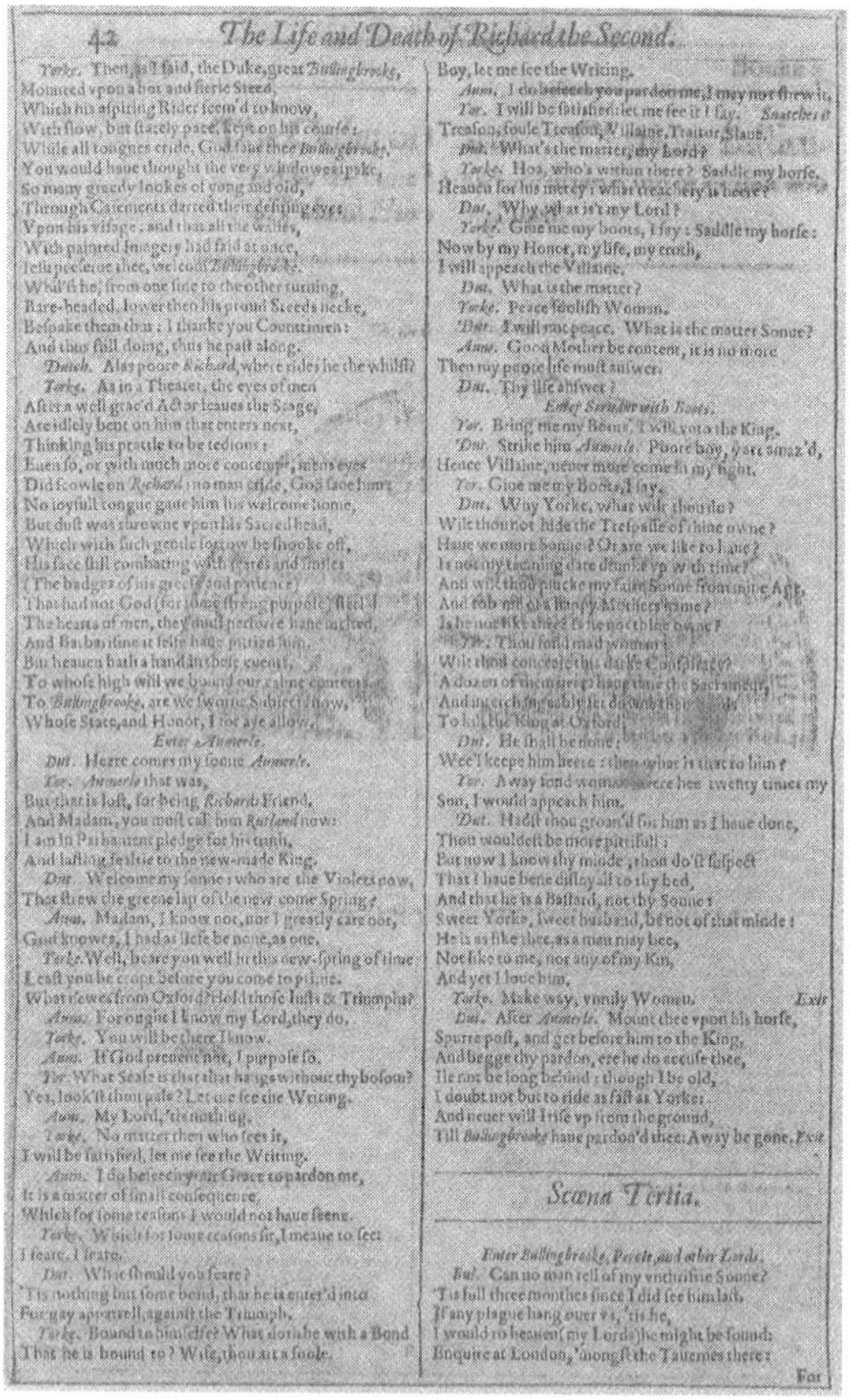

42 The Life and Death of Richard the Second.

Yorke. Then, as I ſaid, the Duke, great *Bullingbrooke*,
Mounted vpon a hot and fierie Steed,
Which his aſpiring Rider ſeem'd to know,
With ſlow, but ſtately pace, kept on his courſe:
While all tongues cride, God ſaue thee *Bullingbrooke*,
You would haue thought the very windowes ſpake,
So many greedy lookes of yong and old,
Through Caſements darted their deſiring eyes
Vpon his viſage: and that all the walles,
With painted Imagery had ſaid at once,
Ieſu preſerue thee, welcom *Bullingbrooke*.
Whil'ſt he, from one ſide to the other turning,
Bare-headed, lower then his proud Steeds necke,
Beſpake them thus: I thanke you Countrimen:
And thus ſtill doing, thus he paſt along.

Dutch. Alas poore *Richard*, where rides he the whilſt?

Yorke. As in a Theater, the eyes of men
After a well grac'd Actor leaues the Stage,
Are idlely bent on him that enters next,
Thinking his prattle to be tedious:
Euen ſo, or with much more contempt, mens eyes
Did ſcowle on *Richard*: no man cride, God ſaue him:
No ioyfull tongue gaue him his welcome home,
But duſt was throwne vpon his Sacred head,
Which with ſuch gentle ſorrow he ſhooke off,
His face ſtill combating with teares and ſmiles
(The badges of his greefe and patience)
That had not God (for ſome ſtrong purpoſe) ſteel'd
The hearts of men, they muſt perforce haue melted,
And Barbariſme it ſelfe haue pittied him.
But heauen hath a hand in theſe euents,
To whoſe high will we bound our calme contents.
To *Bullingbrooke*, are we ſworne Subiects now,
Whoſe State, and Honor, I for aye allow.

Enter Aumerle.

Dut. Heere comes my ſonne *Aumerle*.

Yor. *Aumerle* that was,
But that is loſt, for being *Richards* Friend.
And Madam, you muſt call him *Rutland* now:
I am in Parliament pledge for his truth,
And laſting fealtie to the new-made King.

Dut. Welcome my ſonne: who are the Violets now,
That ſtrew the greene lap of the new come Spring?

Aum. Madam, I know not, nor I greatly care not,
God knowes, I had as liefe be none, as one.

Yorke. Well, beare you well in this new-ſpring of time
Leaſt you be cropt before you come to prime.
What newes from Oxford? Hold thoſe Iuſts & Triumphs?

Aum. For ought I know my Lord, they do.

Yorke. You will be there I know.

Aum. If God preuent not, I purpoſe ſo.

Yor. What Seale is that that hangs without thy boſom?
Yea, look'ſt thou pale? Let me ſee the Writing.

Aum. My Lord, 'tis nothing.

Yorke. No matter then who ſees it,
I will be ſatisfied, let me ſee the Writing.

Aum. I do beſeech your Grace to pardon me,
It is a matter of ſmall conſequence,
Which for ſome reaſons I would not haue ſeene.

Yorke. Which for ſome reaſons ſir, I meane to ſee:
I feare, I feare.

Dut. What ſhould you feare?
'Tis nothing but ſome bond, that he is enter'd into
For gay apparrell, againſt the Triumph.

Yorke. Bound to himſelfe? What doth he with a Bond
That he is bound to? Wife, thou art a foole.
Boy, let me ſee the Writing.

Aum. I do beſeech you pardon me, I may not ſhew it.

Yor. I will be ſatisfied: let me ſee it I ſay. *Snatches it*
Treaſon, foule Treaſon, Villaine, Traitor, Slaue.

Dut. What's the matter, my Lord?

Yorke. Hoa, who's within there? Saddle my horſe.
Heauen for his mercy: what treachery is heere?

Dut. Why, what is't my Lord?

Yorke. Giue me my boots, I ſay: Saddle my horſe:
Now by my Honor, my life, my troth,
I will appeach the Villaine.

Dut. What is the matter?

Yorke. Peace fooliſh Woman.

Dut. I will not peace. What is the matter Sonne?

Aum. Good Mother be content, it is no more
Then my poore life muſt anſwer.

Dut. Thy life anſwer?

Enter Seruant with Boots.

Yor. Bring me my Boots, I will vnto the King.

Dut. Strike him *Aumerle*. Poore boy, you are amaz'd,
Hence Villaine, neuer more come in my ſight.

Yor. Giue me my Boots, I ſay.

Dut. Why Yorke, what wilt thou do?
Wilt thou not hide the Treſpaſſe of thine owne?
Haue we more Sonnes? Or are we like to haue?
Is not my teeming date drunke vp with time?
And wilt thou plucke my faire Sonne from mine Age,
And rob me of a happy Mothers name?
Is he not like thee? Is he not thine owne?

Yor. Thou fond mad woman:
Wilt thou conceale this darke Conſpiracy?
A dozen of them heere haue tane the Sacrament,
And interchangeably ſet downe their hands
To kill the King at Oxford.

Dut. He ſhall be none:
Wee'l keepe him heere: then what is that to him?

Yor. Away fond woman: were hee twenty times my
Son, I would appeach him.

Dut. Hadſt thou groan'd for him as I haue done,
Thou wouldeſt be more pittifull:
But now I know thy minde; thou do'ſt ſuſpect
That I haue bene diſloyall to thy bed,
And that he is a Baſtard, not thy Sonne:
Sweet Yorke, ſweet husband, be not of that minde:
He is as like thee, as a man may bee,
Not like to me, nor any of my Kin,
And yet I loue him.

Yorke. Make way, vnruly Woman. *Exit*

Dut. After *Aumerle*. Mount thee vpon his horſe,
Spurre poſt, and get before him to the King,
And begge thy pardon, ere he do accuſe thee,
Ile not be long behind: though I be old,
I doubt not but to ride as faſt as Yorke:
And neuer will I riſe vp from the ground,
Till *Bullingbrooke* haue pardon'd thee: Away be gone. *Exit*

Scœna Tertia.

Enter Bullingbrooke, Percie, and other Lords.

Bul. Can no man tell of my vnthriftie Sonne?
'Tis full three monthes ſince I did ſee him laſt.
If any plague hang ouer vs, 'tis he,
I would to heauen (my Lords) he might be found:
Enquire at London, 'mongſt the Tauernes there:

For

ージの乾いていないインクが付着した。それが乾ききらないうちに同じ印刷機で，ファースト・フォリオの「歴史劇」42 ページと 43 ページの印刷が開始された。そのため，42 ページの最初の 2，3 枚の刷り上がりにファヴァンの 414 ページの跡がくっきり残ってしまったのである（実物を見れば，圧力平均布の織り目がはっきりと写っているのが分かる）。

フォルジャー・フォリオ 65 の「歴史劇」139 ページにも，ファヴァンの『栄光の舞台』の別のページの跡がもっと薄くではあるが，これと同じように残っている。

414 Booke 3.

The Order of Christian Charitie, Instituted by the same Most-Christian King of France and of Poland *Henry*, the Third.

CHAP. VIII.

The Order of Christian Charitie.

HENRY III DE CE NOM PAR LA GRACE DE DIEV ROY DE FRANCE ET DE POLOGNE AVTHEVR ET SOVVERAIN DE L'ORDRE DES CHEVALIERS DV S. ESPRIT

L'Ordre de la Charite Chrestienne.

THE same King *Henry*, of happie memorie, was the Institutour of another Order, tearmed of *Christian Charitie*; for the maintenance of poore Captaines and Souldiours, maimed of their Limbes in Warre. To whom hee assigned Rents and Reuennues, for their Diet and Garments, from the Spittle-Houses and Hospitales of France. And for their lodging, a House very sufficient, scituated in *La Rue des Cordeliers Sainct Marcel lez Paris*, called *The House of Christian Charitie*.

The Habite appointed for the Order.

He ordained, that such as were to be receiued into this Charitable Order, should weare vpon the left side of their Cloaks, an Anchored Crosse, embrodered on white Sattin or Taffata, with an *Orle* and *Bordure* of blew Silke. *Au mitan de ladite Croix vne Lozange de Satin Bleu Celeste chargee d'vne Fleur de Lys d'Or en broderie.* This Crosse was cirkled, to expresse the kinde of the Order, with a Legend containing these words, embrodered with Letters of Gold; *For hauing serued faithfully.* But

Pour auoir Fidelement seruy.

King

【図 10】 ファースト・フォリオと他の本との別の関係も最近になって明らかになった。**右**は，ばらばらになっていた数冊のフォリオから外されたリーフを寄せ集め，『リチャード二世』と『ヘンリー四世』を束ねて 1 冊にまとめた「修繕もの」の冊子に綴じ込まれていた一葉である。

ファヴァンの『栄光の舞台』の校正用紙の 413 ページは，その裏面の 414 ページ〔**左**〕のインクがまだ乾ききらないうちに印刷されたと思われる。空白部分である 413 ページの下半分にはあまり圧がかけられなかったが，上半分に圧がかけられたため，印刷機に取り付けられた圧力平均布に 414 ペていた。その本が刷り上がる頃、ブルックは遅まきながらある事実を誤って記述してしまったことに気付き、その間違いはジャガードのせいだとほのめかす正誤一覧を付けてそれを訂正した。しかし、人望の薄いブルックが他人の誤りをさんざん嘲って楽しんでいたのに、その当の本人であるブルックの本に誤りがあると自認していることに、やがて同僚の紋章官たちが気付いてしまう。ジャガードの親しい友人で赤十字紋章官補〔紋章官の補佐役の一人〕だったオーガスティン・ヴィンセントが、ブルックを非難すべく誤記の一覧表を作成し始めると、ジャガードは、ブルックの本にヴィンセントの批判的な所見を組み込む形で再版することに同意した。ブルックがその企てに気付くと、別の印刷業者を口説いてにわかづくりの再版を早急に印刷させ、新たないくつかの訂正と、誤りのほとんどがジャガードのせいであるとする新たな攻撃をそこに盛り込んだ。出版されたヴィンセントの『誤りの発見』の前付けには、ジャガード自身のもっともな憤慨が込められたブルック宛ての長い公開状が含まれていた。

フォリオの印刷開始とほぼ同時期に、ジャガードは、もう一冊別の大型本――フランス語から英訳されたアンドレ・ファヴァン著『栄光の舞台』(*The Theater of Honour*)【図7】――の製作にとりかかった。一六二二年一二月までは、(ヴィンセント、シェイクスピア、ファヴァンの)三冊の組付け作業が日常的に並行して進められていた。しかし、夏になると、シェイクスピアとファヴァンの本二冊は、さらにもう一冊の本によって中断されてしまう(ヴィンセントの本はおそらく中断されなかった)。ウィリアム・バートン著『レスターシャーの歴史』(*The Description of*

Leicestershire）【図6】の印刷作業が、一六二二年七月中旬から一〇月下旬まで、中断されることなく行われたのである。一二月にヴィンセントの『誤りの発見』が完成すると、続く一二ヶ月は、（バートンの『レスターシャーの歴史』の誤りを訂正する差し替え部分やその他）端物印刷の作業によってときに中断はあったものの、シェイクスピアとファヴァンの本二冊の作業が中心となった。しかし、一六二三年一〇月にウィリアム・ジャガードが亡くなったときには、シェイクスピアのファースト・フォリオもファヴァンの『栄光の舞台』も完成にはまだほど遠い状態だった。

事前広告

ファースト・フォリオと一六二二年に製作されていた他の本との関係性について探究がなされるようになるまでは、ウィリアムとアイザック・ジャガード父子はもともと一六二三年以前にファースト・フォリオを完成させる心積もりだったと考えられていた。年に二度発行されていたフランクフルト書籍見本市〔五〇〇年以上の歴史を持つヨーロッパの書籍市〕の出品目録には、もともと英語の書籍は載っていなかったが、一六二二年になると、目録の英語版に英語書籍の補遺が加えられるようになった。一六二二年四月から一〇月までに印刷されたと思われるその英語版目録に、ヴィンセントの『誤りの発見』、ファヴァンの『栄光の舞台』、そして、「名匠ウィリアム・シェイクスピアの手になる芝居が収まった一

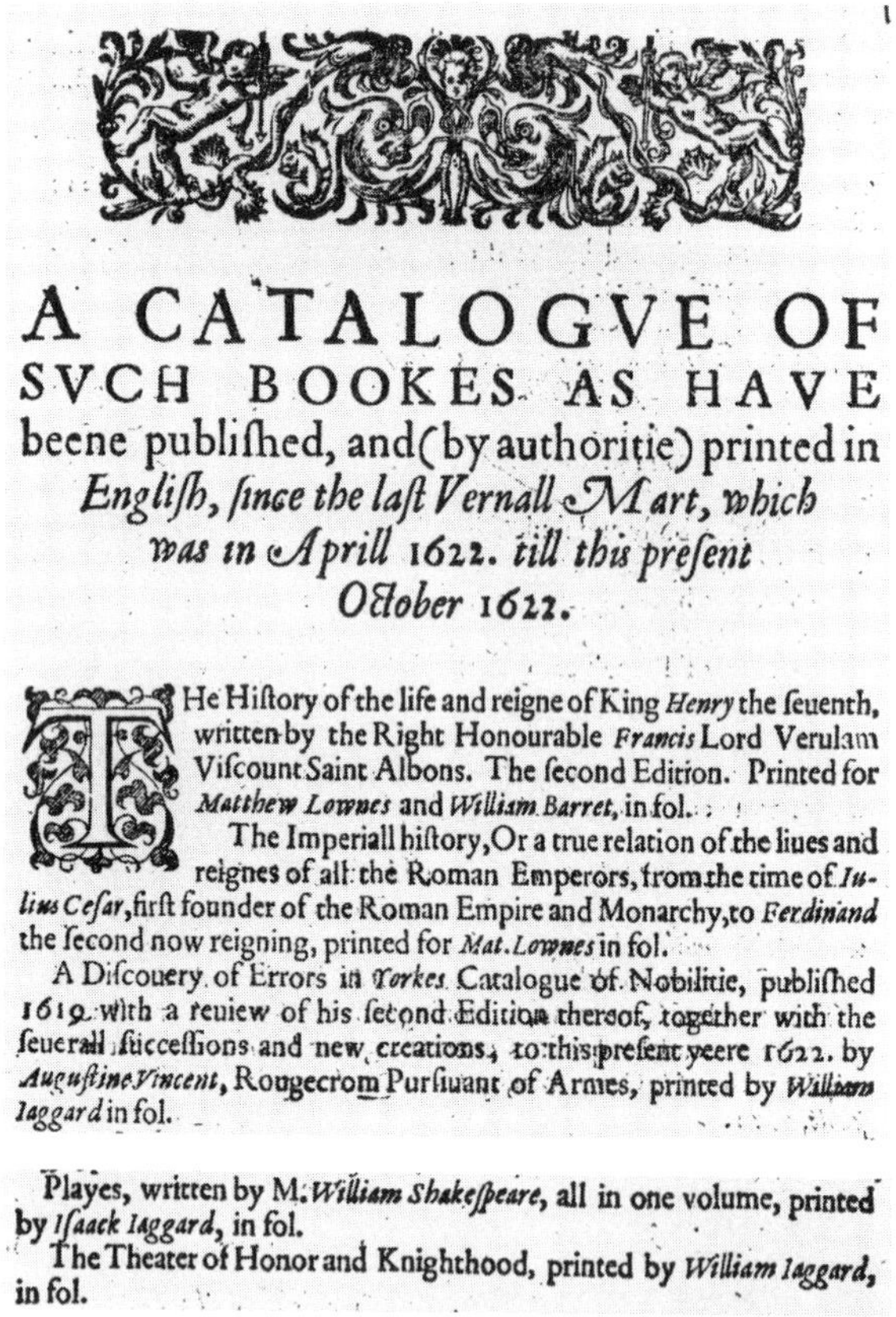

A CATALOGVE OF SVCH BOOKES AS HAVE beene publiſhed, and (by authoritie) printed in *Engliſh, ſince the laſt Vernall Mart, which was in Aprill 1622. till this preſent October 1622.*

The Hiſtory of the life and reigne of King *Henry* the ſeuenth, written by the Right Honourable *Francis* Lord Verulam Viſcount Saint Albons. The ſecond Edition. Printed for *Matthew Lownes* and *William Barret*, in fol.

The Imperiall hiſtory, Or a true relation of the liues and reignes of all the Roman Emperors, from the time of *Iulius Ceſar*, firſt founder of the Roman Empire and Monarchy, to *Ferdinand* the ſecond now reigning, printed for *Mat. Lownes* in fol.

A Diſcouery of Errors in *Yorkes* Catalogue of Nobilitie, publiſhed 1619. with a reuiew of his ſecond Edition thereof, together with the ſeuerall ſucceſſions and new creations, to this preſent yeere 1622. by *Auguſtine Vincent*, Rougecrom Purſiuant of Armes, printed by *William Iaggard* in fol.

Playes, written by M. *William Shakeſpeare*, all in one volume, printed by *Iſaack Iaggard*, in fol.

The Theater of Honor and Knighthood, printed by *William Iaggard*, in fol.

(The Bodleian Libraries, University of Oxford, Ashm. 1057(14), sigs. D4r–D4v: reproduced by permission of the Keeper of Special Collections.)

【図 11】『一般書籍目録』1622 年秋号のロンドン版に付いた別冊付録の見出しには 1622 年 4 月から 10 月までに「出版されている本（SVCH BOOKES AS HAVE beene published)」と書かれているものの,『誤りの発見』, シェイクスピアのファースト・フォリオ,『栄光の舞台』のうちジャガード父子が 1622 年中に完成を見込めたのは，せいぜい 1 冊でしかなかったと推測される。

巻本。アイザック・ジャガードによる印刷。形状はフォリオ版」【図11】という記載がある。しかし、一六二二年の一〇月までに完成させる見込みなどなかったことはいうまでもなく、その年の暮れまでとしても、ジャガード父子がそのような早い時期にフォリオの完成を見込んでいたとは、現実的に考えられない。『一般書籍目録』(*Catalogus Universalis*)への記載事項をいつ届け出たにせよ、ジャガード父子は仕事に熟練した職人だったのだから、その年の一〇月までに三冊のうち二冊以上が完成するなどとは思ってもいなかったはずである。バートンの『レスターシャーの歴史』などの他の本の印刷作業による中断がなかったとしても、三冊を製作するのは無理というものである(実際、一〇月までに完成を見たものは、ヴィンセントの『誤りの発見』一冊だけだった)。一六二二年半ばの時点で三冊のフォリオ判の本はすべて製作中であった。つまり、『一般書籍目録』の記載は、フォリオが近刊予定の本として広告されていたことを示しているのである。

本のつくり

シェイクスピアのファースト・フォリオはいわゆる「六葉仕立てのフォリオ」である。すなわち、六葉が一まとまりとなった部分(「折丁《クァイア》」という)が寄せ集められてできている本で、それぞれの折丁は、【図12】のように三枚の全紙を揃えて折って重ね合わせ、(最終的には糸で綴じて)つくら

【図12】「六葉仕立てのフォリオ」のつくりを示した図。

れている。三枚の用紙それぞれの片面には版面が二つ〔つまり二ページ〕ずつ存在するが、印刷は全紙の両面になされるので、一折丁には合計一二ページ分の本文（平均的な長さの芝居であれば一本の約半分）が収まる勘定になる。[10] しかし、フォリオには、「不揃い」な部分も何箇所かある。八葉〔一六ページ〕からなる折丁が一組と、四葉〔八ページ〕からなるものが一組、二葉〔四ページ〕しかないものが三組あり、さらに、折丁ではないペラのリーフ〔一葉二ページ〕が全部で四葉綴じ込まれている。しかし、ほとんどの折丁は六葉仕立てになっていて、例外のほとんどは、印刷中に不規則な作業が行われたために生じたものである（いい替えれば、それらは不規則な作業が行われたことを示す証拠である）。

　フォリオに使用された紙の質は中程度のものである。当時の紙がすべてそうだったように、フォリオに使われた紙も手漉きの襤褸紙《ラグ・ペーパー》である。また、王政復古以前のイギリスで印刷に使われた用紙のほとんどがそうだったように、フォリオに使われた紙も外国から（おそらくノルマンディー地方から）輸入されたものだった。様々な大きさの紙が製造されていたが、たいていのイギリスの印刷業者は、いわゆる「標準」サイズの大小二種類の用紙のいずれかを使用していた。フォリオは、そのうちの大きい方の紙に印刷された。その紙は、高さ一八インチ〔四五・七二センチ〕弱、幅一四インチ〔三五・五六センチ〕のものである。しかし、製本師がフォリオ一冊分の折丁を綴じ合わせたとき、他の部分と端の揃っていない紙の「耳」をほとんど、またはすべて切り揃えたため、もともとの大きさのままで残っているファースト・フォリオは一冊もない。数冊の最も大きなフォリオでは、版面の大きさは高さ一三と二分の一インチ〔約三四・三センチ〕、幅は八と四分の三インチ〔約二二・二センチ〕程度である。しかし、フォリオの大半は、縦横ともに、さらに半インチ〔一・二七センチ〕は短くなっており、今までに二度以上綴じ直されたフォリオの中には、縁の部分がさらに切り落とされているものもある。本文を囲っている箱型の罫や本文の一部まで切り取られているフォリオもある。[11]

植字工と単語の綴り

ファースト・フォリオの植字は手作業で行われ、ほとんどの折丁は二人以上の植字工が組んだものである。一九一九年、トマス・サッチェルは、『マクベス』の前半と後半とで日常的な単語が違

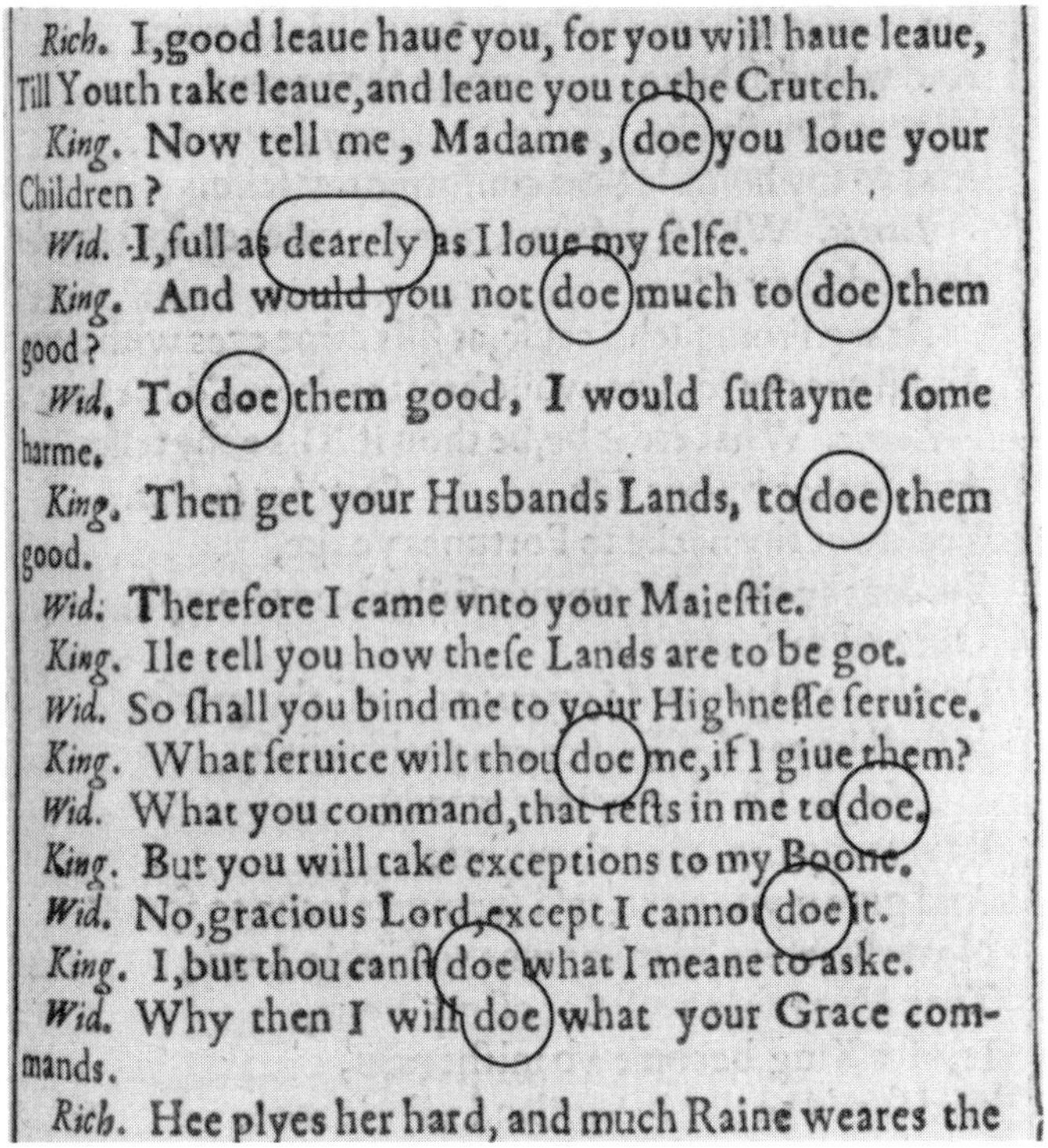

Rich. I,good leaue haue you, for you will haue leaue,
Till Youth take leaue,and leaue you to the Crutch.
King. Now tell me, Madame, doe you loue your
Children ?
Wid. I,full as dearely as I loue my ſelfe.
King. And would you not doe much to doe them
good ?
Wid. To doe them good, I would ſuſtayne ſome
harme.
King. Then get your Husbands Lands, to doe them
good.
Wid. Therefore I came vnto your Maieſtie.
King. Ile tell you how theſe Lands are to be got.
Wid. So ſhall you bind me to your Highneſſe ſeruice.
King. What ſeruice wilt thou doe me,if I giue them?
Wid. What you command,that reſts in me to doe.
King. But you will take exceptions to my Boone.
Wid. No,gracious Lord,except I cannot doe it.
King. I,but thou canſt doe what I meane to aske.
Wid. Why then I will doe what your Grace com-
mands.
Rich. Hee plyes her hard, and much Raine weares the

【図 13】『ヘンリー六世・第三部』(「歴史劇」, 159 ページ）のこの部分は, A 植字工が組んだ箇所であるため, この植字工に特有の綴り方である “doe” が頻発している。“goe” や “here” という例はここにはない（同様に “do” という綴りもほとんどない）が, A 植字工が “deare” や “dearely” に “a” を好んで用いたことが分かる。

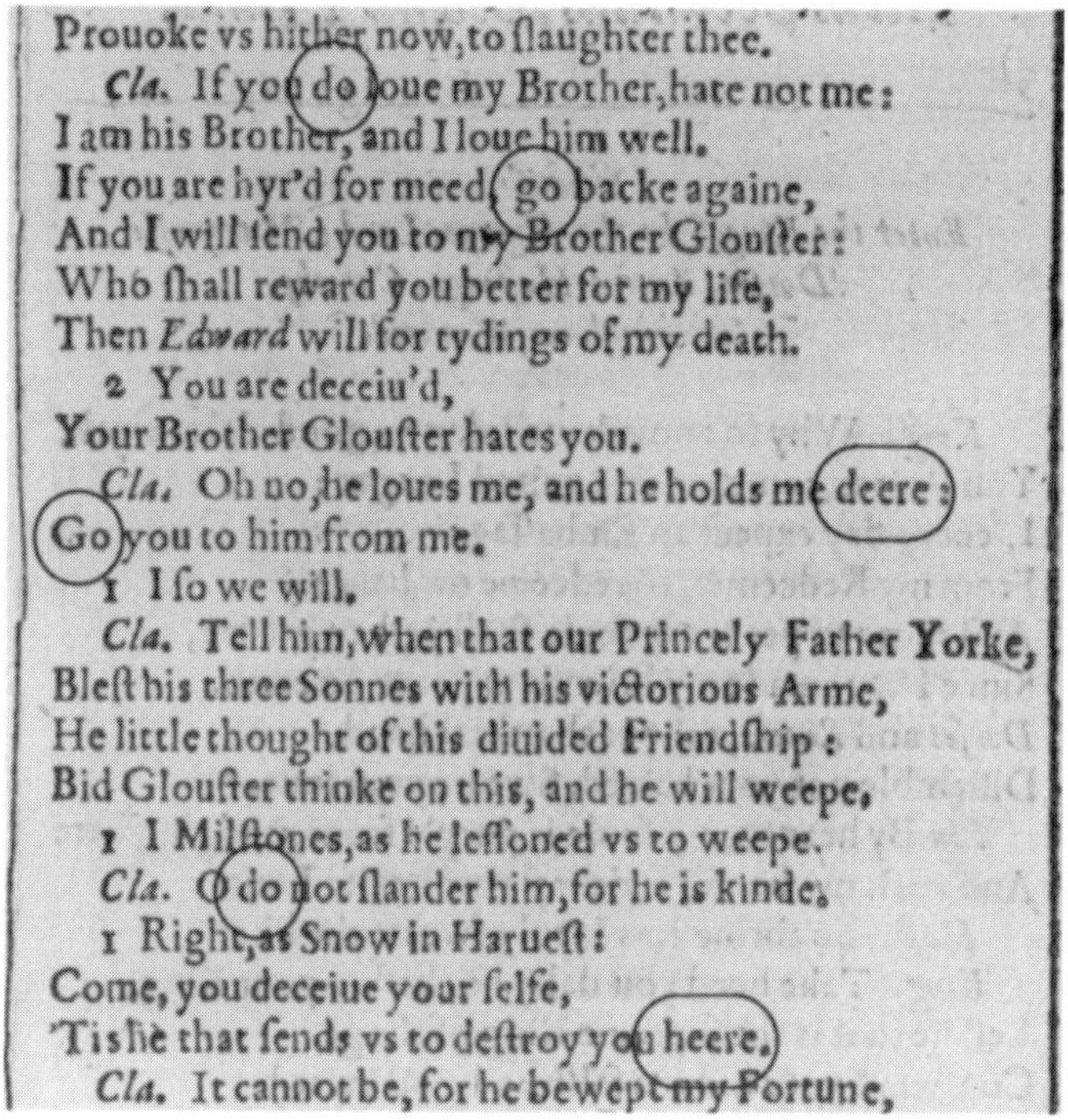
Prouoke vs hither now, to ſlaughter thee.
Cla. If you do loue my Brother, hate not me:
I am his Brother, and I loue him well.
If you are hyr'd for meed, go backe againe,
And I will ſend you to my Brother Glouſter:
Who ſhall reward you better for my life,
Then *Edward* will for tydings of my death.
2 You are deceiu'd,
Your Brother Glouſter hates you.
Cla. Oh no, he loues me, and he holds me deere:
Go you to him from me.
1 I ſo we will.
Cla. Tell him, when that our Princely Father Yorke,
Bleſt his three Sonnes with his victorious Arme,
He little thought of this diuided Friendſhip:
Bid Glouſter thinke on this, and he will weepe.
1 I Milſtones, as he leſſoned vs to weepe.
Cla. O do not ſlander him, for he is kinde.
1 Right, as Snow in Harueſt:
Come, you deceiue your ſelfe,
'Tis he that ſends vs to deſtroy you heere.
Cla. It cannot be, for he bewept my Fortune,

【図 14】『リチャード三世』（「歴史劇」，181 ページ）のこの部分は，B 植字工が組んだ箇所である。B 植字工が好んで使った綴りのうち最も多く記録されている “do”，“go”，“heere”，“deere” という 4 つの例がここに見える。

う綴りになっていることに気付いた。彼は、印刷された本文は手稿本を筆写した二人の人物〔印刷所に持ち込まれた写本はレイフ・クレインという名前の文士らが清書したものと考えられている〕の異なる綴り方を反映しているにすぎないかもしれないという認識を示したが、二人の植字工の綴り方の違いに由来する可能性の方が高いのではないかという考えもほのめかしていた。

一八世紀までは、英語には、標準的な「正しい」単語の綴りというものはほとんどなかった。しかし、一つの単語をどう綴っても良いというわけではなかった。例えば、死んでゆくハムレットが述べる「あとは沈黙（The rest is silence）」〔作中でのハムレットの最後の台詞〕という台詞を書いたとき、シェイクスピアは「沈黙（silence）」という単語を“sylence”や“scilens”とは綴ったかもしれないが、“cyghlunse”などとしていたとすれば、それは現在と同様、「間違い」とされた。“and”や“but”、そして“for”などのような単語に、四文字以上が用いられることは稀だった。“thee”の場合、“e”は一つだけでも良かったが、“the”の場合は、“e”を二つ用いて綴られることはまずなかった。

一六〇〇年には、印刷本に見られる綴りは、手書きのものと比べると遥かに一貫性を帯びるようになっていた。その理由は、ロンドンに書籍出版業者が集中したため、綴り方の地域差による多様性が消滅していったからだと考えられることもあった。しかし、本当の理由は、印刷所の現実に根ざしたものだった。植字工の出身地がどこであろうと、一貫した綴りを用いる方が彼らが仕事をする上で都合が良かったのである。印刷所では、植字工は自分の組んだページの解版作業を自分でするのが慣わしとなっていた。解版作業をいいかげんに行って、使用済みの活字を文字の種類別に仕切りで区切られた活字箱に戻す際に間違った場所に多くの活字を落としてしまうと、次に組むページに誤植が増えてしまう。(12) したがって、解版作業を行うときに、活字箱を使って活字をしっかりと分類しておくことが必要だったと考えられる。そうしておかないと、時間のかかる退屈な整理作業を、植字工たちは各々の余暇の時間にすることになってしまう。(13)

　ある植字工が、“do”という単語を二文字で組むことを習慣にしていたとする。そうすると、解版作業の最中に“do”という単語が見えれば、“d”の活字をしまう仕切りの上で一度、“o”の活字をしまう仕切りの上で一度、さらに、込めもの《スペース》(14)をしまう仕切りの上で一度、手の動きを止めなければならないと、その植字工は認識しただろう。しかし、仮に、同じ植字工が“do”や“doe”、そして“doo”という三つの綴りを入れ替えて自由に使用したとすればどうなるだろうか。彼は、解版作業を行う際に、続く一つ一つの“do”の綴りを逐一記憶に留めなければならないことになる。この一語だけを考えても、“e”や“o”の活字を間違って込めものの仕切りに落としてしまったり、込めものを“e”や“o”の仕切りに落としたりする危険性がある。簡単にいってしまえば、一貫した綴りを用いることは、迅速かつ正確な解版作業に通じていたのである。

『マクベス』に見られる綴りに関してサッチェルのほのめかした考えがきっかけとなり、他の研究者たちがさらなる調査に乗り出した。二種類の綴りに窺える癖のうち一番はっきりしている違いは、「A植字工」は“doe”や“goe”や“here”を好んだのに対し、「B植字工」は“do”や“go”や“heere”を好んで使用したことである。しかし、どちらの植字工も、常に一貫して同じ綴りを用いているわけではない。特に散文の台詞や長い韻文の台詞では、一つの単語の綴り方が違うことがあるが、それは行の長さを調節するためによく行われた綴りの変更によるものだった。しかし、フォリオのほとんどのページに関していえることは、それぞれのページに現われる単語の綴りが、二つにグループ分けされる癖のうちどちらか一方の癖に片寄る傾向が窺えることだ。一九五〇年代には、ほとんどのページが、「A植字工」か「B植字工」単独の手になるものと考えられていた。いくつかのページには、様々な綴り方が混在することから、それらのページを組んだ第三の植字工が存在したのではないかと主張する研究者もいたが、多くの研究者は、一冊の本に三人の植字工がかかわった可能性は低いと考えた。そして、彼らは、原稿が判読しやすい場合には植字工は自分独自の綴りを用い、判読しにくい場合には原稿の綴りをそのまま用いた可能性が高いといった巧妙な説明をしていた。

しかし、ヒンマンによって印刷工程が再現されたことにより、フォリオのほとんどのページは、二ページを一組として二人の植字工が同時に作業する形で、各々が別の活字箱を用いて組んでいたことが判明した。二ページを一組とする組版[15]の多くは、それまでは一人の植字工が単独で組付けたと考えられていた。"do"や"go"や"here"の綴りを調査しただけでは、二人の植字工の癖の違いが分からなかったからである。さらに詳しく綴りを調査したヒンマンの研究により、フォリオが少なくとも五人以上の植字工の手になるものであることが明らかになった。B植字工とE植字工は"do"や"go"や"heere"という綴りを好んで使用したが、その他の特徴については、二人に共通したところはない。A植字工とD植字工は"doe"や"goe"や"here"という綴りを好んだが、Dは、Aに比べて一貫性がない。C植字工は“doe”や“goe”や“heere”のように、三つの単語をすべて長く綴るのを好んだ。後の研究によって、ヒンマンのいう「A植字工」はAとFに分かれ、推定される植字工の数は六人となり、さらにその後、A植字工が組付けたと考えられてきた部分に、少なくとも他に三人の植字工がかかわったとする、さもありなんといった可能性も提示されている。かつては二人と考えられた植字工の人数は、今では少なくとも九人と考えられるようになっている。

B植字工の重要性

B植字工として知られる人物は、フォリオ全体の半分近くの植字作業を担当した。この分量は他のどの植字工の担当部分と比べても、倍以上ある。B植字工が作業を行ったとされる箇所は、一六一九年にジャガード印刷所が製作した数冊の本の中にも見つかっている。このことから、B植字工はジャガード印刷所の「常駐」職人だったと考えて良いだろう。おそらく、この人物は、ウィリアム・ジャガードの遺言状に名前の挙がっている熟練職人の一人だったと考えられる。そこに名前の挙がっている熟練職人はみな、ジャガードのもとで年季奉公をした者たちだが、B植字工がそのうちの誰だったのかは分かっていない（ジョン・シェイクスピアという人物――シェイクスピアとは無関係――が、一六一〇年から一七年にかけて、ジャガードのもとで年季奉公をしていたが、この人物は遺言状に名前が挙げられていない。この人物は年季が明けた後は他の印刷所で働いたのだろうと考えられる）。B植字工がフォリオのこれだけ多くの部分を組んでいるという事実から、彼がこの本の製作における特別な責任を担い、「常雇い」の植字工のうち別の一人が、ファヴァンの『栄光の舞台』の製作において同様の責任を担っていたのではないかと考えられる。そのように考えると、A、B、C以外の植字工がジャガード印刷所の専属職人だった可能性は低いので、『栄光の舞台』の責任を担った植字工はAかCだったということになる。

B植字工がフォリオの多くのページを組んでいるため、彼の行った作業については詳しい調査も可能である。例えば、フォリオに収録された芝居の中で、フォリオ以前にすでに出版されていたクォートの本文を復刻しただけのものに関していえば、B植字工が行った作業について調べ、彼が本文をどのように扱っているか分析することができる。すでに出版されている本を底本として組んだページを見れば、B植字工が底本の句読法や綴りを「当世風に改変《モダナイズド》」していることが分かるだけでなく、B植字工に特有の間違いや、その頻度についても調べることができる。また、そうした調査によって得られた情報を、フォリオで初めて活字となった芝居に応用することもできる。フォリオ以前の版が存在しない芝居の本文に誤記と思われる箇所を発見したとき、B植字工の癖を良く知っていれば、ミスが生じた原因も捉えやすくなる――そこは本来どうなっていなければならないのか推論することも困難ではなくなるかもしれない。

他の植字工についても同様の調査を行うことはできるかもしれない。しかし、すでに出版されていたものを底本としてそれだけ多くのページを組んだ植字工は他には一人もおらず、また、何人かの植字工は失われてしまった手稿本しか使用していない。したがって、他の植字工については、その特徴を分析するための根拠となるものが少ない。他の植字工が行った作業の痕跡が他の本に見つかれば、底本として使われた本と比較しながらその人物の作業を詳しく調べることができる。しかし、その人物が他の本の製作に関与していたとしても、その本の植字作業工程についてフォリオと同じく事細かく解明できなければ、その植字工の特徴を見分けるのは難しいだろう。そのうえ、フォリオにかかわった植字工がみなジャガード印刷所の常雇い職人だったわけではない。

一〇代の年季者

ファースト・フォリオの印刷に際して、B植字工の果たしていた役割は、自分の担当したページ以外の部分にも及んでいたようである。彼は、もう一人の植字工が組んだ部分についても、統括的な責任を担っていたと推定される。E植字工が組んだ部分は、「悲劇」と、そして、「歴史劇」の最後の箇所に限定されており、一六二三年三月か四月まではこの植字工がフォリオの製作にかかわっていたとは考えられない。E植字工の際立った特徴の一つとして、著《いちじる》しい技術不足が挙げられる。E植字工が組んだページには、他の植字工が組んだページと比べると、様々な種類のミスが多く目

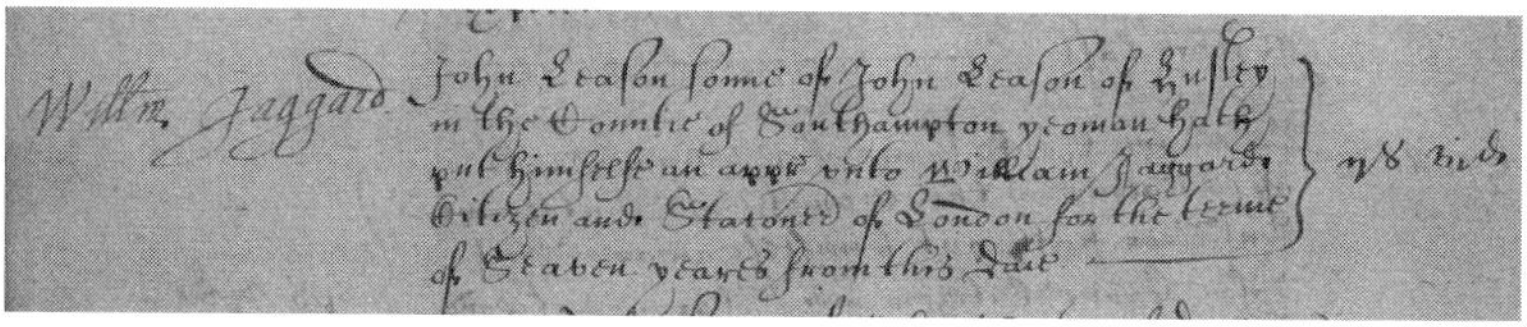

(The Stationers' Company Archive: reproduced by permission of the Master and Wardens of the Worshipful Company of Stationers and Newspaper Makers.)

【図 15】「年季奉公登録（Register of Apprentices）」に，ウィリアム・ジャガードが 1622 年 11 月 8 日に最後の徒弟（E 植字工と思われる人物）を受け入れた記録がある。この人物の名は「サウサンプトン郡ハズリーのヨーマン，ジョン・リーソンの息子ジョン・リーソン」とされている。

〔記録を活字化したものとその日本語訳

William Jaggard. John Leason sonne of John Leason of Husley
in the Countie of Southampton, yeoman hath
put himselfe an apprt vnto William Jaggard
Citizen and Stat(i)oner of London for the terme
of Seaven yeares from this Daie ———

ウィリアム・ジャガード。サウサンプトン郡ハズリーのヨーマン，
ジョン・リーソンの息子ジョン・リーソンが，
本日より 7 年間，
ロンドン市民の印刷業者
ウィリアム・ジャガードの徒弟となった———〕

立っている。この植字工の単語の綴り方は、彼の組んだ最初の芝居においてもB植字工のものと類似しているが（彼はほぼ間違いなくB植字工のもとで作業を行っている）、彼の組んだページを時系列順に調べてみると、綴り方がどんどんB植字工のものと似通ってくる。このことから、E植字工は、ファースト・フォリオ製作時に年季奉公をしていた人物で、B植字工がその訓練を担当していたと考えてほぼ間違いないだろう。

一六二二年一一月八日、ウィリアム・ジャガードは一六一四年以降最初の年季者を受け入れている。E植字工こそまさにその人物、ハンプシャー、ハズリーのヨーマンの息子、ジョン・リーソンに間違いない。その年季証文には七年間――法定による最短の年季〔年季が明けると、組合員特権の享受者としてギルドに属し、職人として独立することができた〕――にわたり見習いをすることがはっきりと書かれている。ロンドン市の条例では、年季者が二四歳の誕生日まえに職人になることは許されていなかったことから考えて、フォリオの作業にとりかかったときリーソンは一七歳には達していたに違いない。しかし、一七歳を遥かに超える年齢だった可能性は低い。

ページの組まれた順序

ヒンマンの研究が出版されるまで、それぞれの芝居の本文は、最初のページから最後のページ

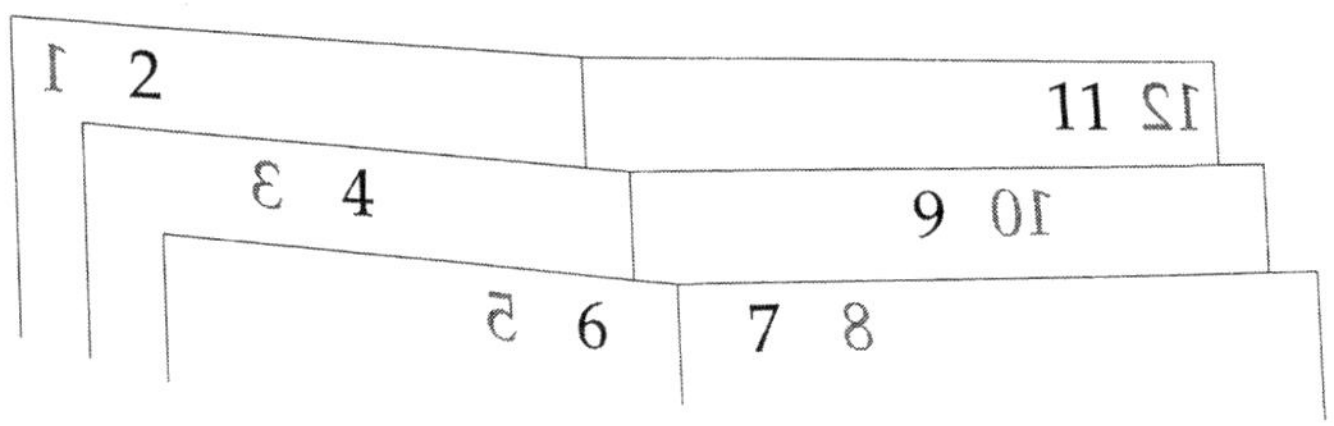

【図16】 通常の1折丁（6葉12ページ）のページの順序と組版の位置を示した図。

まで「わかりきった」順序で組まれたと、一般的には考えられていた。しかし、実際は違う。一つの折丁に収まる一二ページは、三枚の全紙を使って【図16】のような組み合わせで配置されている。もし番号順にページを組んでいけば、最初のペア——つまり、「6」と「7」——の二面の組付けが終わるまで、折丁の印刷作業を始めることができない。

そうしたやり方では、作業が大幅に遅延してしまうだけではなく、活字を大量に備えておく必要も生じてしまう。「6」、「7」のページの印刷が終わるまでは、どの版面も解版することができないことになるからだ——この折丁が印刷にかけられている間は植字工たちが休憩をとっていたというのでないなら、「6」、「7」の解版を終えるまでの時間に組めるだけの数の活字を備えておかなければならなかったことになる。しかし、ジェイムズ一世の時代のロンドンの印刷所のほとんどがそうだったように、ジャガード印刷所はフォリオの八ページか九ページを組むにも足りないほどの活字しか備えていなかった。したがって、ジャガードは、「組版組付け《セティング・バイ・フォーム》」（「組版《フォーム》」とは印刷する全紙の片面に刷られる一まとまりの版面のこと）として知られるイギリスの一般的なやり方を採用していた。

フォリオの折丁を組む場合、たいていは、その最初にくる五ページに収まる本文の分量を見積もる作業から始めた。「割付け《キャスティング・オフ》」という名で知られる作業工程である。最初に組まれたのが、「6」、「7」で、この二ページは二人の植字工の同時作業で組まれることもあったが、通常は一人の植字工が担当した。この二ページ（つまり最初の組版）が完成し印刷にまわされると、次は、「5」、「8」（つまり第二の組版）が組まれた。この二ページに組まれる本文は、原稿では離れたところにあるため、通常は二人の植字工が分担して同時に作業を行うことができた。手動印刷機で「5」と「8」を印刷している間に、植字工たちは「6」と「7」の解版作業を行い、それから、「4」と「9」を組んだ。次に、「5」と「8」を解版して、「3」と「10」を組み、次に、「2」と「11」、そして、最後に、「1」と「12」を組んだ。つまり、それぞれの折丁の「6」から「12」までは数字の順に組まれ、「1」から「5」までは逆の順序で組まれた。

割付けの重要性

手稿本を原稿として用いる場合、割付けを正確に行うのは必ずしも容易ではなかった。いったん「6」と「7」の印刷を済ませると、「1」から「5」に組まれると見積もった本文を、そこにうま

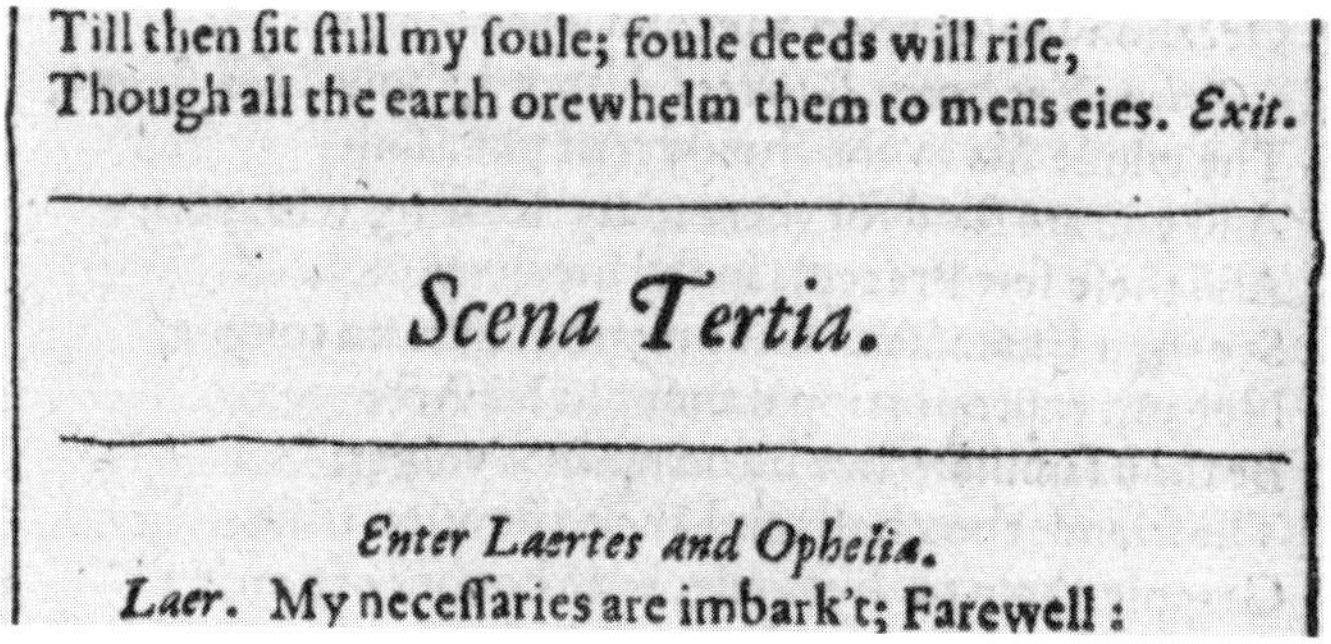
Till then ſit ſtill my ſoule; foule deeds will riſe,
Though all the earth orewhelm them to mens eies. *Exit.*

Scena Tertia.

Enter Laertes and Ophelia.
Laer. My neceſſaries are imbark't; Farewell :

【図 17】『ハムレット』の折丁 nn の後半部分にある〔つまり【図 16】でいう「6」以降にあたる〕ページに見える「上下に通常のスペースが設けられた」場面見出しの一例（「悲劇」, 155 ページ）。

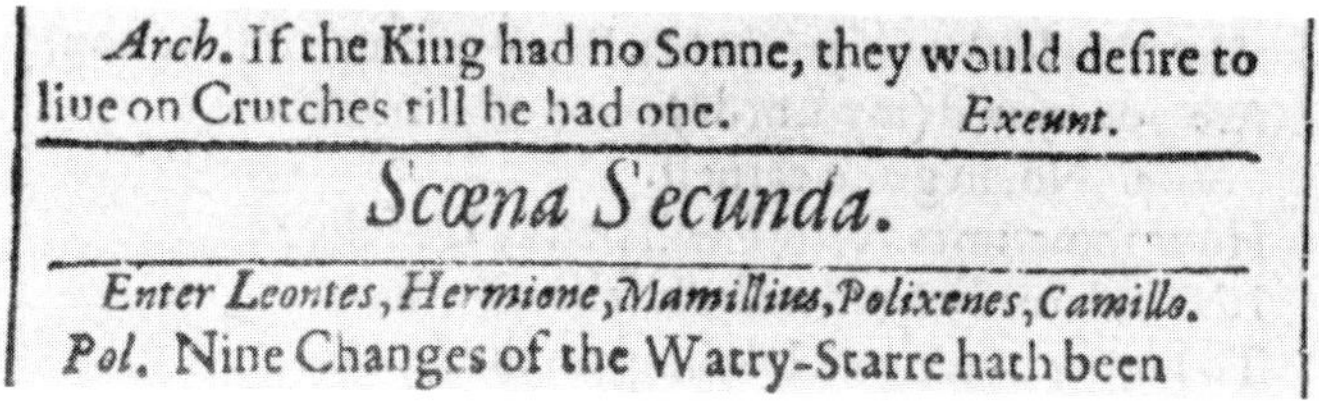
Arch. If the King had no Sonne, they would deſire to liue on Crutches till he had one. *Exeunt.*

Scœna Secunda.

Enter Leontes, Hermione, Mamillius, Polixenes, Camillo.
Pol. Nine Changes of the Watry-Starre hath been

【図 18】『冬物語』の折丁 Aa の最初の〔つまりこの折丁で最後に組まれた〕ページに見える場面見出しの一例（「喜劇」, 277 ページ）。割付けを誤ったことでこのページにくる本文が通常より多くなってしまったため，通常の場面見出しに入る 4 行の空白を詰めて本文が組まれている。

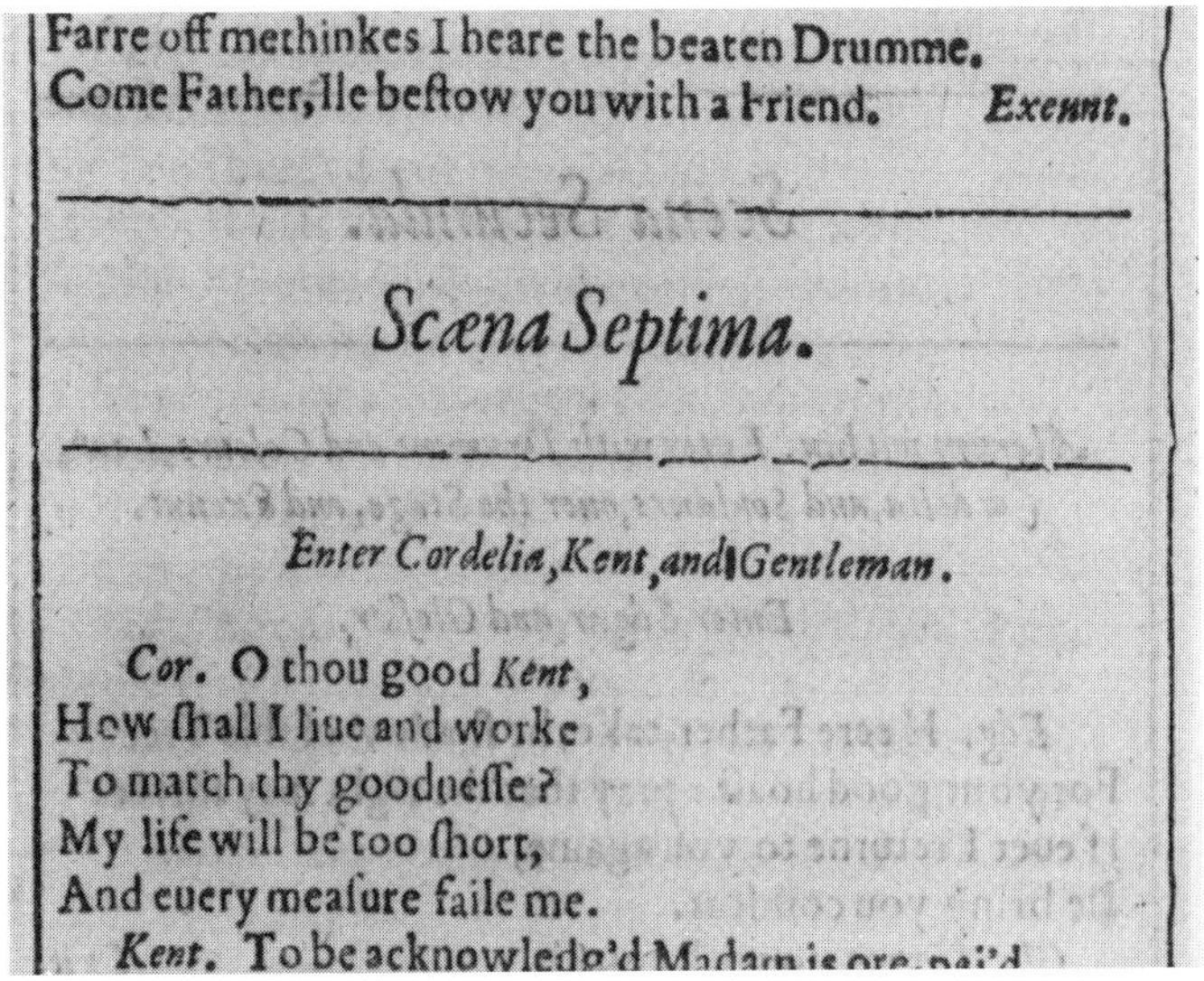

Farre off methinkes I heare the beaten Drumme.
Come Father, Ile beſtow you with a Friend. *Exeunt.*

Scæna Septima.

Enter Cordelia, Kent, and Gentleman.

Cor. O thou good *Kent*,
How ſhall I liue and worke
To match thy goodneſſe?
My life will be too ſhort,
And euery meaſure faile me.
Kent. To be acknowledg'd Madam is ore-pai'd

【図 19】『リア王』の折丁 ss の最初の〔つまりこの折丁で最後に組まれた〕ページに見える場面見出しの一例（「悲劇」，305 ページ）は，『冬物語』の例〔【図 18】〕とは逆の問題が生じたことを示唆している。このページの本文は 1 ページに印刷される通常の行数に達しなかったため，いくつかのやり方でページに通常より多くの空白が設けられている。場面冒頭のト書きの下に空白の 1 行をとり，さらに，もともとは 2 行だった冒頭の韻文を半分ずつに切って 4 行として印刷するなどの策が講じられている。

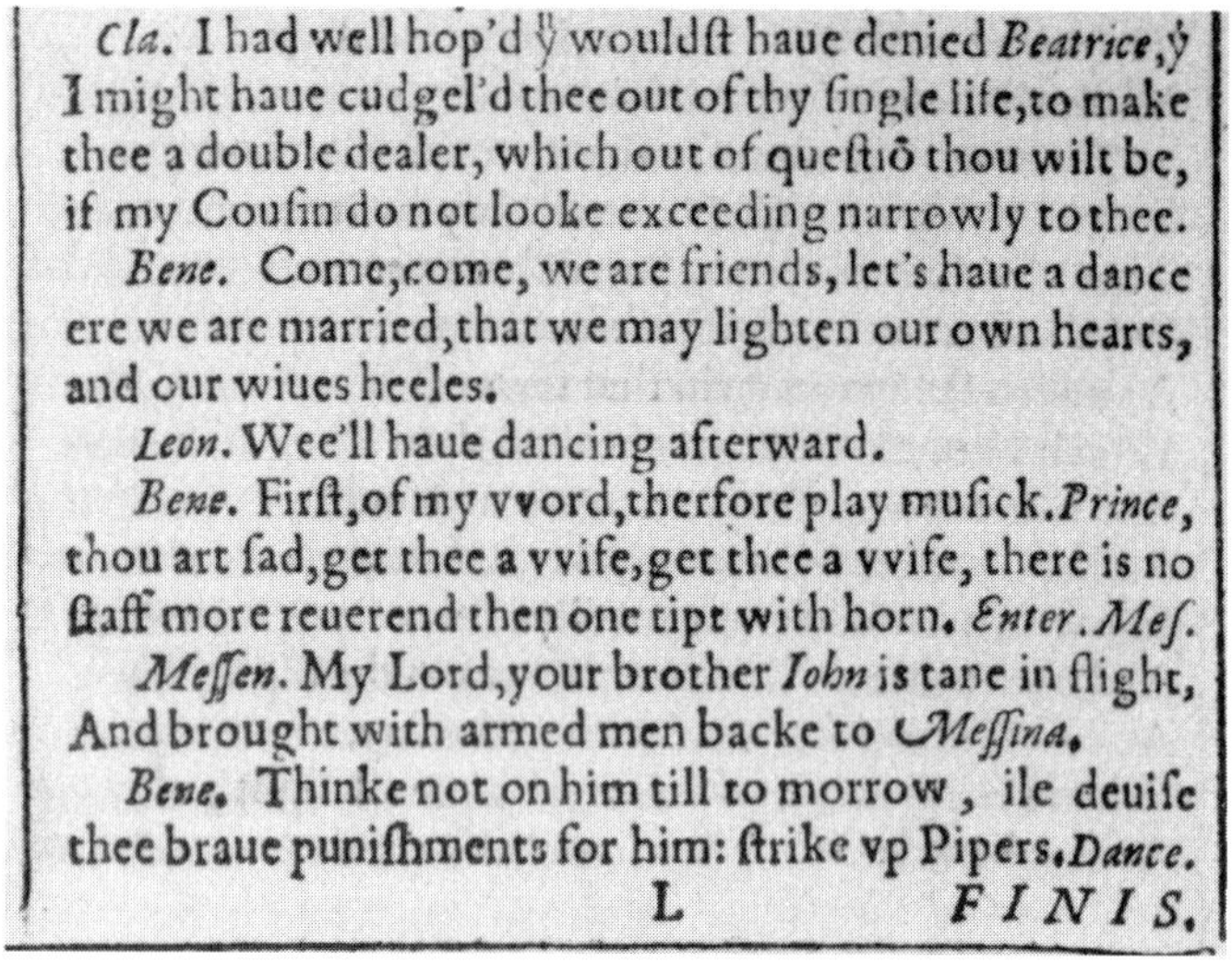

Cla. I had well hop'd ỹ wouldſt haue denied *Beatrice*, ỹ I might haue cudgel'd thee out of thy ſingle life, to make thee a double dealer, which out of queſtiō thou wilt be, if my Couſin do not looke exceeding narrowly to thee.

Bene. Come, come, we are friends, let's haue a dance ere we are married, that we may lighten our own hearts, and our wiues heeles.

Leon. Wee'll haue dancing afterward.

Bene. Firſt, of my vvord, therfore play muſick. *Prince*, thou art ſad, get thee a vvife, get thee a vvife, there is no ſtaff more reuerend then one tipt with horn. *Enter. Meſ.*

Meſſen. My Lord, your brother *Iohn* is tane in flight, And brought with armed men backe to *Meſſina*.

Bene. Thinke not on him till to morrow, ile deuiſe thee braue puniſhments for him: ſtrike vp Pipers. *Dance.*

FINIS.

【図 20】 ファースト・フォリオで最も本文が密集した箇所の 1 つで，『から騒ぎ』の印刷された折丁 L の最初のページに見える一例（「喜劇」，12 ページ）。様々な工夫が見受けられるが，中でも 1 行目と 3 行目に短縮形を使うという策が講じられている（“the” が “ye” と略される場合のように，1 行目の 2 つの “y” は “th” を意味する。この 2 つが意味するもともとの単語は “thou” と “that” である）。〔3 行目の “questiō” は，いうまでもなく “question” を短縮したもの。〕また，使者の入場を示すト書き〔“*Enter. Mes.*”〕が通常の台詞に続く形で押し込まれ，“*FINIS.*” が本来ト書きの入るべき場所に印刷されている（同じ行の “L” は，折丁 L を識別する「背丁（signature）」）。

く収めなければならなかった。もし、「5」にくる本文の割付けを誤ってしまった場合は、一ページの行数を増やして本文を多く詰め込んだり、スペースを多めにとったりして原稿に書き込まれた割付けの目印を守るか、または、目印を無視して問題を先送りするか、そのいずれかの措置がとられた。問題を先送りした場合は、まずは通常の方法で活字を組み、一ページ分の行数を組み終えたところで「5」のページを終え、そして、原稿に「5」が実際に始まった箇所を示す新しい目印を書き込んでおく必要がある。それを怠ってしまい、「4」、「3」、「2」のページでも「5」と同じように問題を先送りしてしまうと、当たりまえだが、最後に残った本文を「1」に組付ける段階で問題が生じることになる。

「1」で起こる問題が微細な調整で解決できるようなものであれば、いくつかの対処方法があった。ト書きを入れる際に、その上に一行分の「空白の行」(込めもので組んだ行)を入れるか、あるいは余分な空白の行を一行取ってしまうか、場合によってはト書きの下に空白の行をもう一行入れるという方法。場面の見出しには通常、上下に一組ずつ罫で仕切られた二行分の空白の行が置かれていたが、そのうちの一行または数行を必要に応じて取ってしまうという方法。人物の「退場」を示すト書き〔*Exit* や *Exeunt*〕は通常は台詞の右の余白部分に組まれたが、ページにゆとりがある場合は、ト書きだけで一行をとり、逆に、窮屈な場合は、台詞の行末にト書きを埋め込むという方法。これら三つの方法を駆使してもなお問題が残る場合は、韻文を散文に直すか、または、韻文の一行を半分割して行数を増やすという方法があった【図17】〜【図20】。

もっと極端な方法で処理されることもあった。『から騒ぎ』は折丁Lのページ「1」で終わっているが、この部分の割付けをした人物は、「1」にとうてい収まりきらない分量を残してしまった。『から騒ぎ』の場合、フォリオの底本となった一六〇〇年出版のクォートとの比較が可能である。フォリオの『から騒ぎ』には、回避できなかった事由により抜け落ちてしまった箇所がいくつかあるが、その中で台詞の一行がまるまる落ちている箇所がある。その台詞がたまたま抜け落ちた可能性は否定できない。しかし、その一行は、「大公様とクローディオ様がおこしです」という司祭の台詞で、大公ドン・ペドロとクローディオの二人の登場を示すト書きの直前に語られている。このことから、植字工がそのト書きを入れる一行を確保しようと考えた結果、この台詞を省いても大差なしと判断して削除したと考えられる。(16)

『アントニーとクレオパトラ』を見ると、本文がやや窮屈に組まれている箇所が、折丁zzの最初のページ（「悲劇」三六五ページ）にある。そのページに見える、クレオパトラが囚われる直前と直後のプロキュリーアスの二つの台詞には、「プロ（*Pro.*）」という人物名を示す見出しが付けられ、連続した台詞として印刷されている。ここには何も省略はなかったのかもしれないし、あるいは、もともとの手稿本ではこの台詞が二ページにわたっていたとすれば、その二ページ目の冒頭に“*Pro.*”という見出しがもう一度付けられていたのかもしれない。しかし、もともとはクレオパトラが囚われたことを伝えるト書きがこの二つの台詞の間に書かれていて、それが省略された可能性が高い。省略されたのは一つの台詞だけだったかもしれないが、クレオパトラが囚われる直前に半行《ハーフ・ライン》分の空白が置いてあり、プロキュリーアスの次の台詞が完全な一行であることを考えると、少なくとももう一つの台詞（クレオパトラが話す半行の台詞だったかもしれない）が省略された可能性がある。[17]

それとは対照的に、『リア王』の折丁ss（「悲劇」三〇五—〇六ページ）を見ると、このページの本文の分量が通常よりも遥かに少ないことが分かる。しかも、韻文で書かれた台詞のいくつかは、空白を埋めるために途中で改行されて半行ずつに分割されている。フォリオの『リア王』の本文には、一六〇八年に出版されたクォートには見当たらない短い台詞が多く挿入されているが、その一例が、三〇五ページの右段にある。クォートでは一行になっている韻文（「八〇を超え、そして正直にいうと（Fourescore and vpward, and to deale plainly)」）が、フォリオでは三行〔"Fourescore and vpward, | Not an houre more, nor lesse: | And to deale plainely," ［TLN 2815-17］〕となっている。クォートの一行が二行に分割され、さらに、その二行の間に「一時間と多くも、少なくもない（Not an houre more, nor lesse:)」という一行が挿入されている。"Fourescore and vpward"とは「八〇を超えた」という意味である。特定できない年数について、一時間単位まで正確に数えるのはどう考えても適切とはいえない。「一時間と欠けてはいない（not an hour less)」だけなら書き添える意味があるかもしれないが、「八〇歳を超えたより一時間以上ではない（not an hour *more* than over eighty)」は意味をなさない。つまり、フォリオに追加された一行によって「八〇を超えた」という意味に変化が生じることはなく、また、一行の韻文を三行にしても意味はまったく変化しない。しかし、敷

衍することによってページの空白は埋まる。すると、“Not an houre more, nor lesse:”という部分は、ページの空白を埋めるだけの目的で植字工が捏造したのかもしれないと疑っても、不合理な推論とはいえないだろう。

印刷を止めて行った修正

本文の状態がまったく同じであるフォリオはほとんどない。印刷工程では、組版の片版面または両版面を修正するために一〇〇回以上、作業が止められた。その工程で修正が入るまえに刷られた用紙の枚数は、たいていはそれほど多くはなかったが、ときに全体の半分以上になることもあった。しかし、それらは破棄されることも、「傷物」として抜かれることもなかった。一山分の用紙の印刷が終了した時点では、修正が入るまえに刷られた用紙は、印刷されて積まれた束の一番下にかたまっていたが、次に、その束は、数枚ずつに分けられ、折られて紐に吊るして干された。そして、乾くと、紐から取り外されて再び積まれた。その工程で、しばしば、すべての用紙がうまい具合に混ぜ合わされた。用紙を集めて本にする段階では、一冊分となる束のほとんどに修正されていないものが何枚か混じっていた。現時点で確認されているフォリオの中には、修正後の完成状態の本文が刷られた用紙のみからなるものや、印刷工程の最初の段階で刷られた用紙を特に多く含む「原形」と呼べるようなものは一冊もない。また、修正まえの用紙と修正後の用紙がまったく同じ比率で混ぜ合わさったフォリオもない。

この点において、フォリオは決して特殊な本だったわけではない。フォリオのように入念な調査が行われた本はないが、一八世紀以前に刊行された英語の本はすべて一冊一冊が多少なりとも状態が異なっている。ほとんどの本の場合と同様、フォリオに見受けられる異同もその大半はごく些細なものである。それは、例えば、逆さ文字〔活字を逆さに組んでしまったために生じる〕やページ番号の誤りなど、誰の目にも分かる誤植を修正したものや、スペース、綴り、句読法を修正したものである。多くの場合、最初に印刷にかけられた用紙を一枚取り、一瞥して目立つ箇所のみを修正していたのかもしれない。ページを原稿と突き合わせて確認した形跡はほとんど見つかっていないので、変更が加えられた箇所のほとんどは、実際には、そのようなやり方で修正されたのだろう。

確認されているフォリオの異同のほとんどは、ヒンマンがフォルジャー・シェイクスピア図書館所蔵の五五冊のフォリオをページごとに照合した過程で発見したものである。ヒンマンがその研究を行った頃は、フォリオに修正が加えられたのは、印刷中に修正が行われたそのとき一度限りだったと、広く考えられていた。印刷開始の段階でミスが存在していたという紛れもない事実は、まえもって校正が行われていなかった証拠だと考えられていた。手動印刷を多少なりとも経験している者なら、そのような考えを良しとしたはずはないのだが、研究を本として出版した時点では、ヒンマンは定説に疑問を呈することはなかった(18)。しかし、皮肉にも、印刷工程に入るまえに本文が校正

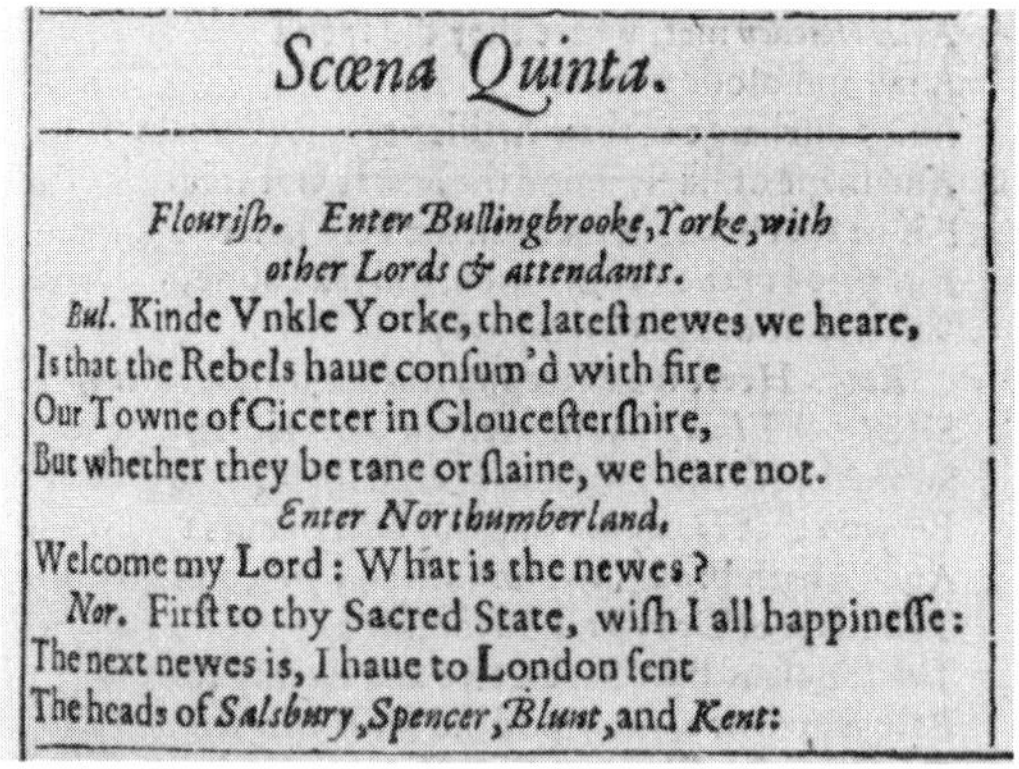

Scœna Quinta.

Flouriſh. Enter Bullingbrooke, Yorke, with other Lords & attendants.

Bul. Kinde Vnkle Yorke, the lateſt newes we heare,
Is that the Rebels haue conſum'd with fire
Our Towne of Ciceter in Glouceſterſhire,
But whether they be tane or ſlaine, we heare not.

Enter Northumberland.

Welcome my Lord: What is the newes?
Nor. Firſt to thy Sacred State, wiſh I all happineſſe:
The next newes is, I haue to London ſent
The heads of *Salsbury, Spencer, Blunt*, and *Kent*:

左段

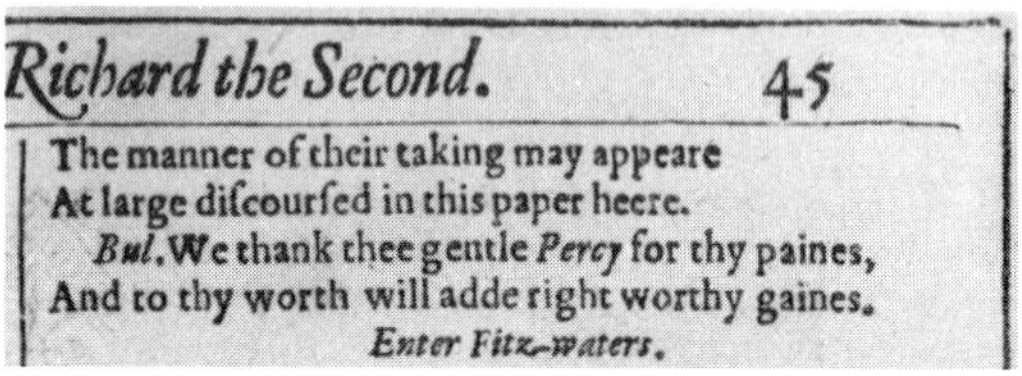

Richard the Second. 45

The manner of their taking may appeare
At large diſcourſed in this paper heere.
Bul. We thank thee gentle *Percy* for thy paines,
And to thy worth will adde right worthy gaines.

Enter Fitz-waters.

右段

の枠内には詰められる空白はなかったが，1 つ前の場面にあるエクストンと従者の登場を示すト書きの上に 1 行の空白が，そして，**左** 1 枚目に見える場面の始まりを示すト書きの下に 1 行の空白があった。

空白の置き方が通常とは違っていること，また，このページの左右の段の分量が他のページに比べて違っていることから考えると，「修正まえ」と考えられている**左**の状態もまた，ページが最初に組まれた後に修正が加えられたものである可能性がある。その修正は，右段に少なくとも 1 行の空白を挿入し，左段から少なくとも 2 行の空白を削除するというものだったと考えられる。

修正後の状態〔**右** 2 枚〕で右段に挿入されているボリンブルックの台詞は，もともとは左段に間違って印刷されていて，最初に校正が行われたときそれを直すよう指示されていたものだった可能性も考えられる。右段には他にも修正指示が書き込まれていたため，植字工が指示を取り違えて，ボリンブルックの台詞を完全に左段から削除して，2 行の空白をそこに「詰め込んで」しまい，左右の段に本文を均等に割り振ることもなく，左段にのみ空白の行を残すことになったのかもしれない。印刷が始まったとき，刷り上げた 1 枚を最初の校正刷りと照合した際にそのミスが発覚し，修正されたのかもしれない。

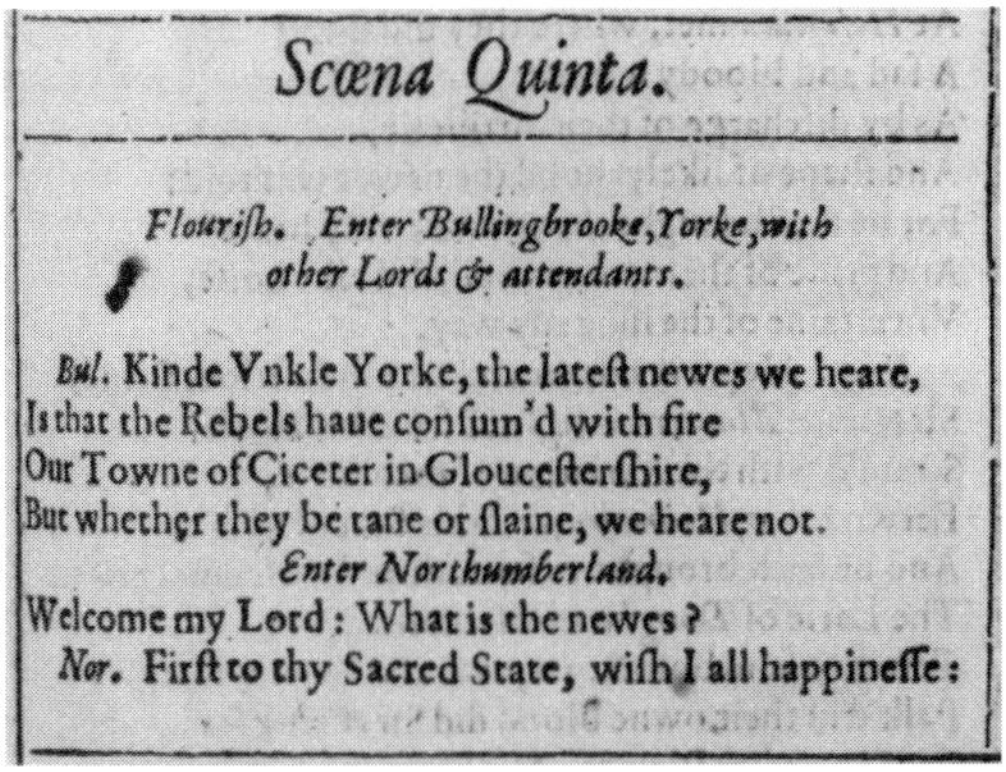

Scœna Quinta.

Flouriſh. Enter Bullingbrooke, Yorke, with other Lords & attendants.

Bul. Kinde Vnkle Yorke, the lateſt newes we heare,
Is that the Rebels haue conſum'd with fire
Our Towne of Ciceter in Glouceſterſhire,
But whether they be tane or ſlaine, we heare not.
Enter Northumberland.
Welcome my Lord: What is the newes?
Nor. Firſt to thy Sacred State, wiſh I all happineſſe:

左段

Richard the Second. 45

The next newes is, I haue to London ſent
The heads of *Salsbury, Spencer, Blunt,* and *Kent*:
The manner of their taking may appeare
At large diſcourſed in this paper heere.
Enter Fitz-waters.

右段

【図 21】 ファースト・フォリオにある異同のうち最も目立つものの 1 つが，『リチャード二世』の最後の場面にある（「歴史劇」，45 ページ）。**左**の 2 枚は，（この状態のもので現存が確認されている唯一のフォリオである）フォルジャー・フォリオ 35 から複写した修正まえの本文。**右**の 2 枚は修正後の本文。修正まえの本文には，このページの右段上の部分にあるべき 2 行のボリンブルックの台詞〔“*Bul*. We thank thee gentle *Percy* for thy paines, | And to thy worth will adde right worthy gaines.”〕がない。修正後の本文にはこの 2 行が組み込まれ，その代わりに修正まえに右段上に置かれていた 2 行〔“The next newes is, I haue to London sent | The heads of *Salsbury, Spencer, Blunt, and Kent*:”〕が左段下に組み込まれている。

このようなことが起こった理由は，右段にそれまで 1 段に組み込んだことのない分量の台詞が詰め込まれていたからである。右段の最後の行とページ下の罫との間に空白が 1 行も取れないようなことは，それまでに組んだ箇所では起こらなかった。他方，左段には合計で 5 行分もの空白があり，そのうちの 2 行は余分なもので，右段の冒頭の 2 行と置き替えても問題が生じないため，植字工はこの 2 行を簡単に移動することができた。5 行分の空白のうち 1 行は段の一番下の「通常そこに置かれる」空白として置かれ，2 行は場面見出しの枠外の上下に 1 行ずつ置かれていた。場面見出しされていたことを裏付ける最も確たる証拠は、ヒンマン自身が行ったページの印刷順序に関する調査によって示されていたのである。ある特徴を持つ活字が、それがまだ解版されていなかったはずの時点で刷られた他のページに使われている例が、いくつか存在している。そのページを最初に組み込んだ後に——つまり、その時点で行われたと推定される校正において——その活字が置かれたとしか考えられない例もいくつかある。また、異同のあるページのうち、その「修正まえの状態」とされるページにある誤りの中には、すでに生じていた誤りを正しく修正しなかったとしか考えようのない例もある。それを示す一つの例が、【図21】である。

フォリオのページは、おそらくそのすべてが、印刷作業を開始するまえに一度は、原稿と照合して読まれた可能性が高い。ただし、それは一度限りのことだったと思われる。この投機的事業には役者も参画していたのだから、印刷が始まるまえの状態のゲラ刷りを劇場に持ち込んで読んでもらうこともあったかもしれない。しかし、そうした作業は、印刷所の職人に任せる方が効率的だった。彼らなら、校正ができる状態になったときにいつでもその作業にあたることができたからである。校正はおそらく急ぎ足で行われ、そして、(現代の基準に照らせば)十分とはいえないものだった。多くの誤りが見過ごされたのはもちろんのこと、見過ごされた誤りの中には一目でおかしいと分かるものもある——しかも、(おそらくもっと目立っていた)別の誤りがすでに修正されているページにも目立つ誤りがある。フォリオの本文が印刷作業が始まるまえに校正されていたことを、まだ認めない研究者もいる。しかし、印刷工程のまえに校正がなされた可能性を疑う十分な根拠は存在しない。

通常、二度目の確認は、最初の校正で印の付けられた箇所が指示通りに修正されたことを確認する目的で行われた。この段階で、指示通りに修正されなかった箇所が一つか二つ見つかることもあっただろうし、また、最初の校正では気付かなかった誤りが見つかることもあっただろう。「喜劇」と「歴史劇」の部分では、印が付けられたのは一四ページに一度程度であるが、「悲劇」の部分になると、六ページに一度以上の頻度となっている。理由は単純で、この部分を担当したE植字工は組付けの作業に慣れていなかっただけでなく、特に校正作業において新たな間違いをおかしやすかったからである。この植字工が組み、さらに校正も行ったページの半分以上は、印刷作業の段階で二度目の校正が行われている。しかし、そこに至ってもなお、この植字工は本文の状態を悪化させてしまっていた。正しい文字を間違った場所に挿入した例がいくつか、そして、修正すべきではない単語に熟達した修正を加えた例が一つ存在している。

残っている校正刷り

最初の校正に使われた修正の指示が書かれた用紙は、たいていは処分された。修正された誤りと同じく、校正に使われた用紙も本来は残されるべきものではないので、ほとんど残っていない。しかし、印刷工程に入ってから修正の指示が書き込まれた用紙は、別扱いだった。仕上がった本のう

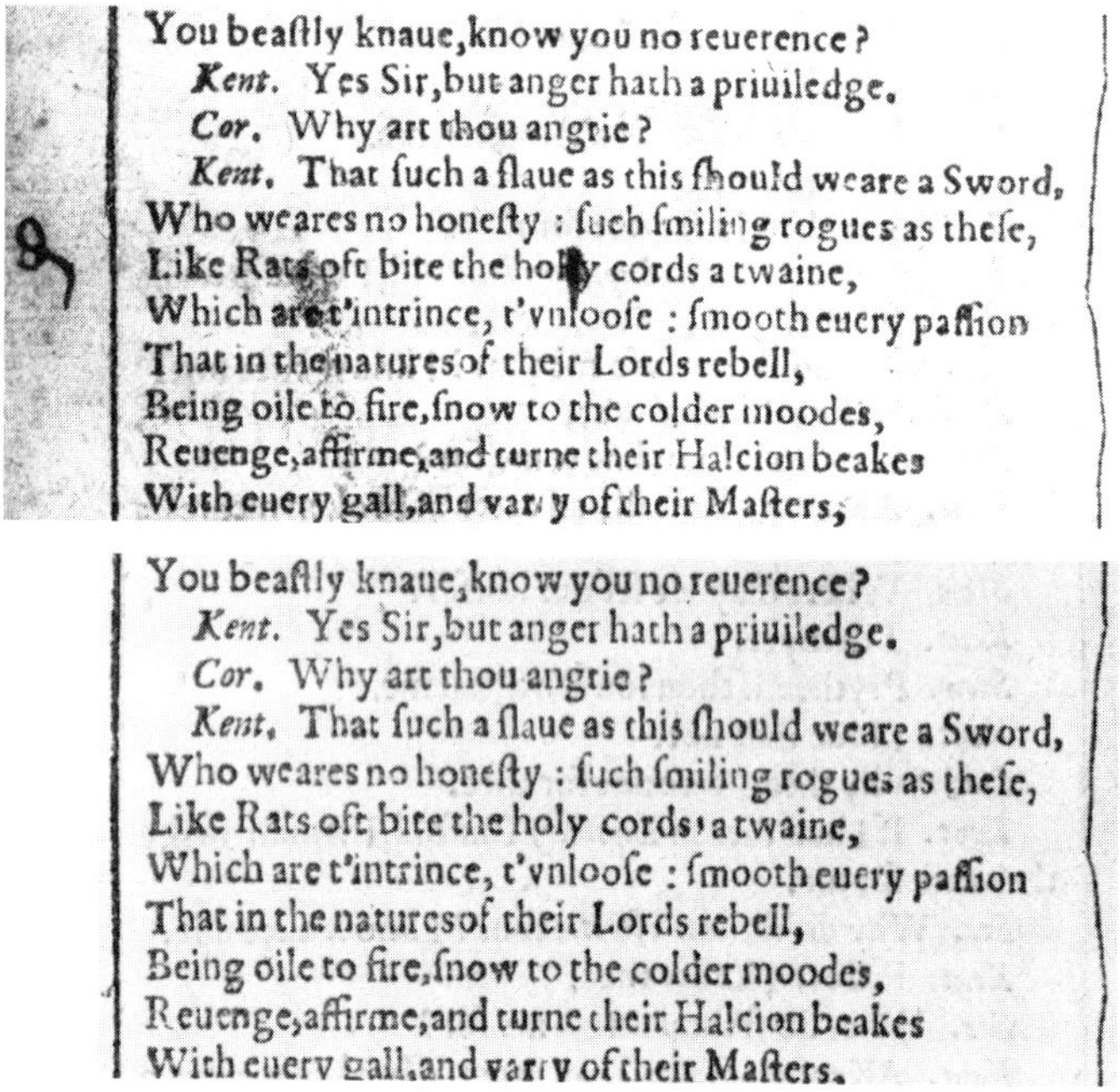

You beaſtly knaue,know you no reuerence?
Kent. Yes Sir,but anger hath a priuiledge.
Cor. Why art thou angrie?
Kent. That ſuch a ſlaue as this ſhould weare a Sword,
Who weares no honeſty: ſuch ſmiling rogues as theſe,
Like Rats oft bite the holly cords a twaine,
Which are t'intrince, t'vnlooſe: ſmooth euery paſſion
That in the natures of their Lords rebell,
Being oile to fire,ſnow to the colder moodes,
Reuenge,affirme,and turne their Halcion beakes
With euery gall,and vary of their Maſters,

You beaſtly knaue,know you no reuerence?
Kent. Yes Sir,but anger hath a priuiledge.
Cor. Why art thou angrie?
Kent. That ſuch a ſlaue as this ſhould weare a Sword,
Who weares no honeſty: ſuch ſmiling rogues as theſe,
Like Rats oft bite the holy cords a twaine,
Which are t'intrince, t'vnlooſe: ſmooth euery paſſion
That in the natures of their Lords rebell,
Being oile to fire,ſnow to the colder moodes,
Reuenge,affirme,and turne their Halcion beakes
With euery gall,and vary of their Maſters.

【図 22】 フォルジャー・フォリオ 48 には，『リア王』（「悲劇」，292 ページ）の修正指示が書き込まれた校正刷りが綴じ込まれている。**上**に見える書き込みは，（“holy” を間違って綴った）“holly” の 2 番目の “l” の文字の削除を指示している。“l” を削除した後，植字工は 1 文字分の込めものを挿入しなければならなかったため，“cords” の次にそれを入れた。しかし，押し込みが足りなかったため，修正後〔**下**〕の本文では込めものに付いたインクが写ってしまっている。

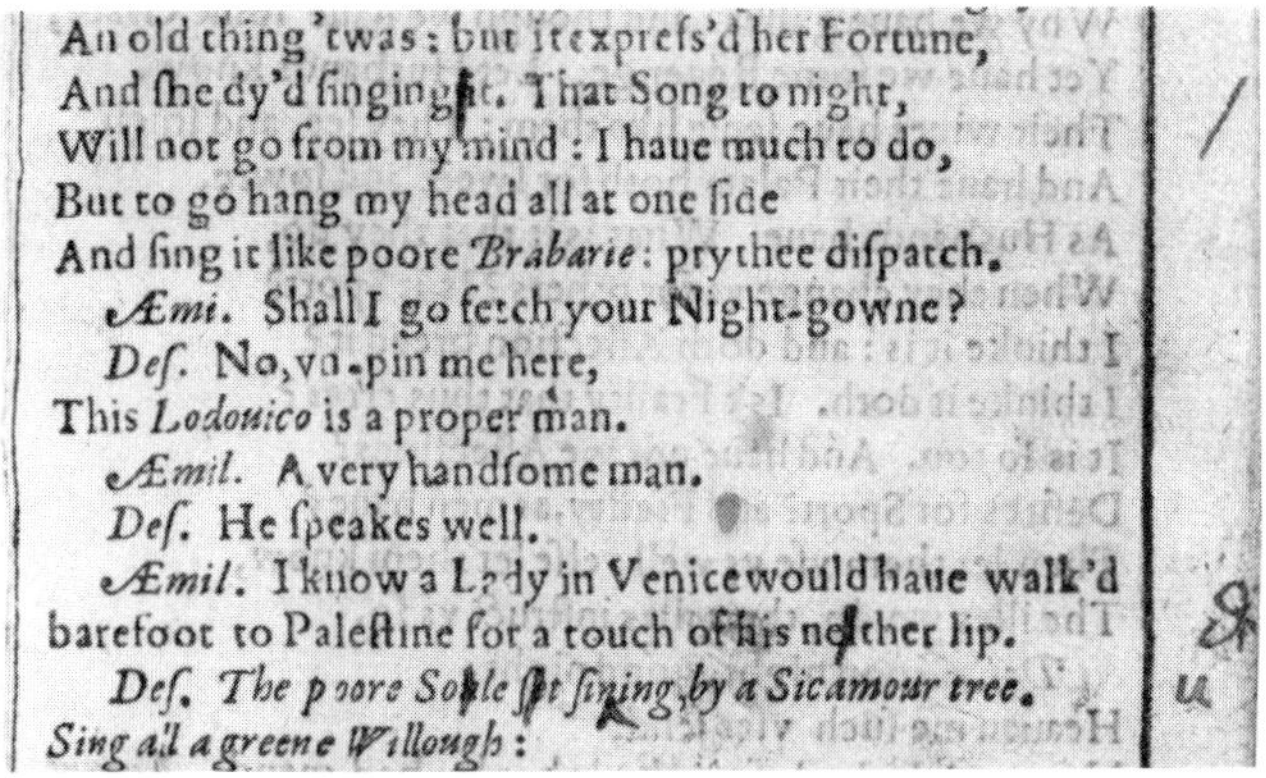

An old thing 'twas: but it expreſs'd her Fortune,
And ſhe dy'd ſinging it. That Song to night,
Will not go from my mind: I haue much to do,
But to go hang my head all at one ſide
And ſing it like poore *Brabarie*: prythee diſpatch.
Æmi. Shall I go fetch your Night-gowne?
Deſ. No, vn-pin me here,
This *Lodouico* is a proper man.
Æmil. A very handſome man.
Deſ. He ſpeakes well.
Æmil. I know a Lady in Venice would haue walk'd barefoot to Paleſtine for a touch of his neither lip.
Deſ. The poore Sonle ſet ſining, by a Sicamour tree.
Sing all a greene Willough:

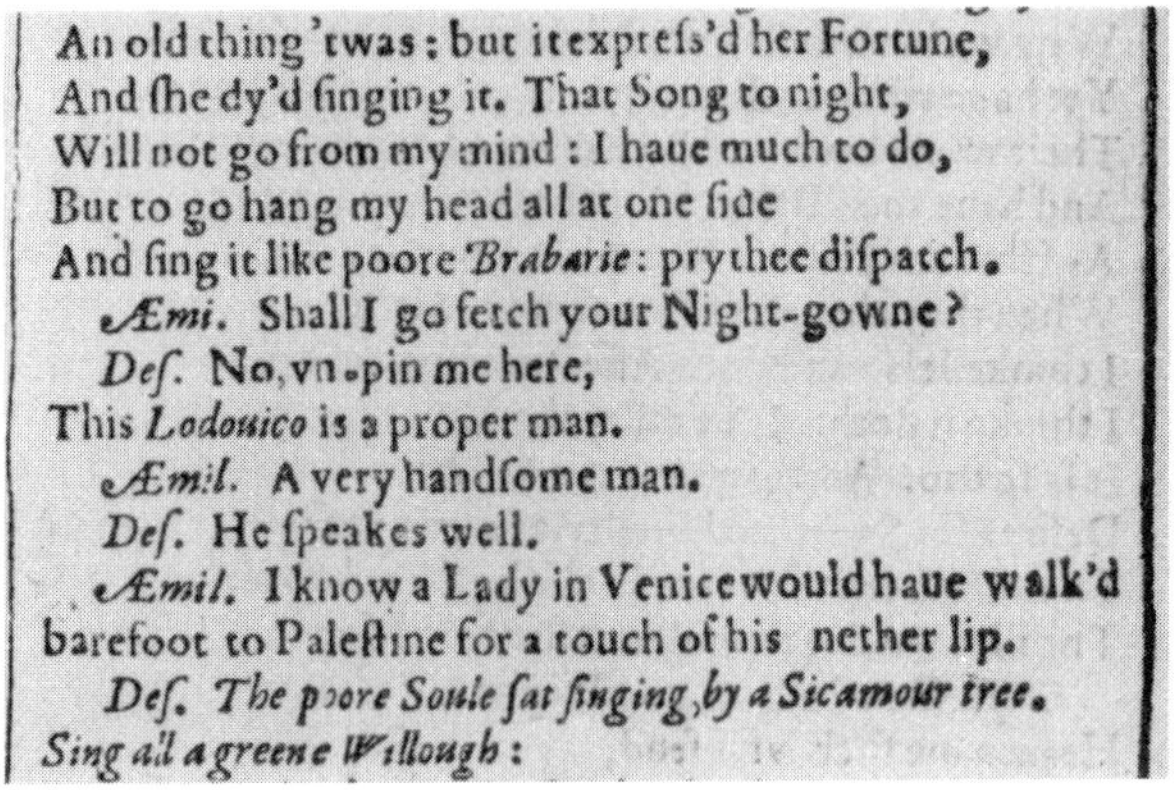

An old thing 'twas: but it expreſs'd her Fortune,
And ſhe dy'd ſinging it. That Song to night,
Will not go from my mind: I haue much to do,
But to go hang my head all at one ſide
And ſing it like poore *Brabarie*: prythee diſpatch.
Æmi. Shall I go fetch your Night-gowne?
Deſ. No, vn-pin me here,
This *Lodouico* is a proper man.
Æmil. A very handſome man.
Deſ. He ſpeakes well.
Æmil. I know a Lady in Venice would haue walk'd barefoot to Paleſtine for a touch of his nether lip.
Deſ. The poore Soule ſat ſinging, by a Sicamour tree.
Sing all a greene Willough:

【図 23】 フォルジャー・フォリオ 47 には，『オセロー』（「悲劇」，333 ページ）の修正指示が書き込まれた校正刷りが綴じ込まれている。**上**に見える最初の 2 つの書き込み〔2 行目と 12 行目〕は，インクが付いてしまった込めものを押し込むようにとの指示と，“neither” の “i” を削除して「下の」という意味になるように “nether” とせよという指示である。下から 2 行目には，もともとページの耳に “Sonle set sining” を〔“Sonle” の “n” を “u” に，“set” の “e” を “a” に，さらに “sining” に “g” を補って〕“Soule sat singing” と修正せよという指示が書き込まれていた。そのうち “a” と “g” の文字が書き込まれていた部分は，製本師が切り取ってしまった。〔ここに残っている指示は，“n” を逆さにして “u” とせよというものである。**下**は修正後。〕

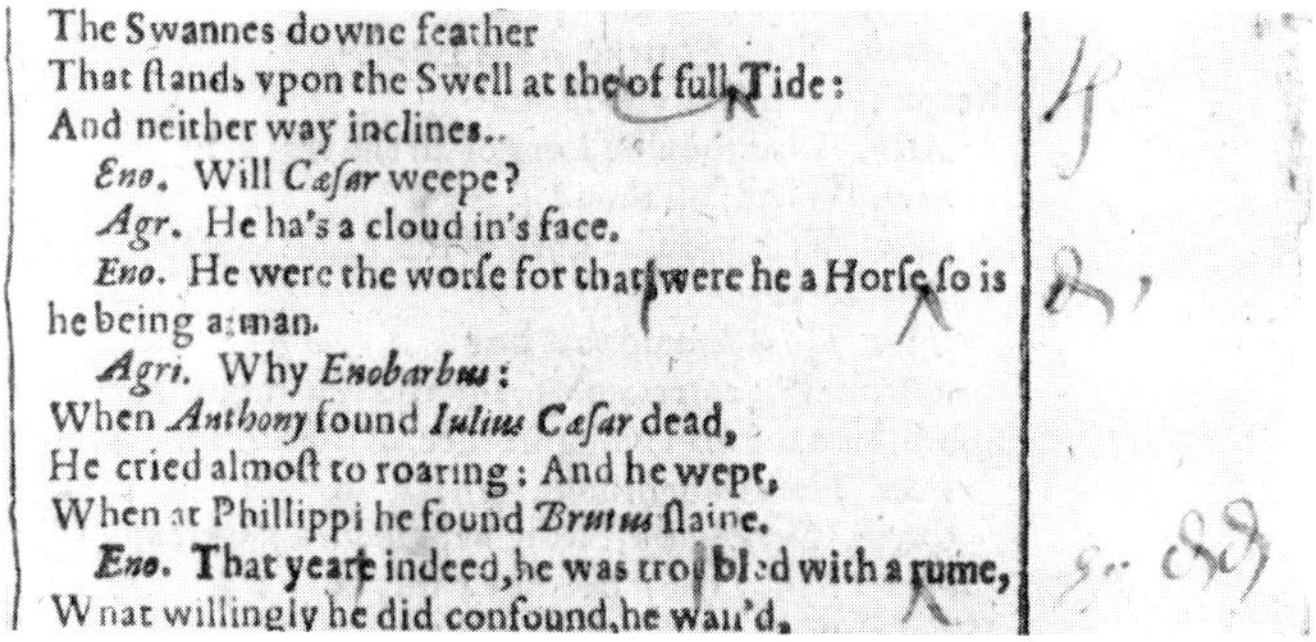

The Swannes downe feather
That ſtands vpon the Swell at the of full Tide:
And neither way inclines.
Eno. Will *Cæſar* weepe?
Agr. He ha's a cloud in's face.
Eno. He were the worſe for that were he a Horſe ſo is
he being a;man.
Agri. Why *Enobarbus*:
When *Anthony* found *Iulius Cæſar* dead,
He cried almoſt to roaring: And he wept,
When at Phillippi he found *Brutus* ſlaine.
Eno. That yeare indeed,he was troubled with a rume,
What willingly he did confound,he wail'd.

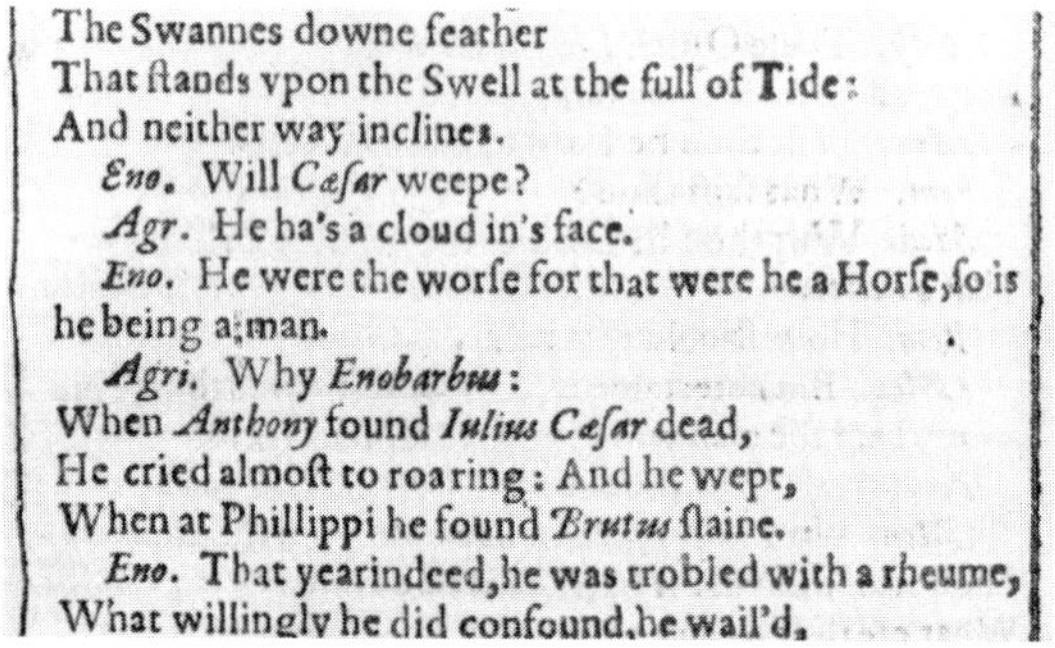

The Swannes downe feather
That ſtands vpon the Swell at the full of Tide:
And neither way inclines.
Eno. Will *Cæſar* weepe?
Agr. He ha's a cloud in's face.
Eno. He were the worſe for that were he a Horſe,ſo is
he being a;man.
Agri. Why *Enobarbus*:
When *Anthony* found *Iulius Cæſar* dead,
He cried almoſt to roaring: And he wept,
When at Phillippi he found *Brutus* ſlaine.
Eno. That yearindeed,he was trobled with a rheume,
What willingly he did confound,he wail'd.

【図 24】 ファースト・フォリオの校正刷りで最も有名なものは,『アントニーとクレオパトラ』のあるページについて修正指示が書き込まれたもの〔**上**〕である(「悲劇」, 352 ページ)。今から 100 年以上まえ, J・O・ハリウェル＝フィリップスがある書籍商の持っていた 1 葉 1 葉ばらばらになったリーフを集めたコレクションの中からこれを発見した。下から 2 行目の修正指示が「順不同」で書かれている。校正者は, 最初に “rume” に「感冒」の意味になるように “he” を補って “rheume” に直すと決めた。そして, 次に, この修正によってこの 1 行が詰まり過ぎないよう 2 文字分の空白を確保しようと考え, “yeare” の “e” と “troubled” の “u” を外す判断をした。〔**下**は修正後。〕

ち何冊かには、どうしても、修正まえの状態のページが含まれてしまう――ならば、修正の指示が書き込まれたページは、修正後の状態のページに比べれば価値が劣るにせよ、修正まえの状態のものに比べれば悪くはない。校正した植字工の書き込みが入っている用紙が、刷り上がった用紙の束に戻され、その結果、完成したフォリオに綴じ込まれることがときどきあった。フォリオを購入した人が新品の一冊に手書きの修正があると知って文句を付けたのではないかと考えるのは、筋違いである――当時出版された本の中には、後になって見つかった誤りについて、印刷したすべての本の該当箇所を手書きで修正しているものもある。

修正の指示が書き込まれた用紙は、多くの古書から見つかっている。ファースト・フォリオからも、そのようなものがこれまでに五枚も見つかっていて（【図22】〜【図24】はそのうちの三枚に見られる例）、今後もまだ見つかるかもしれない。五枚はすべて「悲劇」の部分で見つかったものである。そして、その五枚において修正の指示が書かれているのは、それぞれに四つある版面のうち一つの版面〔一ページ〕に限られている。その五ページは、すべてE植字工が組んだ箇所である。

他の出版業者との出版権利をめぐる交渉

一六二三年の夏には、フォリオは完成に近づいていた。理由は不明だが、ブラウントとジャガードは、フォリオの印刷を開始するまえにすべての芝居の出版権利を得ておくことをしなかった。それでも、後手となった交渉のほとんどはうまくいっていた。(二本の芝居の出版権利を有していた)ウィリアム・アスプリーと(最初に出版された『ジャジャウマ馴ラシ』を含め、四本の芝居の出版権利を有していた)ジョン・スメズィックの二人は権利を貸したり、売ったりするのではなく、フォリオの出版事業の株主になるという選択をしていた。トマス・パヴィアは、『ペリクリーズ』(理由は不明だが、この芝居はフォリオに収録されなかった)以外の芝居の出版権利をすべてブラウントとジャガードに譲り渡していた。また、パヴィアは、二人がアーサー・ジョンソンと『ウィンザーの陽気な女房たち』の取引を行うに際して、さらには、ナサニエル・バターと『リア王』の取引を行うに際して、手を貸していた可能性が高い。ウィリアム・ジャガードが一六二三年三月に遺言状を作成したとき、そこには合同執行人として妻と友人パヴィアの名前が記された。

しかし、別のある出版業者は、交渉に応じようとしなかったようである。「歴史劇」の部分の作業が、「喜劇」の作業を中断して開始されている。「喜劇」の『十二夜』の手稿本が使用できなくなっていたからかもしれないが、はっきりとした理由は分かっていない。植字工たちは、「歴史劇」の『リチャード二世』の一部の作業を終えてから「喜劇」の部分を完成させた――しかし、すぐに続けて『リチャード二世』の作業に戻ることはなく、『リチャード二世』に続く『ヘンリー四世・第一部』と『同・第二部』も飛ばして、『ヘンリー五世』の作業を開始している。

ブラウントとアイザック・ジャガードの二人は、『リチャード二世』、『ヘンリー四世・第一部』、そして『リチャード三世』の出版権利を得ていたマシュー・ローとの交渉を、「歴史劇」の作業が始まるまで保留していた可能性が高い。『ヘンリー四世・第二部』〔アスプリーが出版権利を有していた〕の売れ行きは良くなかったが、ローが出版した三本の歴史劇は、シェイクスピアの芝居本で最も良く売れていたから、[19] ローは、ブラウントとジャガードにとって厳しい条件を提示できる立場にあった。植字工たちの作業が『リチャード三世』に差し掛かろうとする頃になって〔フォリオでは『ヘンリー五世』の次に、『ヘンリー六世・第一部』、『同・第二部』、『同、第三部』、『リチャード三世』と続いている〕、ローとの条件交渉がやっと合意に至ったようである。植字工たちは、そのまま先へと進むことなく、飛ばしていた『リチャード二世』の途中からの作業に戻っている。

『トロイラスとクレシダ』の問題

しかし、さらに深刻な問題が、「悲劇」の部分で起きた。予定されていた芝居の配列順序では、『ロミオとジュリエット』の次に『トロイラスとクレシダ』が続くことになっていた。ヘンリー・ウォリーが『トロイラスとクレシダ』の出版権利を有していたのだが、この人物は取引に応じようとしなかった。一六〇九年に出版したクォート（『トロイラス』）は、これといって売れ行きが上がらなかったと思われるが、多くが売れ残っているうちに『トロイラス』がフォリオに含まれてしまうことを許そうとしなかったのかもしれない。

植字工たちは、『ロミオ』が終わって『トロイラス』が始まる折丁の二枚目の片面二ページ分まで組んだところで、その用紙の組付けを終えないまま作業を止めた。作業は延期されただけでなく、中止された。このことから推測して、ヘンリー・ウォリーの心は変わらないと見えていたに違いない。『ロミオ』の残り五ページのうち四ページは、一折丁が四ページとなるように一枚の用紙に刷られた。しかし、最後のページとなる五ページ目が印刷されるリーフの裏面に何を印刷するかの判断は保留された。数週間にわたって保留された後、『トロイラス』が印刷される予定だった場所を『アテネのタイモン』で埋めるという判断がなされた【図30】。『タイモン』はもっと後に印刷される予定だったのかもしれないが、もし『トロイラス』が予定通りに組まれていたなら、『タイモン』が活字となって後世に遺されることはなかったかもしれない。[20]『タイモン』が組まれた後、『トロイラス』が含まれないという前提で、フォリオの残りの部分も「完成」した。以下に説明するように、『トロイラス』がフォリオに収録されたのは、『トロイラス』のない数冊のフォリオがすでに販売されてしまってからのことだった。

ウィリアム・ジャガードの死

一六二三年三月二八日に遺言状を書いたウィリアム・ジャガードは、その年の一一月四日まで

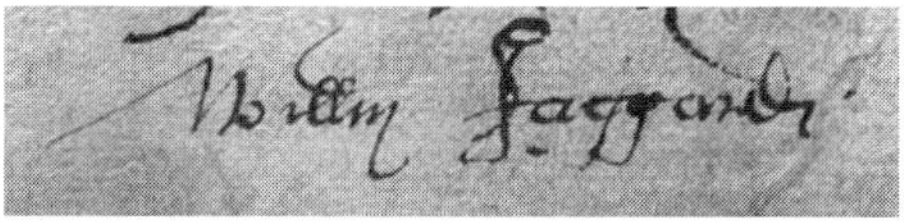

(The Stationers' Company Archive: reproduced by permission of the Master and Wardens of the Worshipful Company of Stationers and Newspaper Makers)

(Guildhall Library: reproduced by permission of the Diocese of London.)

【図 25】 この 2 つのジャガードの署名のうち，**上**は 1602 年 12 月に書かれたもの。**下**は, フォリオの「歴史劇」が刷られていた頃, ジャガードが 1623 年 3 月 28 日付けの遺言状に書いたもの。2 つの筆跡がかなり違っているのは，遺言状に署名したときにはジャガードは目が見えなくなっていたからである。

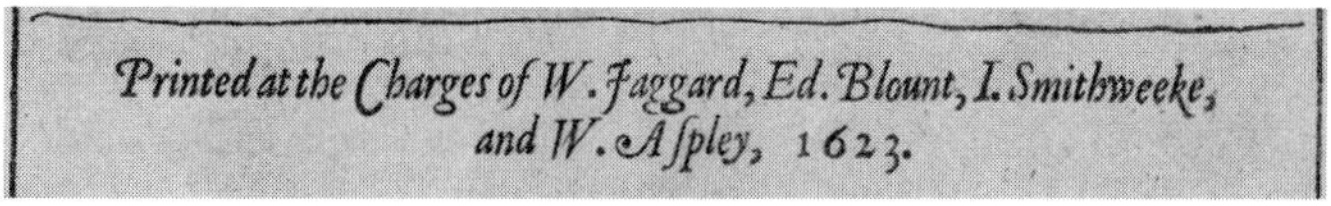
Printed at the Charges of W. Jaggard, Ed. Blount, I. Smithweeke, and W. Aspley, 1623.

【図 26】 ファースト・フォリオの出版に際してブラウントと協同で事業に従事していたのは，ウィリアムではなく，主にアイザック・ジャガードの方だった。ファースト・フォリオが出版される頃には，フォリオの印刷に使われた印刷所はすでにアイザックに受け継がれていた。しかし,（ウィリアムが亡くなる直前か亡くなった直後頃に印刷された）巻末の出版事項は, ファースト・フォリオの出版事業に出資したのはウィリアム・ジャガードだったことを示唆している。

には亡くなっている（一一月四日にアイザックが父に代わり、「ロンドン市御用達の印刷業者」として正式に任命されている）[21]。（フォリオの末尾に収録された）『シンベリン』の最終ページが刷り上がった時点で、ウィリアムがまだ生きていたかどうかは分からない。『シンベリン』の最後のページは、フォリオが「ウィリアム・ジャガード、エドワード・ブラウント、ジョン・スメズィックの費用で」出版されたと記して締めくくられている【図26】が、もしこのページが刷られた時点でウィリアムが亡くなっていたなら、そうした書き込みは実情に沿わないことになる。今となっては、『シンベリン』の印刷がいつ完了したのかも、ウィリアムがいつ亡くなったのかも、正確に知ることはできないが、一六二三年一一月一日よりまえにはウィリアム・ジャガードは亡くなっていて、『シンベリン』の印刷もすでに終わっていた。そして、『シンベリン』を完成させた後は、前付け――標題、献辞、序文、頌詩、作品一覧――の印刷を残すのみであると、三人は考えていただろう。しかし、幸運だったといって良いのか、その読みは外れることになる。

シェイクスピアの肖像

フォリオの扉表紙にある版画の肖像は、本文を印刷したのと同じ印刷機では刷られていない。組付けで使う活字の場合は、タイプヘッドの文字はくっきりと凸型になっていて、その凸面にインク

【図 27】 銅板に彫られた肖像が何枚か印刷された後，版画家の手によっていくつかの修正が加えられた。最も顕著な変更点は，顔と襞襟との間に陰影が入ったことである。**上**の肖像（フォルジャー・フォリオ 2）は最初に刷られた第 1 段階のもので，**下**の肖像（フォルジャー・フォリオ 1）は変更が加えられた第 2 段階のものである。ほとんどのファースト・フォリオにみられる肖像は，第 2 段階以降に 2 度目に印刷作業が止められた際に，見分けのつかないような細かい 3 つの変更が加えられた第 3 段階の肖像である。

を付け、用紙を活字に押付けて印刷する。他方、版画の線は銅板に彫り込まれる。銅板の表面にインクを付けると、今度はそれをきれいに拭きとり、銅板と用紙を合わせた状態で強い圧のかかった圧延の間を通すと、彫られた溝に残ったインクが用紙に付いて、肖像が刷り上がる。

ロンドンの印刷業者の中には銅版印刷機が備わっていない店舗もあったが、ジャガードの工房は別だったのかもしれない。しかし、フォリオの扉表紙は折丁の一部にではなくペラ一葉のリーフに刷られていることから、シェイクスピアの肖像は、銅版印刷を専門とする職人が他の店舗で製作したと考えられる。そうであるとすれば、肖像を印刷した人物である可能性が最も高いのは、肖像の製作者マーティン・ドルーシャウト自身をおいて他にいないだろう〔ドルーシャウトの同名の甥が肖像製作にかかわったという説もある〕。

本文を印刷した多くのページがそうであるように、肖像にも異同がある。印刷された最初の数枚では、襞襟《ひだえり》に陰影がほとんど付けられていなかったため、シェイクスピアの頭部が宙に浮いたように見えていた【図27上】。そこで、シェイクスピアの左耳の下付近に陰影が付けられたことが特によく分かる修正が加えられた【図27下】。しかし、すぐに、二度目の修正が加えられ、今度は髪型と眼球の明るい部分に細かい修正が加えられた。ドルーシャウト自身でなければ、誰もそうした修正が必要だとは考えなかっただろう。

肖像が印刷された時期ははっきりしていない（一六二二年の年内に刷られたかもしれないし、年が明けてから刷られたかもしれない）。しかし、扉表紙の印字の部分は、一六二三年一一月初旬までに組み足されたものに違いない。

出版権利の登録と調査

前付けの印刷が行われていたか終了していた一六二三年一一月八日、アイザック・ジャガードとエドワード・ブラウントは、書籍出版業組合の事務所を訪ね、まだ誰も出版していない芝居の出版権利の登録をしている。二人の知る限り、フォリオに収録される芝居には権利登録されていないものが一六本あった。しかし、その一六本の標題を登記簿に記載する際（古い順にではなくフォリオへの収録順に記載している）、二人は、慎重な書き方で、「ここに記載する芝居原本のうち、これまでに他の出版業者が権利登記を行っていないもの」に限定してその出版権利を登録している【図28】。

書籍出版業組合登記簿への記載は、出版業者にとって二つの意味で役立った。一つは、登記した芝居一本につき六ペンスの登記費用を、法人として書籍出版業組合に支払ったことを正式に記録することである。一五八〇年代初頭には、同登記簿への記載事項は正式な「権利登記の証拠」として、すなわち、出版業者がその本の出版権利を有していることの法的証拠として機能するようになっていた〔登記が義務付けられていたわけではない〕。その意味において、権利登記によって利益を得るのは書籍出版業組合ではなくむしろ出版業者の方であったから、出版業者は、登記簿を管理する事務員に、芝居一本につき、六ペンスの登記費用とは別に四ペンスの報酬を法人としてではなく個人として支払わなければならなかった。この報酬は、登記簿に記載されなかった。

ブラウントとジャガードが書籍出版業組合に支払うことになる正確な登記費用は、一六本の芝居がすべて本当に「これまでに他の出版業者が権利登記を行っていないもの」かどうかはっきりするまで決まらなかった。この記載事項の右に書かれた額は、一六本分の権利登記費用である八シリング〔六ペンス×一六本〕ではなく、一四本分の七シリング〔“vijs.”と記されている〕となっている——また、その文字は、他の記載事項の記入に使われているものとは別のインクで書かれている。このことから、ブラウントとジャガードは、事務員に一六本の芝居がすでに登録されていないか調査を依頼したと考えて間違いない。一六二三年には、手数料はおそらく一調査あたり四ペンスだった（この料金も事務員に個人的に支払われ、同組合理事の決算報告書に収納金として記録されることはなかった）。一調査の手数料で、事務員は過去一二ヶ月分の登記簿について調査を行った。過去一二ヶ月よりまえの登記簿について調査を依頼するには、一〇年分につき一調査分の追加料金〔四ペンス〕がかかった。四調査分の料金〔一六ペンス〕を支払えば、一五九二年一一月まで遡る調査を依頼することができただろう——ただし、一五九三年まではシェイクスピアの芝居は登記されていないことを、ブラウントとジャガードが知っていたかどうかは分からない。

調査を請け負った事務員は、一五九五年から一六二〇年までの登記簿の遊び紙に記された記録を発見し、それは一六〇〇年にジェイムズ・ロバーツが行った『お気に召すまま』の仮登記であると解釈しただろう。(22) ロバーツの引退後、ウィリアム・ジャガードがロバーツの出版権利のほとんどを

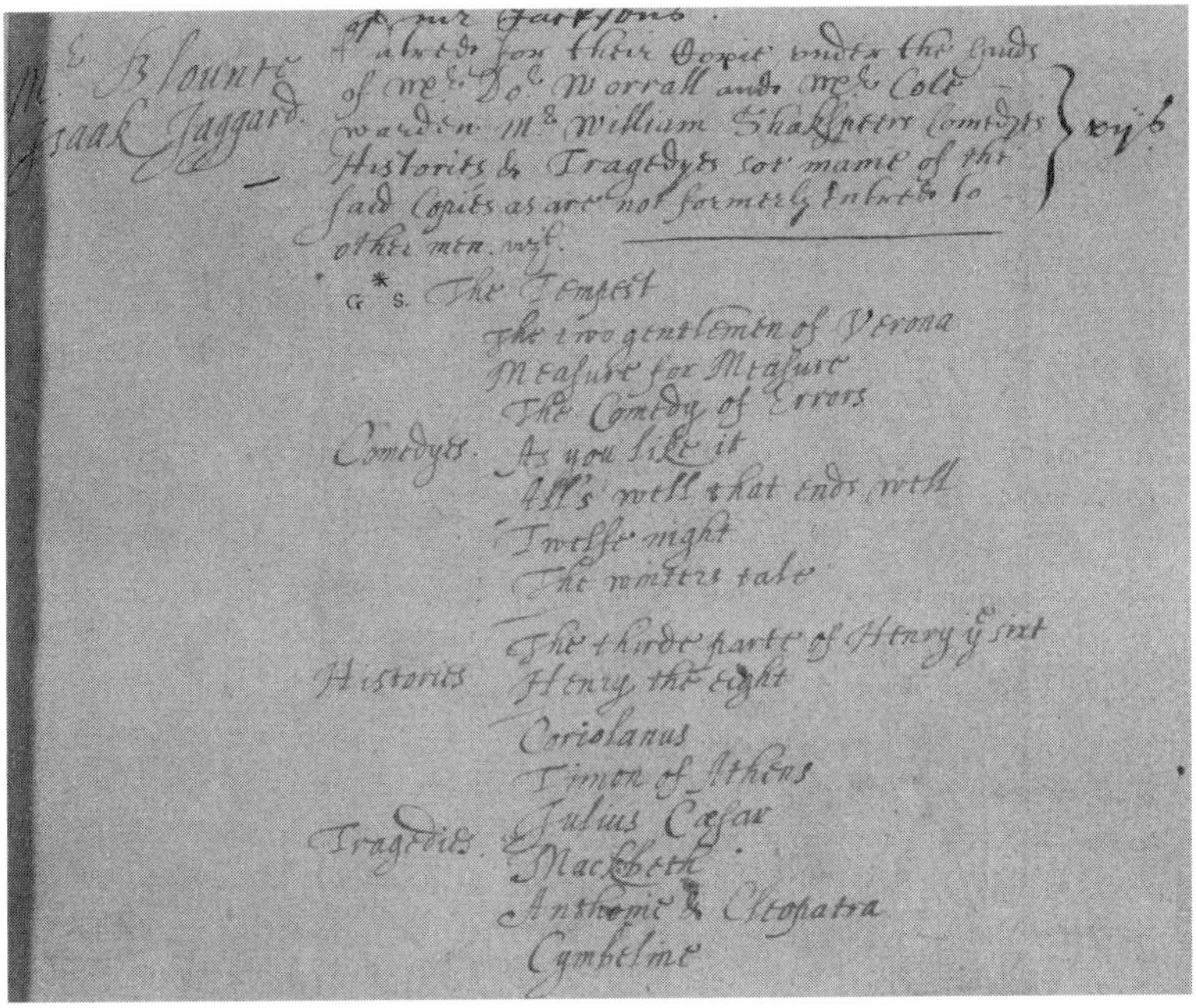
Mr Blounte
Isaak Jaggard.
Entred for their Copie vnder the hands of Mr Doctor Worrall and Mr Cole warden Mr William Shakspeers Comedyes Historyes & Tragedyes soe manie of the said Copies as are not formerly entred to other men. viz.
G*S. The Tempest
The two gentlemen of Verona
Measure for Measure
The Comedy of Errors
Comedyes. As you like it
All's well that ends well
Twelfe night
The winters tale
The thirde parte of Henry ye sixt
Histories Henry the eight
Coriolanus
Timon of Athens
Julius Caesar
Tragedies. Mackbeth
Anthonie & Cleopatra
Cymbeline

(The Stationers' Company Archive: reproduced by permission of the Master and Wardens of the Worshipful Company of Stationers and Newspaper Makers.)

【図 28】 ここに示したのは，ブラウントとジャガードがまだ誰も権利登録していないと考えていた 16 本の芝居を記載した，1623 年 11 月 8 日の書籍出版業組合登記簿の記録である。登録料の 7 シリング（"vij s."）の文字は後で記載された。これは，ブラウントとジャガードが 2 本の芝居〔『お気に召すまま』と『アントニーとクレオパトラ』〕の出版権利をそれぞれ 1 本ずつ所有していたことが調査によって判明した後の登録料である。

"G*S." という，1 番目の題名（"The Tempest"）の左にある文字は，登録内容の一部ではない。この 2 文字は，シェイクスピアと関連する登記簿の記録について系統立った調査を行った最初の本文校訂者，ジョージ・スティーヴンズの名前の頭文字である。

譲り受け、アイザック・ジャガードは父ウィリアムの権利をそのまま受け継いでいた。事務員は、また、同じ登記簿の半ばあたりにある別の登記事項も見つけただろう。その調査によって、登記費用が一四本分の七シリング〔六ペンス×一四本〕に減額されたと考えられる。エドワード・ブラウントは、一六〇八年に自分自身が『アントニーとクレオパトラ』の出版権利を登記しておきながら、一六二三年には自分が権利を有することを忘れてしまっていたようだ。この事実は、シェイクスピアの芝居に対する彼の関心の持ちようがどの程度だったかをよく物語っている。

『トロイラス』の出版権利をめぐる新たな交渉

『トロイラスとクレシダ』が土壇場でフォリオに戻されることになったのは、登記簿調査の結果だと考えられる。この芝居は、一六〇九年にリチャード・ボニアンとヘンリー・ウォリーの二人が権利登記を行い、同じ年に二人の名前で出版されている。しかし、事務員が登記簿を調べると、ボニアンとウォリーの二人が権利登記したよりずっとまえに、『トロイラス』が仮登記されていた――一六〇三年二月にジェイムズ・ロバーツがそれをしていた――と分かったに違いない。

サー・ウォルター・グレッグは、ロバーツの権利登記を発見したことでジャガードは「ウォリーのことは無視」して、それ以上は騒ぎ立てることなく『トロイラス』をフォリオに戻すことができ

A CATALOGVE
of the ſeuerall Comedies, Hiſtories, and Tragedies contained in this Volume.

COMEDIES.

The Tempeſt.	Folio 1.
The two Gentlemen of Verona.	20
The Merry Wiues of Windſor.	38
Meaſure for Meaſure.	61
The Comedy of Errours.	85
Much adoo about Nothing.	101
Loues Labour loſt.	122
Midſommer Nights Dreame.	145
The Merchant of Venice.	163
As you Like it.	185
The Taming of the Shrew.	208
All is well, that Ends well.	230
Twelfe-Night, or what you will.	255
The Winters Tale.	304

HISTORIES.

The Life and Death of King John.	Fol. 1.
The Life & death of Richard the ſecond.	23
The Firſt part of King Henry the fowrth.	46
The Second part of K. Henry the fourth.	74
The Life of King Henry the Fift.	69
The Firſt part of King Henry the Sixt.	96
The Second part of King Hen. the Sixt.	120
The Third part of King Henry the Sixt.	147
The Life & Death of Richard the Third.	173
The Life of King Henry the Eight.	205

TRAGEDIES.

The Tragedy of Coriolanus.	Fol. 1.
Titus Andronicus.	31
Romeo and Juliet.	53
Timon of Athens.	80
The Life and death of Julius Cæſar.	109
The Tragedy of Macbeth.	131
The Tragedy of Hamlet.	152
King Lear.	283
Othello, the Moore of Venice.	310
Anthony and Cleopater.	346
Cymbeline King of Britaine.	369

【図 29】『トロイラスとクレシダ』は「作品一覧」に記載されていない。ブラウントとジャガードが『トロイラス』が収録できると分かったのは，このページが印刷されてしまってからだった。

たという考えを提唱している。しかし、それはありえない。ロバーツの登記は仮のものでしかなく、「その正当性が十分に認められ」なければ法的有効性を発揮しないものだったからだ。一方、ボニアンとウォリーは、『トロイラス』の権利登記をするまえに宮廷祝典局長代理の認可を正式に受けていた。[23]よって、二人の権利は文句なく正当なものだった。そのうえ、ジェイムズ・ロバーツには、芝居の出版権利を仮登記して売却し、それを買った業者に必要な認可を取得させるという少々風変わりな癖があった。したがって、ボニアンとウォリーの二人が登記したものは、ロバーツから合法的に買った原稿であった可能性も否定できない。

ウォリーの向こうを張る口実としてロバーツの仮登記を持ち出したとなれば、悪質な計画的出版権利の侵害として即座に訴訟沙汰となっていただろうし、もしそうなっていれば、ジャガードはおそらく敗訴していた。しかし、アイザック・ジャガードがその仮登記を書籍出版業組合の審議に付し、[24]ロバーツの出版権利を受け継いだ者として、利害の対立を解決してほしいと恭《うやうや》しく申し出ていたとすれば、組合役員が仲裁に入り、お決まりの妥協案を示していたに違いない。どんな妥協案だったにせよ、少なくとも一度は『トロイラス』を印刷する権利がアイザック・ジャガードに認められたに違いない。つまり、ロバーツの登記を発見したことによって、ジャガードたちは、ウォリーに一つの選択を迫ることができるようになったと考えられる。ウォリー自身が彼らと交渉して妥協案を導き出すか、組合の役員に裁定を委ねるかの選択である。

ウォリーと交わした新たな取り決めの詳しい内容は不明だが、いずれにせよ、登記簿への記載を済ませた数日後に、結局は、ジャガードたちが『トロイラス』をフォリオに収録できる情勢に漕ぎ着けている。そのときまでには、『トロイラス』以外の部分はすべて印刷が完了していた。前付けの部分がどの順序で組まれたのか正確には分からないが、しかし、「本巻に収められた喜劇、歴史劇、悲劇の作品一覧」【図29】が刷られた用紙は、最後か、最後から二番目に印刷されている。「作品一覧」には三五本の芝居しか記載されておらず、『トロイラスとクレシダ』が抜け落ちているので、この一枚はヘンリー・ウォリーが考えを変えるまえに印刷されていたに違いない。

『トロイラス』の遅れた収録

ヒンマンは、植字工たちが「作品一覧」が印刷されてしまってから、(ほんの少しだったかもしれないが)遅れて『トロイラス』の作業を始めたことを示す証拠を発見した。その作業が始まったとき、印刷所には、数ヶ月まえに印刷した『ロミオ』の最後のページと『トロイラス』の最初の三ページを含む一枚が、まだ残っていた。植字工たちは、『ロミオ』の最後のページに「×」と書いて取り消してしまえば、その紙は使用できると考え、『トロイラス』の四ページ目から本文を組み始めた【図31】。しかし、今回は、すでに使用していたクォートではなく、国王一座から入手していた芝居の手稿本を使って作業にあたった。すでに印刷されていた紙には、77から88までのページ番

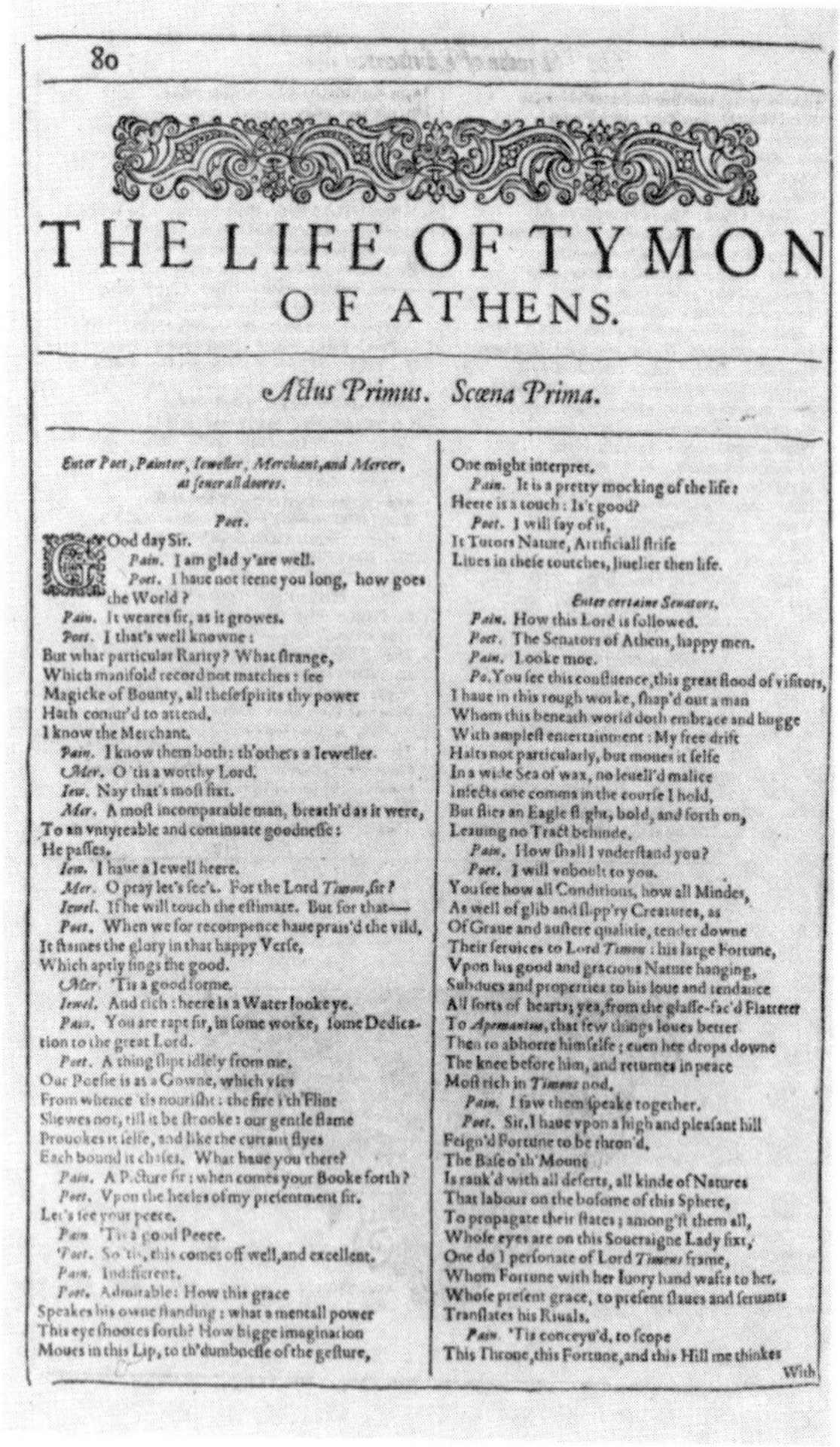
80

THE LIFE OF TYMON OF ATHENS.

Actus Primus. Scœna Prima.

Enter Poet, Painter, Ieweller, Merchant, and Mercer, at ſeuerall doores.

Poet.
GOod day Sir.
Pain. I am glad y'are well.
Poet. I haue not ſeene you long, how goes the World?
Pain. It weares ſir, as it growes.
Poet. I that's well knowne:
But what particular Rarity? What ſtrange,
Which manifold record not matches: ſee
Magicke of Bounty, all theſe ſpirits thy power
Hath coniur'd to attend.
I know the Merchant.
Pain. I know them both: th'others a Ieweller.
Mer. O 'tis a worthy Lord.
Iew. Nay that's moſt fixt.
Mer. A moſt incomparable man, breath'd as it were,
To an vntyreable and continuate goodneſſe:
He paſſes.
Iew. I haue a Iewell heere.
Mer. O pray let's ſee't. For the Lord *Timon*, ſir?
Iewel. If he will touch the eſtimate. But for that——
Poet. When we for recompence haue prais'd the vild,
It ſtaines the glory in that happy Verſe,
Which aptly ſings the good.
Mer. 'Tis a good forme.
Iewel. And rich: heere is a Water looke ye.
Pain. You are rapt ſir, in ſome worke, ſome Dedication to the great Lord.
Poet. A thing ſlipt idlely from me.
Our Poeſie is as a Gowne, which vſes
From whence 'tis nouriſht: the fire i'th'Flint
Shewes not, till it be ſtrooke: our gentle flame
Prouokes it ſelfe, and like the currant flyes
Each bound it chaſes. What haue you there?
Pain. A Picture ſir: when comes your Booke forth?
Poet. Vpon the heeles of my preſentment ſir.
Let's ſee your peece.
Pain. 'Tis a good Peece.
Poet. So 'tis, this comes off well, and excellent.
Pain. Indifferent.
Poet. Admirable: How this grace
Speakes his owne ſtanding: what a mentall power
This eye ſhootes forth? How bigge imagination
Moues in this Lip, to th'dumbneſſe of the geſture,
One might interpret.
Pain. It is a pretty mocking of the life:
Heere is a touch: Is't good?
Poet. I will ſay of it,
It Tutors Nature, Artificiall ſtrife
Liues in theſe toutches, liuelier then life.

Enter certaine Senators.
Pain. How this Lord is followed.
Poet. The Senators of Athens, happy men.
Pain. Looke moe.
Po. You ſee this confluence, this great flood of viſitors,
I haue in this rough worke, ſhap'd out a man
Whom this beneath world doth embrace and hugge
With ampleſt entertainment: My free drift
Halts not particularly, but moues it ſelfe
In a wide Sea of wax, no leuell'd malice
Infects one comma in the courſe I hold,
But flies an Eagle flight, bold, and forth on,
Leauing no Tract behinde.
Pain. How ſhall I vnderſtand you?
Poet. I will vnboult to you.
You ſee how all Conditions, how all Mindes,
As well of glib and ſlipp'ry Creatures, as
Of Graue and auſtere qualitie, tender downe
Their ſeruices to Lord *Timon*: his large Fortune,
Vpon his good and gracious Nature hanging,
Subdues and properties to his loue and tendance
All ſorts of hearts; yea, from the glaſſe-fac'd Flatterer
To *Apemantus*, that few things loues better
Then to abhorre himſelfe; euen hee drops downe
The knee before him, and returnes in peace
Moſt rich in *Timons* nod.
Pain. I ſaw them ſpeake together.
Poet. Sir, I haue vpon a high and pleaſant hill
Feign'd Fortune to be thron'd.
The Baſe o'th'Mount
Is rank'd with all deſerts, all kinde of Natures
That labour on the boſome of this Sphere,
To propagate their ſtates; among'ſt them all,
Whoſe eyes are on this Soueraigne Lady fixt,
One do I perſonate of Lord *Timons* frame,
Whom Fortune with her Iuory hand wafts to her,
Whoſe preſent grace, to preſent ſlaues and ſeruants
Tranſlates his Riuals.
Pain. 'Tis conceyu'd, to ſcope
This Throne, this Fortune, and this Hill me thinkes
With

その後,『トロイラス』を入れるはずだった箇所に『アテネのタイモン』を入れることとなった。その結果,『ロミオ』の最後のページ〔**左**〕は,『タイモン』の最初のページ〔**右**〕をその裏面に入れる形で刷り直された。

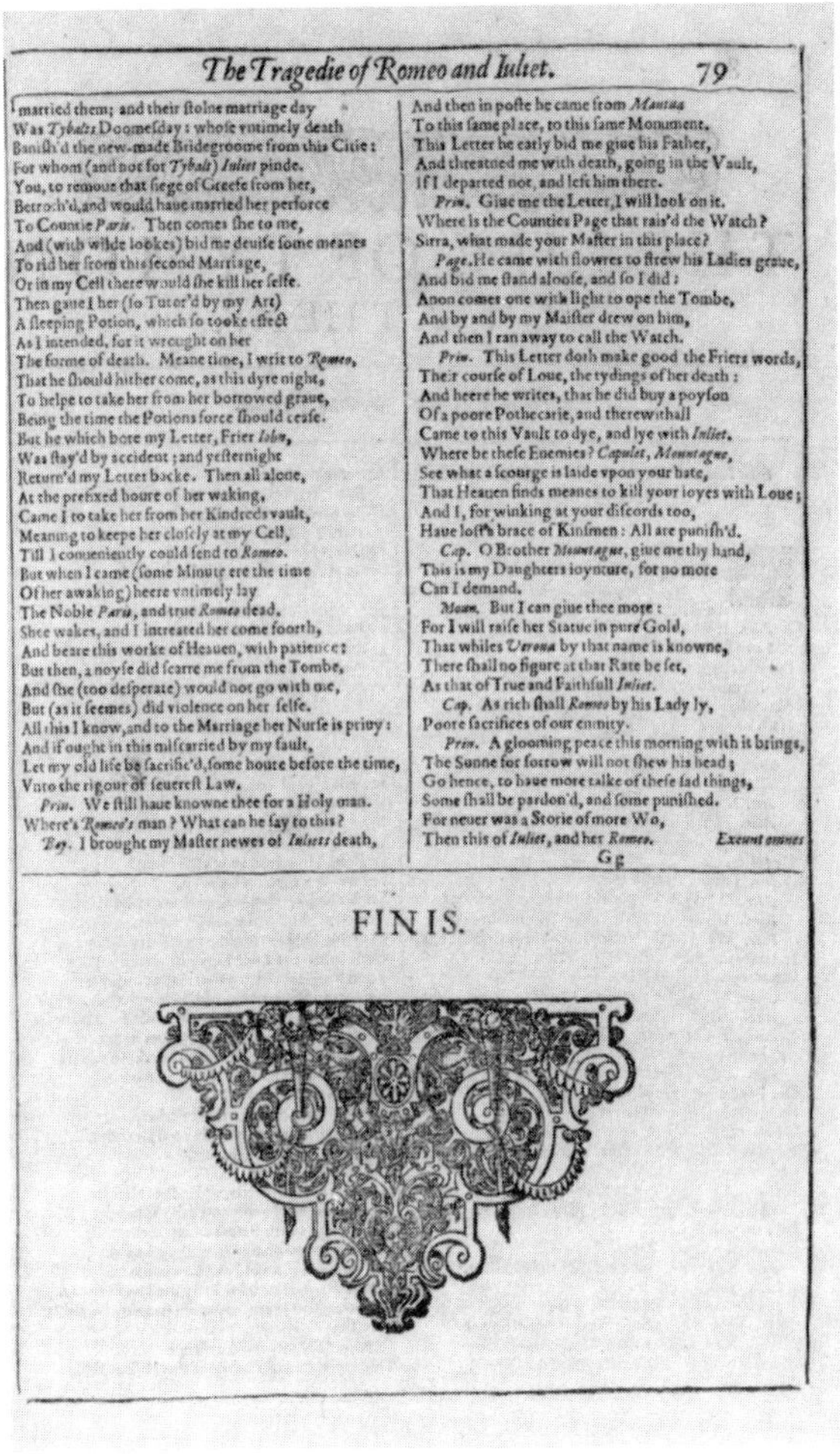

The Tragedie of Romeo and Iuliet. 79

married them; and their ſtolne marriage day
Was *Tybalts* Doomeſday: whoſe vntimely death
Baniſh'd the new-made Bridegroome from this Citie:
For whom (and not for *Tybalt*) *Iuliet* pinde.
You, to remoue that ſiege of Greefe from her,
Betroth'd, and would haue married her perforce
To Countie *Paris*. Then comes ſhe to me,
And (with wilde lookes) bid me deuiſe ſome meanes
To rid her from this ſecond Marriage,
Or in my Cell there would ſhe kill her ſelfe.
Then gaue I her (ſo Tutor'd by my Art)
A ſleeping Potion, which ſo tooke effect
As I intended, for it wrought on her
The forme of death. Meane time, I writ to *Romeo*,
That he ſhould hither come, as this dyre night,
To helpe to take her from her borrowed graue,
Being the time the Potions force ſhould ceaſe.
But he which bore my Letter, Frier *Iohn*,
Was ſtay'd by accident; and yeſternight
Return'd my Letter backe. Then all alone,
At the prefixed houre of her waking,
Came I to take her from her Kindreds vault,
Meaning to keepe her cloſely at my Cell,
Till I conueniently could ſend to *Romeo*.
But when I came (ſome Minute ere the time
Of her awaking) heere vntimely lay
The Noble *Paris*, and true *Romeo* dead.
Shee wakes, and I intreated her come foorth,
And beare this worke of Heauen, with patience:
But then, a noyſe did ſcarre me from the Tombe,
And ſhe (too deſperate) would not go with me,
But (as it ſeemes) did violence on her ſelfe.
All this I know, and to the Marriage her Nurſe is priuy:
And if ought in this miſcarried by my fault,
Let my old life be ſacrific'd, ſome houre before the time,
Vnto the rigour of ſeuereſt Law.
Prin. We ſtill haue knowne thee for a Holy man.
Where's *Romeo's* man? What can he ſay to this?
Boy. I brought my Maſter newes of *Iuliets* death,
And then in poſte he came from *Mantua*
To this ſame place, to this ſame Monument.
This Letter he early bid me giue his Father,
And threatned me with death, going in the Vault,
If I departed not, and left him there.
Prin. Giue me the Letter, I will look on it.
Where is the Counties Page that rais'd the Watch?
Sirra, what made your Maſter in this place?
Page. He came with flowres to ſtrew his Ladies graue,
And bid me ſtand aloofe, and ſo I did:
Anon comes one with light to ope the Tombe,
And by and by my Maiſter drew on him,
And then I ran away to call the Watch.
Prin. This Letter doth make good the Friers words,
Their courſe of Loue, the tydings of her death:
And heere he writes, that he did buy a poyſon
Of a poore Pothecarie, and therewithall
Came to this Vault to dye, and lye with *Iuliet*.
Where be theſe Enemies? *Capulet*, *Mountague*,
See what a ſcourge is laide vpon your hate,
That Heauen finds meanes to kill your ioyes with Loue;
And I, for winking at your diſcords too,
Haue loſt a brace of Kinſmen: All are puniſh'd.
Cap. O Brother *Mountague*, giue me thy hand,
This is my Daughters ioynture, for no more
Can I demand.
Moun. But I can giue thee more:
For I will raiſe her Statue in pure Gold,
That whiles *Verona* by that name is knowne,
There ſhall no figure at that Rate be ſet,
As that of True and Faithfull *Iuliet*.
Cap. As rich ſhall *Romeo* by his Lady ly,
Poore ſacrifices of our enmity.
Prin. A glooming peace this morning with it brings,
The Sunne for ſorrow will not ſhew his head;
Go hence, to haue more talke of theſe ſad things,
Some ſhall be pardon'd, and ſome puniſhed.
For neuer was a Storie of more Wo,
Then this of *Iuliet*, and her *Romeo*. *Exeunt omnes*

Gg

FINIS.

【図 30】 ジャガードたちは，もともとは『トロイラス』を『ロミオとジュリエット』の次に入れようと考えていたので，ヘンリー・ウォリーがそれを拒むまえに，『ロミオ』の最後の部分〔**左**〕が最初の版面に刷られた用紙に，『トロイラス』の最初の 3 ページがすでに刷られてしまっていた。

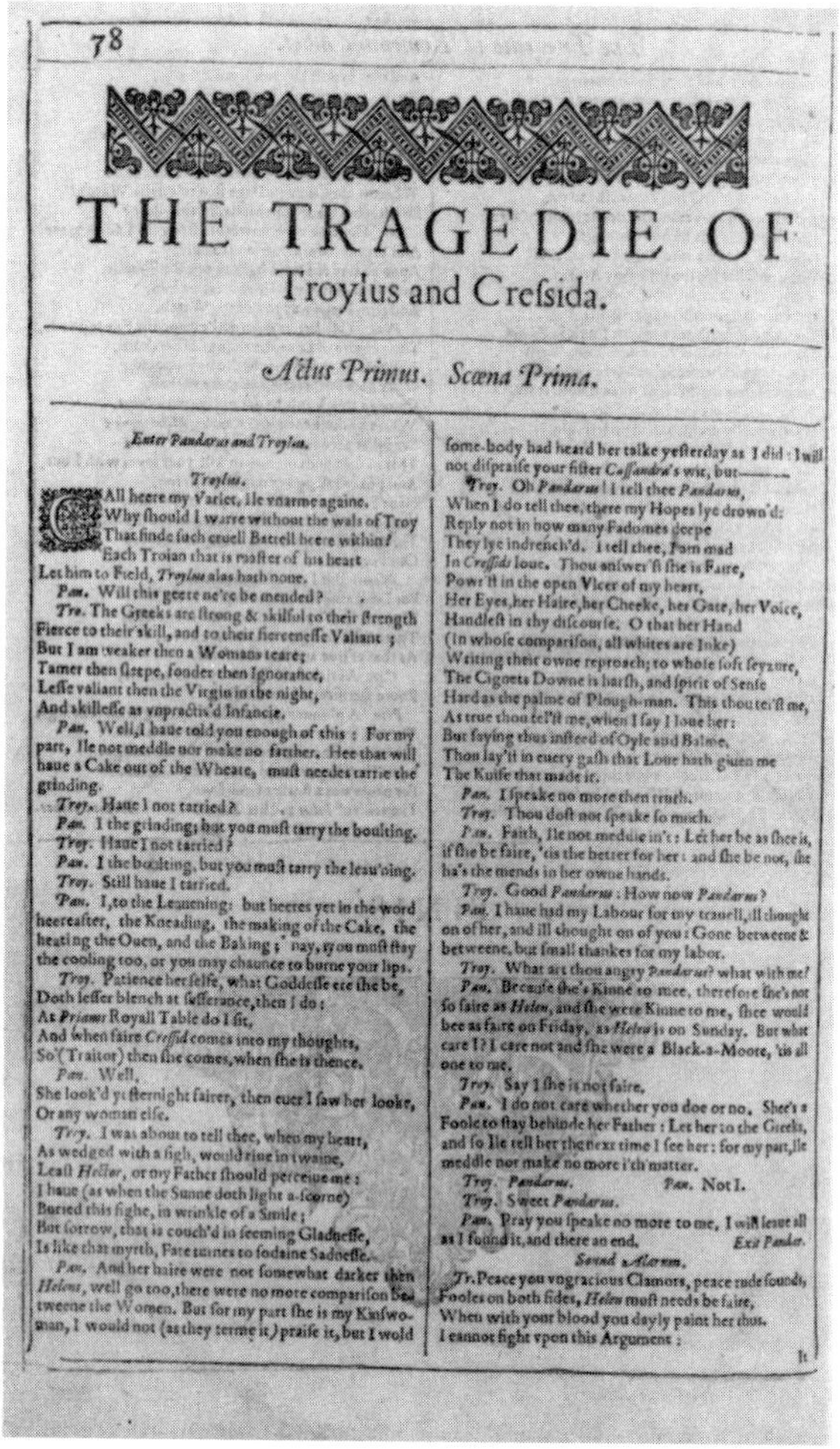

78

THE TRAGEDIE OF
Troylus and Creſsida.

Actus Primus. Scœna Prima.

Enter Pandarus and Troylus.

Troylus.

CAll heere my Varlet, Ile vnarme againe.
Why ſhould I warre without the wals of Troy
That finde ſuch cruell Battell heere within?
Each Troian that is maſter of his heart
Let him to Field, *Troylus* alas hath none.

Pan. Will this geere ne're be mended?

Tro. The Greeks are ſtrong & skilful to their ſtrength
Fierce to their skill, and to their fierceneſſe Valiant;
But I am weaker then a Womans teare;
Tamer then ſleepe, fonder then Ignorance,
Leſſe valiant then the Virgin in the night,
And skilleſſe as vnpractis'd Infancie.

Pan. Well, I haue told you enough of this: For my part, Ile not meddle nor make no farther. Hee that will haue a Cake out of the Wheate, muſt needes tarrie the grinding.

Troy. Haue I not tarried?

Pan. I the grinding; but you muſt tarry the boulting.

Troy. Haue I not tarried?

Pan. I the boulting, but you muſt tarry the leau'ning.

Troy. Still haue I tarried.

Pan. I, to the Leauening: but heeres yet in the word heereafter, the Kneading, the making of the Cake, the heating the Ouen, and the Baking; nay, you muſt ſtay the cooling too, or you may chaunce to burne your lips.

Troy. Patience her ſelfe, what Goddeſſe ere ſhe be,
Doth leſſer blench at ſufferance, then I do:
At *Priams* Royall Table do I ſit,
And when faire *Creſſid* comes into my thoughts,
So (Traitor) then ſhe comes, when ſhe is thence.

Pan. Well,
She look'd yeſternight fairer, then euer I ſaw her looke,
Or any woman elſe.

Troy. I was about to tell thee, when my heart,
As wedged with a ſigh, would riue in twaine,
Leaſt *Hector*, or my Father ſhould perceiue me:
I haue (as when the Sunne doth light a-ſcorne)
Buried this ſighe, in wrinkle of a Smile;
But ſorrow, that is couch'd in ſeeming Gladneſſe,
Is like that myrth, Fate turnes to ſodaine Sadneſſe.

Pan. And her haire were not ſomewhat darker then *Helens*, well go too, there were no more compariſon betweene the Women. But for my part ſhe is my Kinſwoman, I would not (as they terme it) praiſe it, but I wold ſome-body had heard her talke yeſterday as I did: I will not diſpraiſe your ſiſter *Caſſandra's* wit, but———

Troy. Oh *Pandarus*! I tell thee *Pandarus*,
When I do tell thee, there my Hopes lye drown'd:
Reply not in how many Fadomes deepe
They lye indrench'd. I tell thee, I am mad
In *Creſſids* loue. Thou anſwer'ſt ſhe is Faire,
Powr'ſt in the open Vlcer of my heart,
Her Eyes, her Haire, her Cheeke, her Gate, her Voice,
Handleſt in thy diſcourſe. O that her Hand
(In whoſe compariſon, all whites are Inke)
Writing their owne reproach; to whoſe ſoft ſeyzure,
The Cignets Downe is harſh, and ſpirit of Senſe
Hard as the palme of Plough-man. This thou tel'ſt me,
As true thou tel'ſt me, when I ſay I loue her:
But ſaying thus inſtead of Oyle and Balme,
Thou lay'ſt in euery gaſh that Loue hath giuen me
The Knife that made it.

Pan. I ſpeake no more then truth.

Troy. Thou doſt not ſpeake ſo much.

Pan. Faith, Ile not meddle in't: Let her be as ſhee is, if ſhe be faire, 'tis the better for her: and ſhe be not, ſhe ha's the mends in her owne hands.

Troy. Good *Pandarus*: How now *Pandarus*?

Pan. I haue had my Labour for my trauell, ill thought on of her, and ill thought on of you: Gone betweene & betweene, but ſmall thankes for my labor.

Troy. What art thou angry *Pandarus*? what with me?

Pan. Becauſe ſhe's Kinne to mee, therefore ſhe's not ſo faire as *Helen*, and ſhe were Kinne to me, ſhee would bee as faire on Friday, as *Helen* is on Sunday. But what care I? I care not and ſhe were a Black-a-Moore, 'tis all one to me.

Troy. Say I ſhe is not faire.

Pan. I do not care whether you doe or no. Shee's a Foole to ſtay behinde her Father: Let her to the Greeks, and ſo Ile tell her the next time I ſee her: for my part, Ile meddle nor make no more i'th'matter.

Troy. *Pandarus.* *Pan.* Not I.

Troy. Sweet *Pandarus*.

Pan. Pray you ſpeake no more to me, I will leaue all as I found it, and there an end. *Exit Pandar.*

Sound Alarum.

Tr. Peace you vngracious Clamors, peace rude ſounds,
Fooles on both ſides, *Helen* muſt needs be faire,
When with your blood you dayly paint her thus.
I cannot fight vpon this Argument:

It

葉2ページ）がいくつか残っている。ここに示したものはそのリーフの両面である（フォルジャー・フォリオ2)。〔**左**が取り消された『ロミオ』の最後のページで，**右**が『トロイラス』の冒頭部分が印刷されたその裏面のページ。〕

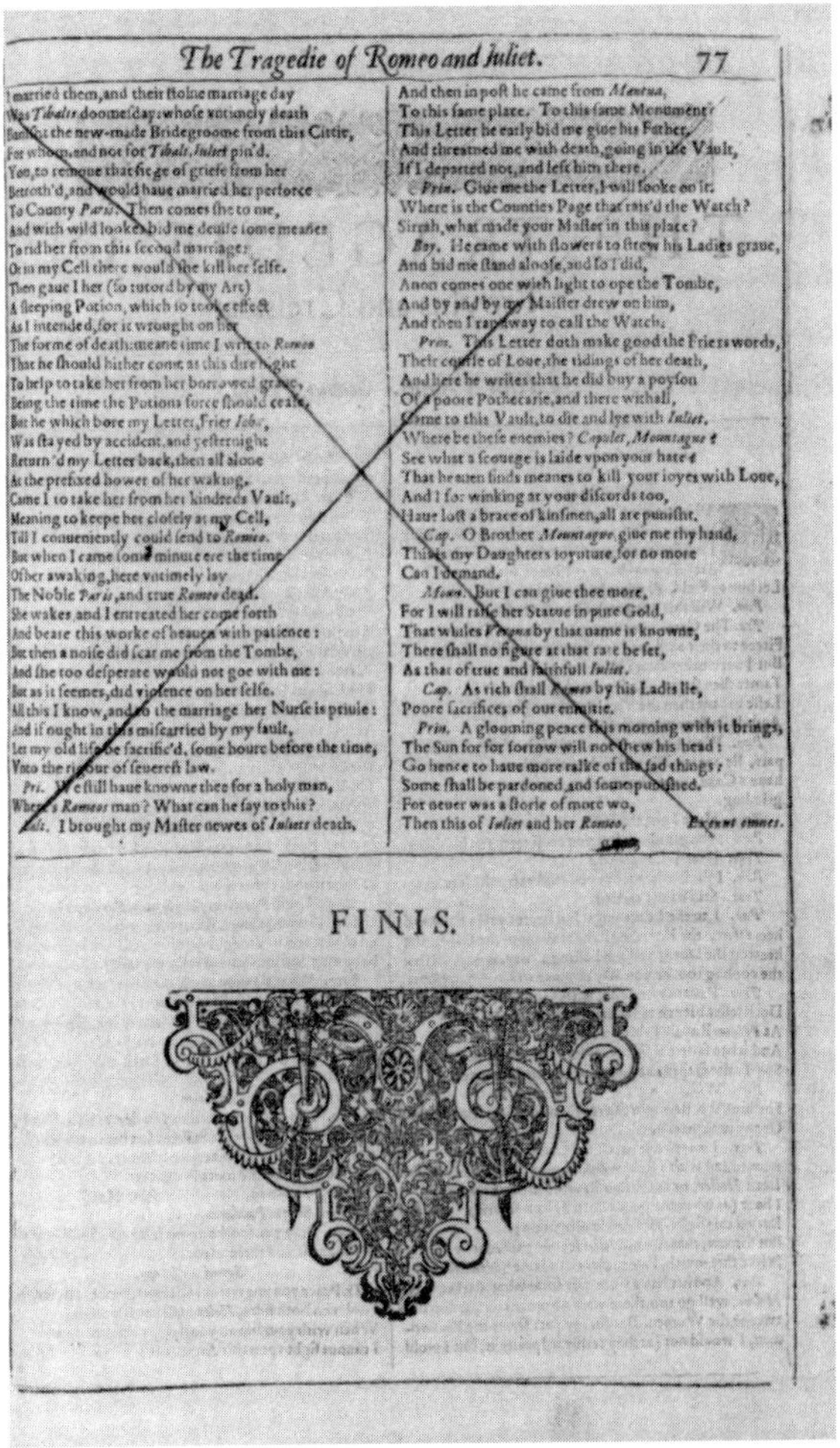

The Tragedie of Romeo and Iuliet. 77

I married them, and their stolne marriage day
Was Tibalts doomesday: whose vntimely death
Banisht the new-made Bridegroome from this Citie,
For whom, and not for Tibalt, Iuliet pin'd.
You, to remoue that siege of griefe from her,
Betroth'd, and would haue married her perforce
To County Paris. Then comes she to me,
And with wild lookes bid me deuise some meanes
To rid her from this second marriage:
Or in my Cell there would she kill her selfe.
Then gaue I her (so tutord by my Art)
A sleeping Potion, which so tooke effect
As I intended, for it wrought on her
The forme of death: meane time I writ to Romeo
That he should hither come as this dire night
To help to take her from her borrowed graue,
Being the time the Potions force should cease.
But he which bore my Letter, Frier Iohn,
Was stayed by accident, and yesternight
Return'd my Letter back, then all alone
At the prefixed hower of her waking,
Came I to take her from her kindreds Vault,
Meaning to keepe her closely at my Cell,
Till I conueniently could send to Romeo.
But when I came (some minute ere the time
Of her awaking) here vntimely lay
The Noble Paris, and true Romeo dead.
She wakes, and I entreated her come forth
And beare this worke of heauen with patience:
But then a noise did scare me from the Tombe,
And she too desperate would not goe with me:
But as it seemes, did violence on her selfe.
All this I know, and to the marriage her Nurse is priuie:
And if ought in this miscarried by my fault,
Let my old life be sacrific'd, some houre before the time,
Vnto the rigour of seuerest law.
Pri. We still haue knowne thee for a holy man.
Where's Romeos man? What can he say to this?
Balt. I brought my Master newes of Iuliets death,
And then in post he came from Mantua,
To this same place. To this same Monument.
This Letter he early bid me giue his Father,
And threatned me with death, going in the Vault,
If I departed not, and left him there.
Prin. Giue me the Letter, I will looke on it.
Where is the Counties Page that rais'd the Watch?
Sirrah, what made your Master in this place?
Boy. He came with flowers to strew his Ladies graue,
And bid me stand aloofe, and so I did,
Anon comes one with light to ope the Tombe,
And by and by my Maister drew on him,
And then I ran away to call the Watch.
Prin. This Letter doth make good the Friers words,
Their course of Loue, the tidings of her death,
And here he writes that he did buy a poyson
Of a poore Pothecarie, and therewithall,
Came to this Vault, to die and lye with Iuliet.
Where be these enemies? Capulet, Mountague,
See what a scourge is laide vpon your hate,
That heauen finds meanes to kill your ioyes with Loue,
And I for winking at your discords too,
Haue lost a brace of kinsmen, all are punisht.
Cap. O Brother Mountague, giue me thy hand,
This is my Daughters ioynture, for no more
Can I demand.
Moun. But I can giue thee more,
For I will raise her Statue in pure Gold,
That whiles Verona by that name is knowne,
There shall no figure at that rate be set,
As that of true and faithfull Iuliet.
Cap. As rich shall Romeo by his Ladies lie,
Poore sacrifices of our enmitie.
Prin. A glooming peace this morning with it brings,
The Sun for sorrow will not shew his head:
Go hence to haue more talke of these sad things:
Some shall be pardoned, and some punished.
For neuer was a Storie of more wo,
Then this of Iuliet and her Romeo.
Exeunt omnes.

FINIS.

【図 31】『トロイラスとクレシダ』が最終的に収録されることになっても，ジャガードたちは，『トロイラス』の最初の 3 ページを刷り直しはせず，すでに刷り上げていた用紙を，『ロミオ』の最後のページに大きく「×」と書いて取り消してそのまま使った。その用紙の左半分をなしていたリーフ（1

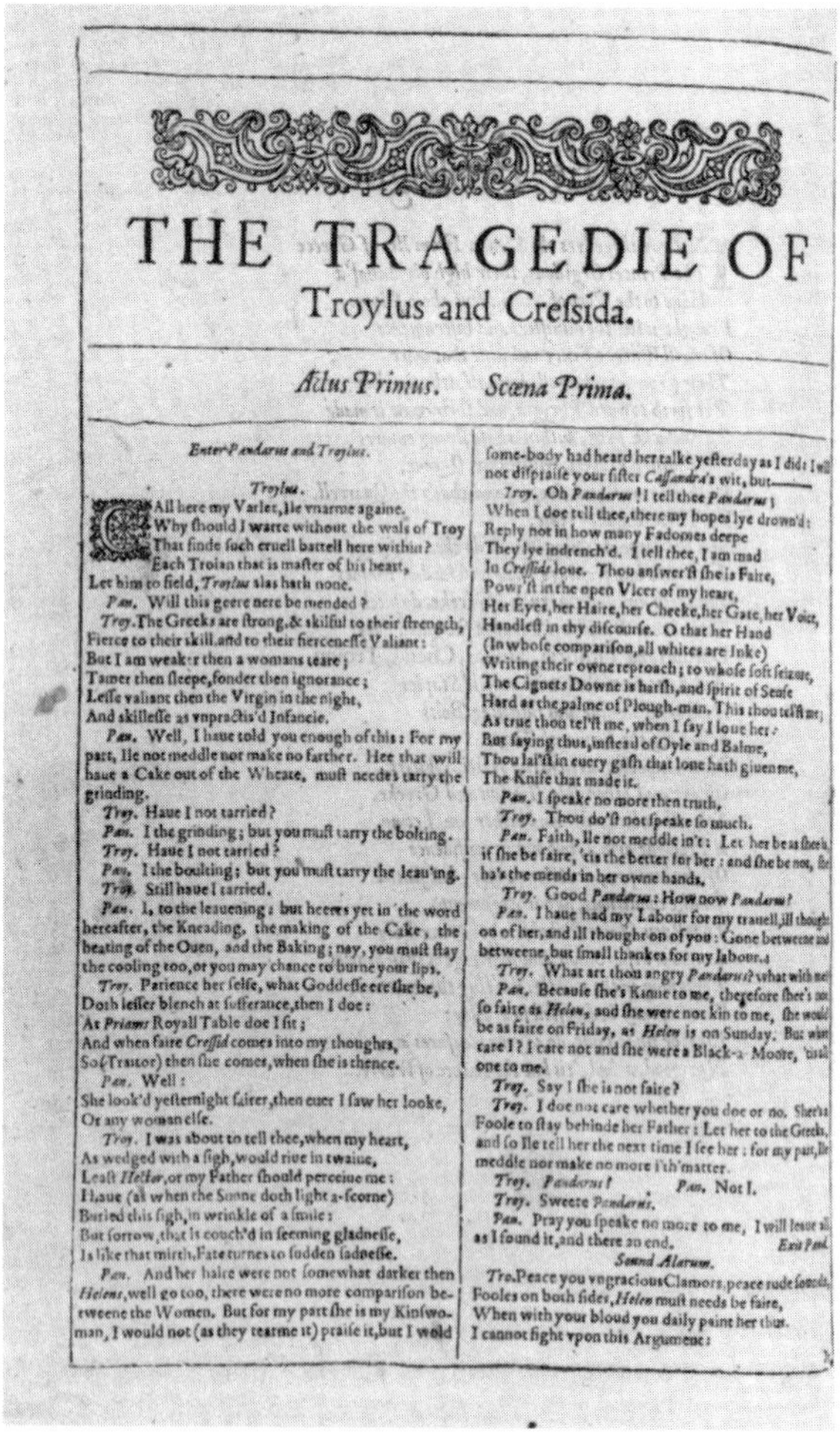

THE TRAGEDIE OF
Troylus and Cresſida.

Actus Primus. Scœna Prima.

Enter Pandarus and Troylus.

Troylus.

CAll here my Varlet, Ile vnarme againe.
Why ſhould I warre without the wals of Troy
That finde ſuch cruell battell here within?
Each Troian that is maſter of his heart,
Let him to field, *Troylus* alas hath none.

Pan. Will this geere nere be mended?

Troy. The Greeks are ſtrong,& skilful to their ſtrength,
Fierce to their skill,and to their fierceneſſe Valiant:
But I am weaker then a womans teare;
Tamer then ſleepe,fonder then ignorance;
Leſſe valiant then the Virgin in the night,
And skilleſſe as vnpractis'd Infancie.

Pan. Well, I haue told you enough of this: For my part, Ile not meddle nor make no farther. Hee that will haue a Cake out of the Wheate, muſt needs tarry the grinding.

Troy. Haue I not tarried?

Pan. I the grinding; but you muſt tarry the bolting.

Troy. Haue I not tarried?

Pan. I the boulting; but you muſt tarry the leau'ng.

Troy. Still haue I tarried.

Pan. I, to the leauening: but heere's yet in the word hereafter, the Kneading, the making of the Cake, the heating of the Ouen, and the Baking; nay, you muſt ſtay the cooling too, or you may chance to burne your lips.

Troy. Patience her ſelfe, what Goddeſſe ere ſhe be,
Doth leſſer blench at ſufferance,then I doe:
At *Priams* Royall Table doe I ſit;
And when faire *Creſſid* comes into my thoughts,
So (Traitor) then ſhe comes, when ſhe is thence.

Pan. Well:
She look'd yeſternight fairer,then euer I ſaw her looke,
Or any woman elſe.

Troy. I was about to tell thee,when my heart,
As wedged with a ſigh,would riue in twaine,
Leaſt *Hector*,or my Father ſhould perceiue me:
I haue (as when the Sunne doth light a-ſcorne)
Buried this ſigh,in wrinkle of a ſmile:
But ſorrow,that is couch'd in ſeeming gladneſſe,
Is like that mirth,Fate turnes to ſudden ſadneſſe.

Pan. And her haire were not ſomewhat darker then *Helens*,well go too, there were no more compariſon betweene the Women. But for my part ſhe is my Kinſwoman, I would not (as they tearme it) praiſe it,but I wold ſome-body had heard her talke yeſterday as I did: I will not diſpraiſe your ſiſter *Caſſandra's* wit, but———

Troy. Oh *Pandarus*! I tell thee *Pandarus*;
When I doe tell thee,there my hopes lye drown'd:
Reply not in how many Fadomes deepe
They lye indrench'd. I tell thee, I am mad
In *Creſſids* loue. Thou anſwer'ſt ſhe is Faire,
Powr'ſt in the open Vlcer of my heart,
Her Eyes,her Haire,her Cheeke,her Gate,her Voice,
Handleſt in thy diſcourſe. O that her Hand
(In whoſe compariſon,all whites are Inke)
Writing their owne reproach; to whoſe ſoft ſeizure,
The Cignets Downe is harſh,and ſpirit of Senſe
Hard as the palme of Plough-man. This thou tell'ſt me;
As true thou tel'ſt me, when I ſay I loue her:
But ſaying thus,inſtead of Oyle and Balme,
Thou lai'ſt in euery gaſh that loue hath giuen me,
The Knife that made it.

Pan. I ſpeake no more then truth.

Troy. Thou do'ſt not ſpeake ſo much.

Pan. Faith, Ile not meddle in't: Let her be as ſhe is, if ſhe be faire, 'tis the better for her: and ſhe be not, ſhe ha's the mends in her owne hands.

Troy. Good *Pandarus*: How now *Pandarus*?

Pan. I haue had my Labour for my trauell,ill thought on of her,and ill thought on of you: Gone betweene and betweene,but ſmall thankes for my labour.

Troy. What art thou angry *Pandarus*? what with me?

Pan. Becauſe ſhe's Kinne to me, therefore ſhee's not ſo faire as *Helen*, and ſhe were not kin to me, ſhe would be as faire on Friday, as *Helen* is on Sunday. But what care I? I care not and ſhe were a Black-a-Moore, 'tis all one to me.

Troy. Say I ſhe is not faire?

Troy. I doe not care whether you doe or no. She's a Foole to ſtay behinde her Father: Let her to the Greeks, and ſo Ile tell her the next time I ſee her: for my part,Ile meddle nor make no more i'th'matter.

Troy. Pandarus? *Pan.* Not I.

Troy. Sweete *Pandarus*.

Pan. Pray you ſpeake no more to me, I will leaue all as I found it,and there an end. *Exit Pand.*

Sound Alarum.

Tro. Peace you vngracious Clamors,peace rude ſounds,
Fooles on both ſides,*Helen* muſt needs be faire,
When with your bloud you daily paint her thus.
I cannot fight vpon this Argument:

『ロミオ』の最後の部分が印刷され「×」で取り消されていた版面に『トロイラス』の前口上が刷られている〔**左**〕。〔**右**は，組み直された『トロイラス』の最初のページ。〕

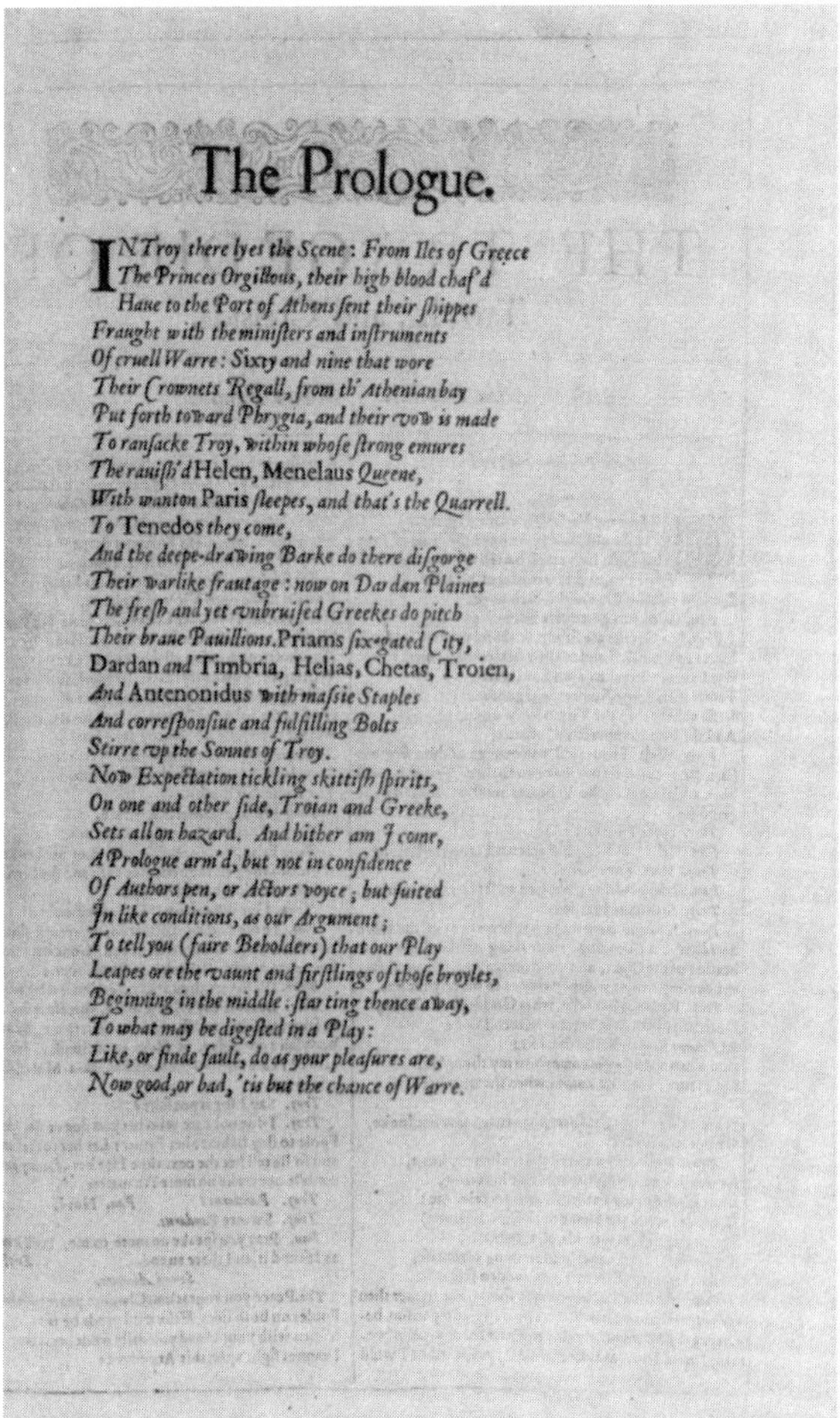
The Prologue.

IN Troy there lyes the Scene: From Iles of Greece
The Princes Orgillous, their high blood chas'd
Haue to the Port of Athens sent their shippes
Fraught with the ministers and instruments
Of cruell Warre: Sixty and nine that wore
Their Crownets Regall, from th' Athenian bay
Put forth toward Phrygia, and their vow is made
To ransacke Troy, within whose strong emures
The rauish'd Helen, Menelaus Queene,
With wanton Paris sleepes, and that's the Quarrell.
To Tenedos they come,
And the deepe-drawing Barke do there disgorge
Their warlike frautage: now on Dardan Plaines
The fresh and yet vnbruised Greekes do pitch
Their braue Pauillions. Priams six-gated City,
Dardan and Timbria, Helias, Chetas, Troien,
And Antenonidus with massie Staples
And corresponsiue and fulfilling Bolts
Stirre vp the Sonnes of Troy.
Now Expectation tickling skittish spirits,
On one and other side, Troian and Greeke,
Sets all on hazard. And hither am I come,
A Prologue arm'd, but not in confidence
Of Authors pen, or Actors voyce; but suited
In like conditions, as our Argument;
To tell you (faire Beholders) that our Play
Leapes ore the vaunt and firstlings of those broyles,
Beginning in the middle: starting thence away,
To what may be digested in a Play:
Like, or finde fault, do as your pleasures are,
Now good, or bad, 'tis but the chance of Warre.

【図 32】 重複する『ロミオ』のページが「×」で取り消されたページのあるフォリオが何部か売られた後，誰かがそれまで一度も活字になったことのない『トロイラス』の前口上を入れてはどうかという提案をし，その結果，このような差し替えのリーフが刷られることとなった。この 1 葉には，号が入っていたが、新たに組まれたページには番号は付されていない。すでに印刷作業が終わっていた「悲劇」の最初のページのまえに『トロイラス』を挿入することになったからである。

新たに組み始めた『トロイラス』の残りの本文は、二つの折丁には収まりきらなかったため、最後の半ページ分の本文を組み込むペラ一葉が必要となった。もし、ジャガードたちが『ロミオ』の最後のページが重複することを重大な問題と考えていたなら、『トロイラス』の最初のページの組付けをやり直し、一枚の用紙の表と裏の各片面にそのページと芝居の最後のページを刷ることで問題を解決することも簡単にできただろう〔『トロイラス』の最後のページが印刷されたリーフの裏面は空白となっている〕。しかし、そうしたことはせず、『トロイラス』の最後のページを刷り終えた時点でフォリオは「完全《コンプリート》」なものになったと、彼らはしばらくそう考えていた。その後、少し時間が経過してから、国王一座が所有していた『トロイラス』のその手稿本には、一六〇九年のクォートにはない前口上があることに、誰かが気付いたか、あるいは思い出した。それによって、『ロミオ』の「×」で取り消されたページを取り除く口実ができた。このような経緯があり、表に『トロイラス』の前口上、裏に『トロイラス』の最初のページが印刷されたその差し替えのリーフ〔ペラ一葉二ページ〕が、フォリオで最後に印刷された箇所となった【図32】。

ファースト・フォリオの三つの別版

『トロイラス』の収録をめぐる難航については、ヒンマンがフォリオの調査を始めるまえからだいたいのことは知られていたが、その難航によってフォリオの完成が二度も延期されたことに気付いたのは、ヒンマンが最初だった。「作品一覧」のページが印刷された後に一度、そして、前口上が印刷されるまえにもう一度、作業が止められている。しかし、このことに気付いたヒンマンも、この二度の延期によって生じたある重要なことを見落としている。発売当初は、三つの内容の異なるフォリオがあいついで売られていたこと――いい替えれば、フォリオには三つの別版が出ていたこと――は、あまり知られていない。

本体として大きな欠陥はなく、『トロイラスとクレシダ』だけが抜け落ちたフォリオが、少なくとも三冊残っている。もちろん、現存するフォリオの多くは、巻頭や巻末の部分の損傷が酷く、一本以上の芝居が失われてしまっている。巻頭や巻末以外の芝居がまるまる失われているなどの、(一本が欠落しているだけに留まらない)酷い欠陥が見られるフォリオもある。しかし、他の芝居は、『トロイラス』のように、狙いを付けたようにそれだけが抜け落ちていることはない。『トロイラス』が収録されていない三冊のフォリオのうちの一冊は、前付けと巻末の二本の芝居を失っていて、他の芝居が印刷された部分にも、リーフ一葉が落ちているか、または対《つい》になるリーフが二葉ともに落ちている箇所がいくつかある。別の一冊は前付けと巻末の一葉がなく、もう一冊は巻末の遊び紙だけがない。

一九世紀になると、欠陥のあるフォリオの多くは、書籍商たちの手によって解体され、そこから外されたリーフや折丁が、状態の悪くない他のフォリオの修繕に使われた[25]。したがって、綴じ直されたフォリオに『トロイラス』が収録されているからといって、そこに初めから『トロイラス』が収まっていたことの証明にはならない。当時は、三五本の芝居しか収録していないフォリオは欠陥商品と考えられていて、そのようなフォリオを入手した書籍商たちは、そこに『トロイラス』を補うか、またはそのフォリオをばらばらに解体していたようである。『トロイラス』が収録されていない三冊のフォリオは、『トロイラス』が印刷されるまえに販売されたもので、そこには最初からこの芝居は収録されていなかったと考えられる。

その三冊とは別に、『トロイラス』の前口上はなく、表裏が『ロミオ』／『トロイラス』のリーフが綴じられているフォリオが三冊存在する。同じ『ロミオ』／『トロイラス』のリーフが綴じられている別の一冊には、小さいサイズのフォリオから抜きとられたものであることがはっきりと分かる、片面が『トロイラス』の前口上となっている差し替えのリーフが綴じ込まれている。この四冊のフォリオにある、重複した『ロミオ』の最後のページには、その版面全体を覆う大きさの対角線二本で「×」と書き込まれ、“gg3”という背丁が横線で乱暴に消されている【図31左】。四冊とも

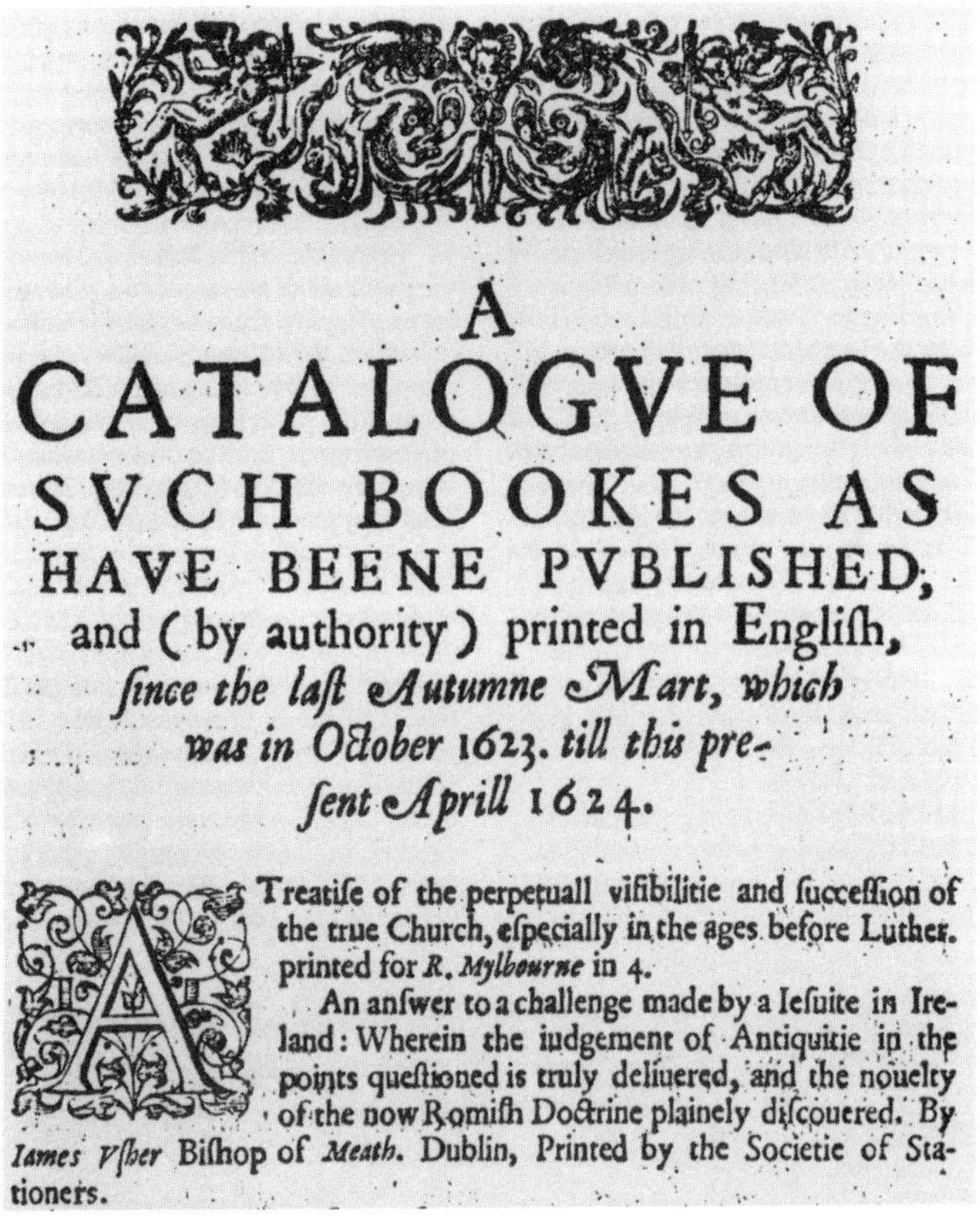

A

CATALOGVE OF SVCH BOOKES AS HAVE BEENE PVBLISHED, and (by authority) printed in Engliſh, *ſince the laſt Autumne Mart, which was in October 1623. till this preſent Aprill 1624.*

A Treatiſe of the perpetuall viſibilitie and ſucceſſion of the true Church, eſpecially in the ages before Luther. printed for *R. Mylbourne* in 4.

An anſwer to a challenge made by a Ieſuite in Ireland: Wherein the iudgement of Antiquitie in the points queſtioned is truly deliuered, and the nouelty of the now Romiſh Doctrine plainely diſcouered. By *Iames Vſher* Biſhop of *Meath*. Dublin, Printed by the Societie of Stationers.

Maſter *William Shakeſperes* workes, printed for *Edward Blount*, in fol.

(The Bodleian Libraries, University of Oxford, 4°.P.70(4)Art., sigs. D4r–D4v: reproduced by permission of the Keeper of Special Collections.)

【図 33】 ジャガード父子《おやこ》が『一般書籍目録』で出版予定のファースト・フォリオを宣伝した 1 年半後，エドワード・ブラウントが同目録の 1624 年春号にファースト・フォリオを新刊として再度掲載した。

同じ取り消し方になっていて、同種のインクが使われている。もしこの一枚が他のものと差し替えられて破棄されるものであったのなら、そのような印が付けられることはなかっただろう。使用しないものであれば、普通なら切り刻まれたり破られたりして破棄されるだろう（『トロイラス』の前口上が付けられているフォリオのうちの一冊に、『ロミオ』／『トロイラス』のリーフが破られて内側の段のみが残されているものがある）。印刷業者や出版業者が、他のページには何の印も付けず、その一ページだけにわざわざ「×」と書き込んだ理由は、一つしかない。それは、取り消した本文を無視せよという読者への指示である。以上のことは、フォリオの何冊かは、『トロイラス』の前口上が入った差し替えのリーフが印刷されるまえにすでに販売されていたことを示している。

一六二三年一一月、フォリオは、『トロイラスとクレシダ』が組み上がらないうちに売りに出されたと考えて良い。そのフォリオを買い求めた人は、内容が「作品一覧」と一致するという意味では完全なフォリオを買ったことになる。『トロイラス』が最初に組み上がったとき、フォリオは新たな意味で「完全」の定義に相応しいものとして仕上がり、前口上が印刷されるまでその形で売られていた。重複してまぎらわしい『ロミオ』のページが、ある配慮から削除されているフォリオを買い求めた人は、三六本の芝居が収録されているという意味で、シェイクスピア作品集の完全版を手に入れたことになる。その後間もなく、「×」で取り消された『ロミオ』の最後のページが『トロイラス』の前口上に差し替えられると、フォリオは三度目にして最後の「完全」な形となったのである。

納本用と献呈用のフォリオ

献呈されたファースト・フォリオが二冊残っている。二冊とも（『トロイラス』とその前口上を含む）第三段階のものであるが、それが献呈用となった理由は、おそらく、ファヴァンの『栄光の舞台』が完成して一緒に献呈できる状態になるまでアイザック・ジャガードが待っていたからだろう。ファヴァンの著作の前付けは、『トロイラス』に使用したページ枠の罫が取り除かれるまで完成することはなかったが、その扉表紙は一六二三年という日付を入れても差し支えない一二月初旬頃には印刷されていた（年の暮れが近くなって完成した本の場合は、翌年の日付を入れることがよくあった）。ファヴァンの扉表紙が刷り上がったのはウィリアム・ジャガードが亡くなるまえだったに違いないといわれることがあるが、それは、出版人としてウィリアムの名前だけが印刷されているからにすぎない。しかし、『栄光の舞台』の献呈の辞（ジャガードは自分の死期が近いと知りつつこれを書いている）を読むと、ウィリアム・ジャガードがこの本を「先に約束申せしゆえ、遅ればせながら謹みて捧ぐ僕《しもべ》より」として、マンデヴィル子爵〔後の二代目マンチェスター伯爵エドワード・モンタギュー〕に捧げていることが分かる。そのような事情があったのなら、扉表紙にはアイザックの名前より亡き父の名前が

【図34】 フォルジャー・フォリオ1は，1623年に亡きウィリアム・ジャガードの名前でオーガスティン・ヴィンセントに（おそらく，ファヴァンの『栄光の舞台』とともに）献呈されたものだった。受領記録の筆跡は，ヴィンセントのものである。

書かれている方が適切であろう。

一六一一年に交わされた協定により、ロンドンの出版業者は新たに出版した本を一部、オクスフォードのトマス・ボドレー卿の図書館に納本することが求められていた。その協定を無視する（または、しばしば意味合いは同じだが、要求されたときのみ応じる）出版業者もいた。しかし、ジャガード父子は、そうした同業者に比べて誠実だった。ジャガードの送ったフォリオがいつオクスフォードに届いたのかを正確に知る記録は存在しないが、一六二四年二月一七日にオクスフォード大学の製本師に送られた小さな折丁束の中に、シェイクスピアのフォリオとファヴァンの『栄光の舞台』の両方が含まれていた。そのとき納本されたボドレー・フォリオは、現在まで一六二四年に製本されたそのままの状態で残っている。一六六〇年代にサード・フォリオ〔訳注2を参照〕が納本されると、ファースト・フォリオはそれによって置き替えられ重複本として売却されたが、一九〇五年にその所在が分かり、後にボドレー図書館に買い戻された。(26)

献呈されたもう一冊のフォリオは、友人への個人的な贈物だった。フォリオの「喜劇」の部分と同時期に印刷された『誤りの発見』の著者オーガスティン・ヴィンセントは、ウィリアム・ジャガードの友人だった。ヴィンセントは、ファヴァンの『栄光の舞台』の出版にもおそらく何らかの形で協力していた——知られていない翻訳者だった可能性もあるが、いずれにせよ紋章について尋ねることができるジャガードの相談相手ではあっただろう。ヴィンセントに献呈した『栄光の舞台』が残っているとしても、それがどの一冊かは分かっていない。しかし、ウィリアム・ジャガードがヴィンセントに『栄光の舞台』の代わりにシェイクスピアのフォリオを献呈したとは考えられない。おそらく一冊ずつ献呈しただろう。

ボドレー図書館に納本したフォリオとは違い、ヴィンセントに献呈されたその二冊は製本してから贈られた可能性が高い。ヴィンセント・フォリオは後に製本し直されているが、もともとあった表紙ボールに貼られた革にヴィンセントの紋章が捺《お》されてあり、修繕された表紙にその革が残されている。扉表紙には、ウィリアム・ジャガード本人より贈られたものであると、ヴィンセントは書き残している。このフォリオはウィリアムの意向によって献呈されたことは間違いないが、贈ったのは息子のアイザックだったに違いない。

記録に残る最初の購入

フォリオの個人購入に関する最も古い記録は、エドワード・デリング卿の出納簿にある一六二三年一二月五日の記録である。一六二〇年代から一六三〇年代にかけてのデリングの関心がどれだけ芝居に傾いていたかは、克明な記録の伝えるところだが、当時二五歳だった卿はケントにある邸宅サレンデン・ホールでよく芝居を上演していた。一六二三年の暮れ、デリングはロンドンに滞在している。一二月五日の出納簿にある三つの連続した記録によると、その日、デリングは、芝居を一本観ている（観劇はお決まりのことだった）他、シェイクスピアのフォリオを二冊とベン・ジョンソンの『著作集』を一冊購入している。

フォリオ二冊のうち一冊を贈物用として買ったのでなければ、一冊は自分が読むために、そして、もう一冊は自家上演に使う目的で購入したのではないかと考えられる。パドヴァ大学所蔵のフォリオには、いくつかの芝居に、後見用の台本として使うための書き込みがある。そのことから、このフォリオこそ、一六二三年一二月にデリングが、サレンデン・ホールで使用するための「作業用のフォリオ」として購入したものかもしれないと考えられている。そのフォリオも、一六二〇年代の様式で製本されている。

フォリオはいくらだったのか？

ファースト・フォリオに関して最もよくある質問の一つは、「出版当初の価格はいくらだったのか」というものである。伝統的な答えは、「一ポンド」（つまり二〇シリング〔現在の日本の貨幣価値に換算すると中級米六〇キロ分程度の値段〕）とされてきたが、これは完全に正しいとはいえない。一ポンドで購入されたことが分かっているフォリオは三冊存在するが、他方、当初の価格が一五シリングしかしなかったフォリオも一冊存在する。デリングが購入したジョンソンの『著作集』は九シリングだったが、別のところでは一〇シリングで売られたことも分かっている。その数年後には、一六三二年に出版されたセカンド・フォリオ〔訳注2を参照〕のうち三冊が、それぞれ、一六シリング、一八シリング六ペンス、二二シリングで売られている。したがって、フォリオの当初の価格（あるいは価格の幅）については、委曲を尽くして説明しておく必要がある。

植字工の手を離れたフォリオが消費者の手に届くまでには、通常、中間業に携わる三者の手を介していた。そして、その三者それぞれが、必要諸経費をまかない、さらに利益を得るために、かかった経費に五〇パーセントの価格を上乗せした。印刷業者は植字工と印刷工に賃金を支払うため、出版業者からは一冊の価格の半分を受け取った（つまり、印刷業者の利益は、出版業者から受け取

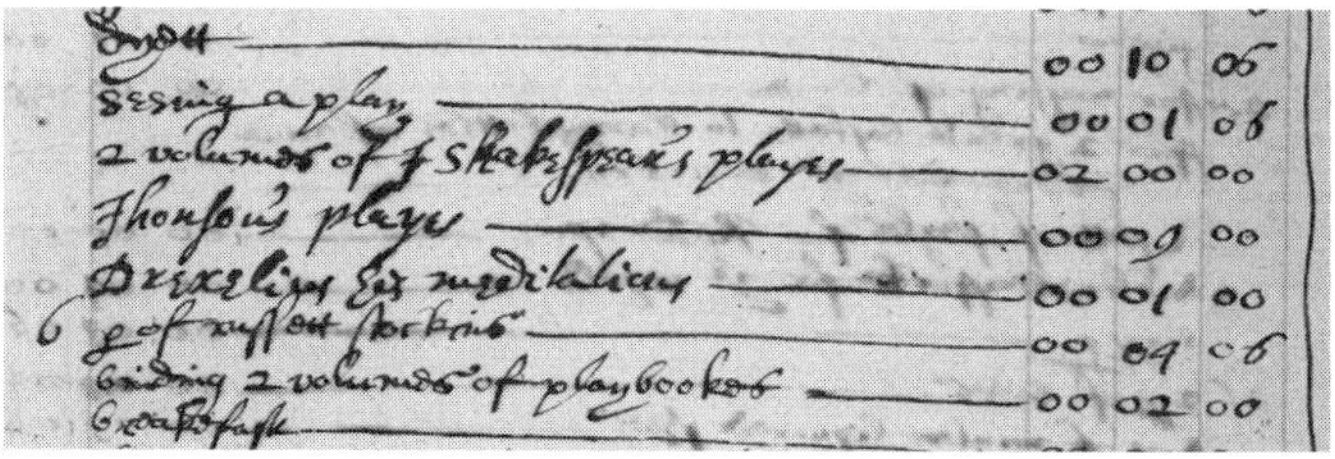

(Kent Archives & Local History collections, U350/E (fol.34v): reproduced by kind permission of the Kent Archives Service.)

【図35】 エドワード・デリング卿の出納帳にある2つの記録によると，1623年12月5日，デリング卿は，シェイクスピアのファースト・フォリオ2冊とベン・ジョンソンの『著作集』1冊を購入している。値段から推測すると，ファースト・フォリオは2冊ともカーフ装丁のもので，ジョンソンの『著作集』は未装丁のものだったと考えられる。上から3番目の“2 volumes of J Shakespear's playes”という記載に見えるシェイクスピアの名前の前に“J”とあるのは，デリングがシェイクスピアのファースト・ネームの頭文字を間違って記したからではなく，おそらく，「ジョンソン」の名前を間違った項に書き始めてしまったことによる。

った額の三分の一で、伝統的に「印刷業者への三分の一」という名で知られていた）。出版業者が本に卸値を付けて販売する際には、必要経費（紙代と原稿の代金を含む費用）に利潤を上乗せした価格が付けられた。そして、書籍商もまた、卸値に利潤を上乗せした。フォリオ一冊を購入するのに出版業者が支払った経費総額は、六シリング八ペンス（その約半分が印刷代、そして、残り半分が紙代と原稿の代金）である。フォリオは、書籍出版業組合の他の組合員に一〇シリングで卸されたので、ロンドンにおける未製本のフォリオ一冊の価格は、通常は、一五シリングだったと推定される。

フォリオの卸値

一五九九年の書籍出版業組合の取り決めにより、組合員の出版業者が提示できる卸値の上限が正式に定められていた。本の製作にかかる経費は場合によって大きく違ったが、上限を設定したことが意味をなすためには、製作にこれ以上はかけられないという高額な経費がかかっても、卸値は出版業者がそれなりの利益に与《あずか》れる価格でなければならなかった。多くの本は、上限よりかなり安い卸値で取引されていた――ジョンソンの『著作集』は、上限と思われる額の半額を少し超える程度だった。上限が設定された目的は、過剰価格を正式に定義付けるだけにすぎなかった――現代の速度規制のように、違反が際立って目立つときにのみ適用された。組合の規定では、パイカ（ファースト・フォリオに用いられている活字）を使用した本の卸値は、図版が入らなければ、全紙二枚分で一ペンスとされていた。その規定に沿って考えるならば、フォリオの卸値は、九シリング七ペンスに肖像を版画刷りした分の数ペンスを加算した価格を超えていた可能性は低い。

フォリオの製作費は、一五九九年の時点で出版業者が支払える最高額に近かったに違いない。パイカを使用し、縦二段の大きなページを組むには、「通常の」フォリオ判のページを組むよりも時間がかかった（フォリオ判の本には、通常、パイカは使用されなかった）。当時入手できた最高級

【図36】 フォルジャー・フォリオ71の何も印刷されていない遊び紙に記載されている“Pretium 15 s”（価格15シリング）という書き込みから，トマス・ロングはこのフォリオを未装丁のままで購入したことが分かる。このフォリオは，（『トロイラスとクレシダ』のまえに『ロミオとジュリエット』の取り消されたページのある）第2段階の完成時に刷られたものであることから，ロングがこれを購入したのは1623年11月だったと考えられる。

の紙の代わりに並程度の紙を用いることで削減できた費用は、せいぜい一冊につき六ペンスだった。しかし、国王一座が所有していた手稿本の使用料を支払い、芝居の出版権利を得るには、もっと高額の費用がかかっただろう。また、一五九九年に上限額が決められてから、騰貴《とうき》率は極めて低かったものの、物価は確実に上昇していた。

出版業者は、収益を削ってまで販売価格を下げる危険をおかすことはできない。卸値を下げて損益が出ないようにするには、フォリオの売却率を上げる必要がある——しかし、この選択は、過去の実績から市況が読めない状況下では、危険な賭けとなる（儲けが通常以下に見積もられていたのなら、ウィリアム・アスプリーとジョン・スメズィックがこの投資に参画することはなかっただろう）。もし卸値が組合の上限を超えていて、製作にそれが正当化できるだけの高額な費用がかかっていたとしても、ほとんど前例のない本に過当な値段を付けるのは、やはり危険だっただろう。

様々な状況を考慮すると、フォリオの卸値は、諸経費を考慮しても一五九九年の上限に近い額、すなわち、一冊につき一〇シリング程度だった可能性が高い。これに書籍商の通常の利益（五〇パーセント）を加算すると、製本なしのフォリオ一冊の小売価格は一五シリングだったと推定される。当時は、買い手や書籍商が本に売買日の価格を書き込むということはほとんどなかった。値段を書き込んでいたとすれば、たいていは遊び紙の上の部分だが、損傷を免れた遊び紙のあるフォリオはほとんど残っていない。しかし、一冊だけ、当初の値段が書き込まれたままの状態で残っているフォリオがある——それは、第二段階の「完成」時に刷られたフォリオで、トマス・ロングという人物が一五シリングで購入したものである【図36】。

出版業者の利益

古い本の巻頭や巻末の出版事項に名が刻まれた書籍商は、独占的な小売り業者だったと主張する研究者もいるが、それは正しくない。ほとんどの出版業者は、小売り販売も行っていた。しかし、自分が出版した本だけを売って立派に生計を立てることができたのは、大いに繁盛したごくわずかの業者だけに限られていた。

シェイクスピアのフォリオを出版した四人の出版業者のうち三人は、もともとは書籍商を生業としていた（ジャガード印刷所のバービカンに面した間口にも、おそらく小さな書店が一軒あった）。

フォリオを一冊卸すと、四人の出版業者は約三シリング四ペンスの利益を得ていた(一度に二四冊購入するか、または、一度に一二冊購入し、六ヶ月以内にもう一二冊購入する業者には、一冊を無償で与えていたが、その一冊分は計算に入れていない)。しかし、自分で出版した本を直接小売りする場合は、そうした際の通常の値入率にしたがった利益分を上乗せし、全経費の一二五パーセントの価格で販売した。

書籍出版業組合に属さない業者(ロンドンには他の組合に属する書籍商もいたが、そのほとんどはロンドン以外で営業する書籍商だった)が転売でフォリオを購入した場合には、小売価格一ポンドにつき三シリングずつ値引かれるのが慣習となっていた。このようなケースでは、出版業者が自分で出版したフォリオを、小売価格の九〇パーセントの値段で転売していたものと思われる(もし、卸値で購入したものを転売していたとするなら、マージンとして得られる利益は二二・五パーセントしかなかったことになる)。書籍出版業組合の組合員への卸値は一〇シリングだったが、組合に属さない書籍商には一二シリング三ペンスの価格が提示されていたと推定される。それに加えて、たいていは輸送料も加算されただろう。

地方の書籍商の中にも書籍出版業組合の組合員はいた。そうした業者は、ロンドンでの売値に近い値段で本を販売することができた。つまり、彼らの中には、その特典を利用して地方での競合相手より安い値段で本を販売していた者や、また、地方の通常価格で販売して利得を上げていた者もいたかもしれない。地方の小売価格の方が、通常はロンドンに比べて高値だったと考えて間違いな

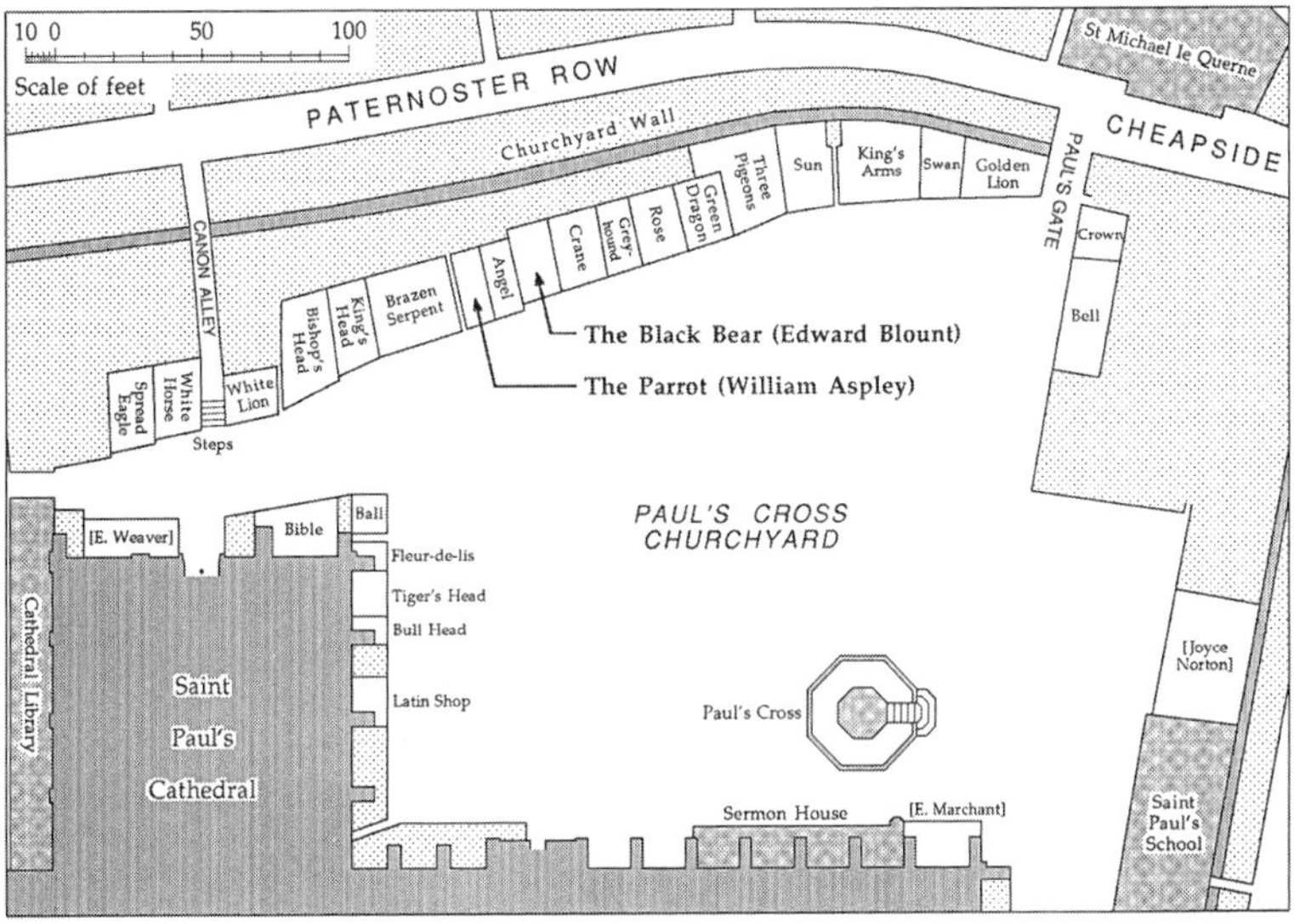

【図37】 イギリスで書籍小売業が最も繁栄した地区は，ロンドンのセント・ポール教会境内の北東の一角だった。ロンドン市民にとって中世以来の伝統的な集会場所だったこの広場は，（毎週一般向けに説教が行われた野外の説教壇があったことにちなんで）ポールズ・クロス境内という名で知られていた。白色で示した私有地のうち店名や店主名を入れた店舗は，すべて書店だったことが分かっている。また，「ラテン語書店（Latin Shop）」の南側には，聖堂と接する位置に少なくとも2軒の製本屋があり，境内に面した私有地のうち薄い網掛けで示した場所にも書店や製本屋があった可能性がある。エドワード・ブラウントが経営していた「ザ・ブラック・ベア（The Black Bear)」は，店舗と住居を兼ねた4階建ての建物だった。隣接する建物の地上階は2つの店舗に分かれていて，そのうちの1軒は「ザ・パロット（The Parrot)」という看板が掲げられたウィリアム・アプスリーが借りていた店舗だった。

い。また、地方ではロンドンに比べて価格に大きなばらつきがあったと考えられる。

未製本、製本済み、または特注製本

本が小売業者の手に渡るまえに製本されることは稀だった。多くの本は、客が購入した後で初めて製本された（小さな本の場合、ほとんどが製本されずに販売された。フォリオもそうだったかもしれないが、小さな本に比べるとその割合は低かっただろう）。一度に複数のフォリオを購入した書籍商は、そのうちの少なくとも一冊には、何らかの様式で「標準」の製本を施していたと考えられる。たいていの書籍商は、この業務を地元の製本屋に下請けさせ、その費用は自分の利益を加算するまえの諸経費に算入していたと思われる。大手の書店の中には製本師が働いていた店もあり、そういった店は、競合相手の付けた価格に対抗した値段で本を売って、収入を増やしていただろう。しかし、製本していない本の料金を払った後に特注製本を誂《あつら》えてもらう客や、あるいは、書籍商には儲けさせまいと、買った本を自分で製本屋へ持ち込みたがる客も少なくなかった。

ほとんどのフォリオは、次の三種類のうちいずれかの様式で装丁が施されたと思われる。最も安価なものは、クォートより大きなサイズの本にはあまり用いられないものだったが、ヴェラム（なめしのない子牛の革）の薄表紙かフォレル（ヴェラムに似せて表面を仕上げた羊皮紙――羊や山羊の皮を加工したもの）で装丁する様式だった。値段は一シリング程度だったと推測される。ヴェラムやフォレルは、現代の紙表紙よりは厚く、長持ちしたと思われるが、過度の湿気で皺ができたり歪んだりしてしまい、やがて寿命がきて、表紙の溝が割れてしまう。第二の選択肢として、フォレルやヴェラムを表紙ボールの覆いとして使用することもできた。その場合の費用は約二シリングだった。しかし、獣皮はやはり湿気には弱く、くたびれやすかった。

フォリオ判の本に最も広く用いられた（かつ実用的な）装丁は、厚さがいろいろで多様な装飾が施された表紙ボールに、通常は濃い茶色のカーフ〔子牛のなめし革〕を貼り付けたものだった。製本されていないファースト・フォリオを購入した客がそれを普通の製本屋に持ち込んだ場合、装飾なしのこの簡単な装丁なら、約三シリングか四シリングで済んだだろう。しかし、ロンドンの書籍商が製本したフォリオを販売する際には、その料金を込みにして、さらに、いつものようにその五〇パーセントを価格に上乗せしていたと考えられる。

こうした理由から、シェイクスピアのフォリオの価格がいくらだったのかという問いに対しては、明確にいくらと答えるのは難しい。実際には、価格には一定の幅があった。ロンドンでは、製本されていないフォリオは通常、一五シリング。一方、製本済みのものは、フォレルの薄表紙装丁のもので一六シリングか一七シリング、フォレル貼りのボール表紙装丁のもので一七シリングか一八シリング六ペンス、そして、装飾なしのカーフ装丁のものが一ポンドだった。フォレルを使用したフォリオは、薄表紙のものもボール表紙のものも残っていない。カーフ装丁のものは多く残っている

【図 38】 フォレルやヴェラムで装丁されたファースト・フォリオの現存は確認されていないが，フォリオが最初に売られた前後にこの写真のような様式で製本されたものがあったことは間違いない。一番安いフォレル装丁は，革が補強されていない柔らかい表紙のものだった。（1614 年にロンドンで印刷され，その後，間もなく製本された）この本は，フォレルが巻かれたボール表紙の装丁が施されているが，この様式の場合，価格は皮紙のみの薄表紙装丁の約 2 倍だった。使用頻度の高い本では，このような装丁が残っていることはほとんどない。表紙表面の下の部分が湿気で傷んでいるうえ，溝に亀裂が入り，背表紙の上の部分が剝がれ落ちている様子を見ると，薄皮は長年のうちにいかにもろくなるか分かる。

【図 39】 ファースト・フォリオのほとんどは，販売の前後に，最初はカーフ装丁されたと考えられる。販売されるまえにこの写真（フォルジャー・フォリオ 30）のような手の込んだ装飾が施されることはなかった。このフォリオは，おそらく，装丁なしの状態で売られ，買った人物がお気に入りの製本師に装丁してもらったものだろう。もともとのカーフ装丁の状態を留めたフォリオも多く残っているが，そのほとんどは壊れているか，または修繕されもとの状態に復原されたものである。このフォリオは修繕の手が加えられていない 1 冊である。しかし，背板が外れ，角の部分のほとんどが損傷を受けている。

が、たいていは破損しているか、程度の差はあるが大掛かりな修繕が施されている。

注意散漫な製本師

現存するファースト・フォリオのほとんどは、一八世紀以降に少なくとも一度は製本し直されている（最も多い製本様式は装飾入りの赤いモロッコ革[27]の装丁が施されている）が、最初に製本した職人が行った作業の痕跡が、本の中に残っていることがある。古い本の喉あき〔ページとページとの間の溝の両脇に設けられた余白〕によく溜まっている種々雑多なものの破片――灯芯の切りくず、切った爪のくず、鵞ペンの切りくず、草、パンくず、虫など――に混じって、製本師が取り忘れた留め針が残っていることは、決して珍しいことではない。黒ずんだ大小様々な銅製の留め針がほとんどだが、鉄やスチール製の錆びた留め針や（さらにごく稀に）大きな縫い針が残っていることもある。

もっと大きなものが見つかることもあり、長い間本に挟まれていたため腐食したり錆ついたりした金属製のものが特に多い。フォルジャー・シェイクスピア図書館のフォリオの一冊には、錆ついた眼鏡の跡形が残っている【図40】。また、同図書館には、大きな鍵と思われるものの跡形のあるフォリオが一冊あり、硬貨や食事用ナイフなどの跡形が残っているフォリオもある。こうした道具のほとんどは、フォリオの読者が置き忘れたものだろう。

他方、「よく」見つかるといえば大げさかもしれないが、当時の本に残っているある道具の跡形が、ファースト・フォリオでも高い頻度で見つかっているので、特に触れておく必要があるだろう。数冊のフォリオの中から、概して形や大きさの似通った鋏《はさみ》の跡形が見つかっているのである。鋏は、読書の補助道具としても栞としてもあまり使わないものであるから、製本師がそれを本の中に忘れることがあったと考えて良いだろう。なぜそのような頻度なのかは分からないが、フォルジャー・シェイクスピア図書館が所蔵するフォリオのうち少なくとも三冊から鋏の跡形が見つかっている【図41】【図42】。おそらく最初の製本師が、鋏を置き忘れていたのだろう。

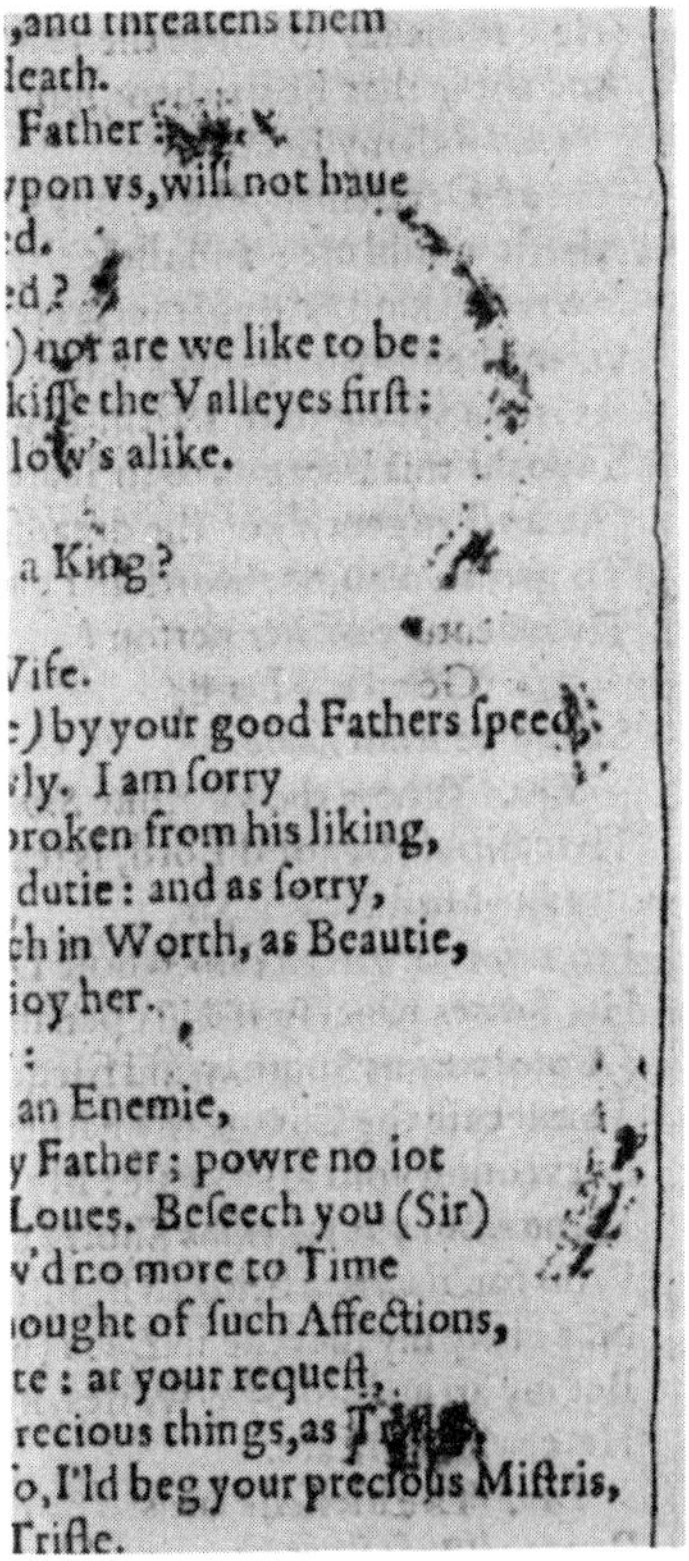

【図40】 読者が本に残した金属性のものは，長く放置されて腐食したり錆びついたりすることがあった。フォルジャー・フォリオ46には，眼鏡がはさまれていた跡がある（「喜劇」，300ページ）。

【図 41】 本を読む道具として鋏を使うことはあまりないので，昔の本によく残っている鋏の跡形は，それが見つかる頻度から考えて，本を買った人物が使用したものとは考えられない。鋏を置き忘れた可能性が最も高いのは，最初の製本師である。

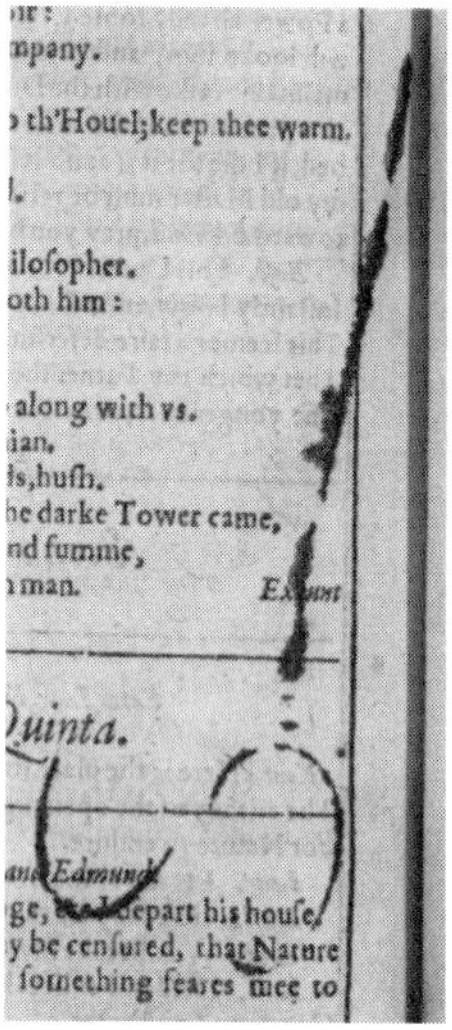

フォルジャー・フォリオ 63 には，このような跡形が残っている（「悲劇」，298 ページ）。このフォリオは，複数の異なるフォリオからリーフを寄せ集めて綴じ直されたもので，ここに示したページに続くリーフもまた別のフォリオから取られている。リーフを寄せ集めた他のフォリオにあたって捜せば，299 ページにこの鋏の片側の跡形が残っている可能性がある。

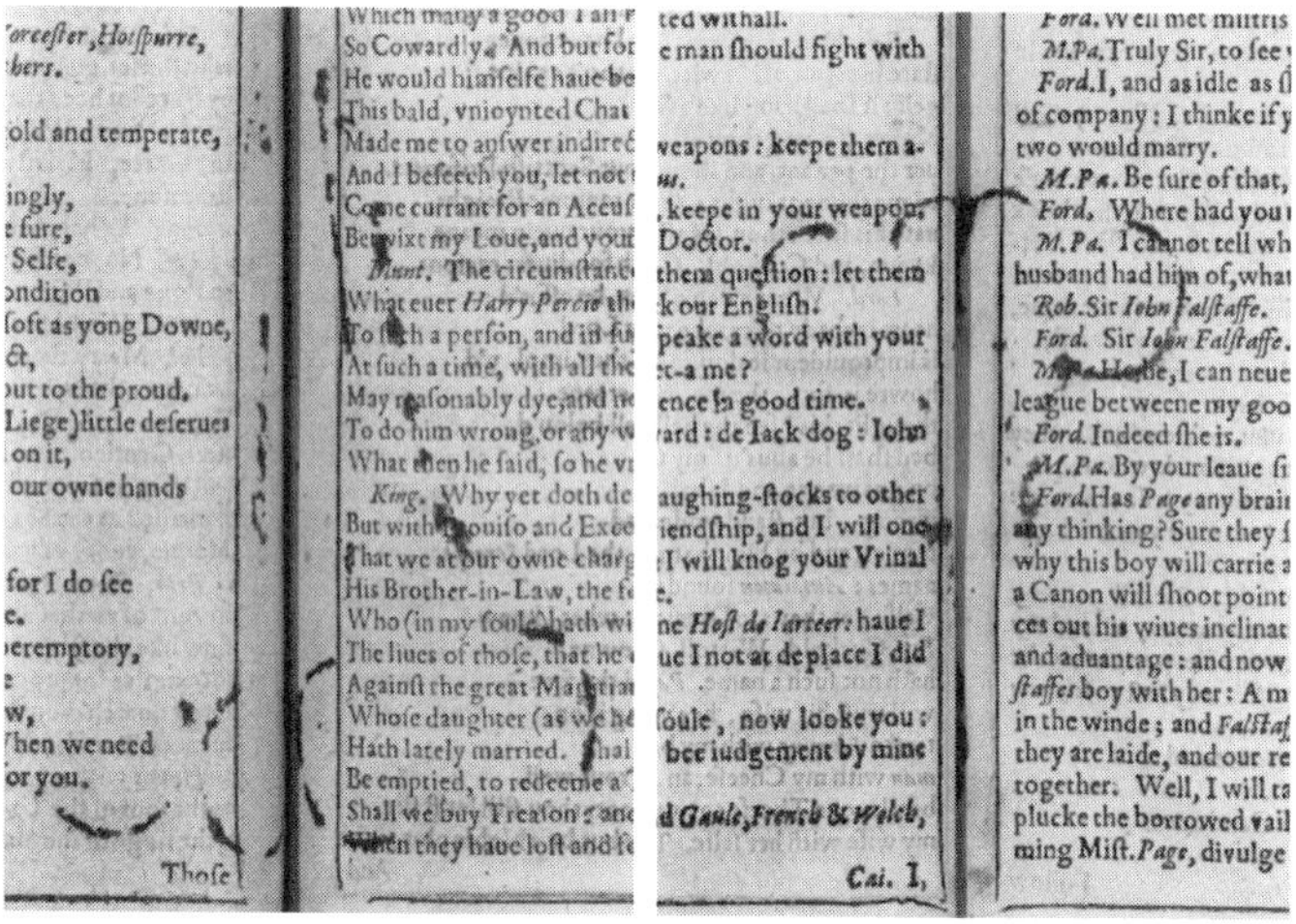

【図 42】 左は，フォルジャー・フォリオ 58 の「歴史劇」，50-51 ページ。右は，フォルジャー・フォリオ 67 の「喜劇」，48-49 ページ。

出版当初にフォリオを購入した人々や所有した人々

出版業者にとっては幸いなことに、ファースト・フォリオの売れ行きは好調だった。ファースト・フォリオが完売してもなお、一六三二年には第二版が出版できるだけの需要があった。記録破りの売れ行きとまではいかなかったが、九年以内に売り捌けたということは、値段が高めのフォリオとしては相当売れたことになる。

しかし、残念なことに、その九年間に誰がフォリオを購入したのかについて、信頼できる情報はほとんどない。一七世紀には、所有者が本に自分の名前を書き込むことは比較的稀なことで、蔵書票や個人の蔵書印を使うことはもっと稀だった。本に自分の名前を書く人がいなかったわけではない(そういう人は「典型的」な蔵書家ではなかっただろう)が、そうした人々は本の最も破損しやすい部分に書いていたので、ほとんど残っていない。

最初にフォリオを買った人々や、一七〇〇年代中頃までに中古品のフォリオを買った人々にとって、フォリオは、後の研究のために保存すべき史料として価値のある文化的所産ではなく、読んで消費する本だった。何度も使用すれば、装丁に亀裂が入り、表紙ボールは外れ落ちてしまっただろう。巻頭や巻末の遊び紙は、剝がして、白紙として利用されたが、このとき手荒に剝がすと、巻頭や巻末のリーフまで破れて取れてしまう。表紙ボールが取れてしまうと、付近のリーフも外れてしまうので、遂には、その部分は捨てられてしまうか、紛失してしまう。

一方、フォリオに収録された芝居は一六三二年、一六六三年、一六八五年に再版され〔訳注2を参照〕、一七〇九年には校訂もされた。そして、その後は、ますます頻繁に再版や編集・校訂版が出るようになった。一八世紀後期に至るまでは、ほとんどの所有者にとって、ファースト・フォリオは貧相で時代遅れの本になってしまっていた。しかし、その独自の価値が広く認識されるようになると、ファースト・フォリオを手に入れた蒐集家は、たいてい、その汚れを落として製本し直し、(もし必要があれば)保存状態の悪いフォリオから外したリーフを用いて修繕するようになった。その結果、出版された当初にこの本を所有した人が誰だったのかを知る手がかりがすべて失われてしまっていることが多い。

劇場関係の所有者と利用者

劇場に通う人々の大半が、芝居本を買って読むことに関心があったかどうかは別として(このことはよく分かっていない)、シェイクスピアのフォリオを買った人々のほとんどは、少なくとも劇場に足を運ぶことのある人々だったと考えて間違いない。また、劇作家やそのたまご、プロやアマチュアの役者、そして、エドワード・デリング卿などのような素人劇を奨励する人々も、フォリオに関心を持っていただろう。しかし、デリングのものだったかもしれないパドヴァ大学所蔵の一冊を除けば、現存するフォリオは、王政復古以前の劇作家や役者、または上演とは縁のないものばかりである。もし、王政復古以前に劇場関係者が使ったフォリオが存在していたなら、そこには書き込みがあっただろうし、そして、書き込みがあるという理由で、捨てられてしまっただろう。しかし、理由はどうであれ、シェイクスピアの同僚やライバル、演劇の次世代を担った者たちが所有したり、使用したりしたフォリオは一冊も見つかっていない。

一六六三年に出版されたサード・フォリオは、セカンド・フォリオの再版にすぎず、ファースト・フォリオにある三六本の芝居のみを収録したものにすぎない。しかし、翌年の一六六四年には、シェイクスピアの芝居であるとして七本（そのうち現在シェイクスピアのものとされているのは『ペリクリーズ』のみ）が加えられ、サード・フォリオ別版が出版された。[28] この版の出版によって、ファースト・フォリオの現存率が大きく下がってしまったのである。この新しい別版は、体裁が立派だっただけでなく、「より完全《モア・コンプリート》」だったからだ。サード・フォリオがあればファースト・フォリオは廃棄しても良いと判断したのは、ボドレー図書館だけに限ったことではなく、個人の所有者も、新しいフォリオを購入すれば、同じように、「古い」フォリオを売却していたかもしれない。一六七〇年代には、おそらく、ファースト・フォリオは古本として安く売られていただろう。王政復古以前の演劇界とつながりのあるフォリオは一冊も残っておらず、その一方で、一六六〇年代ないし

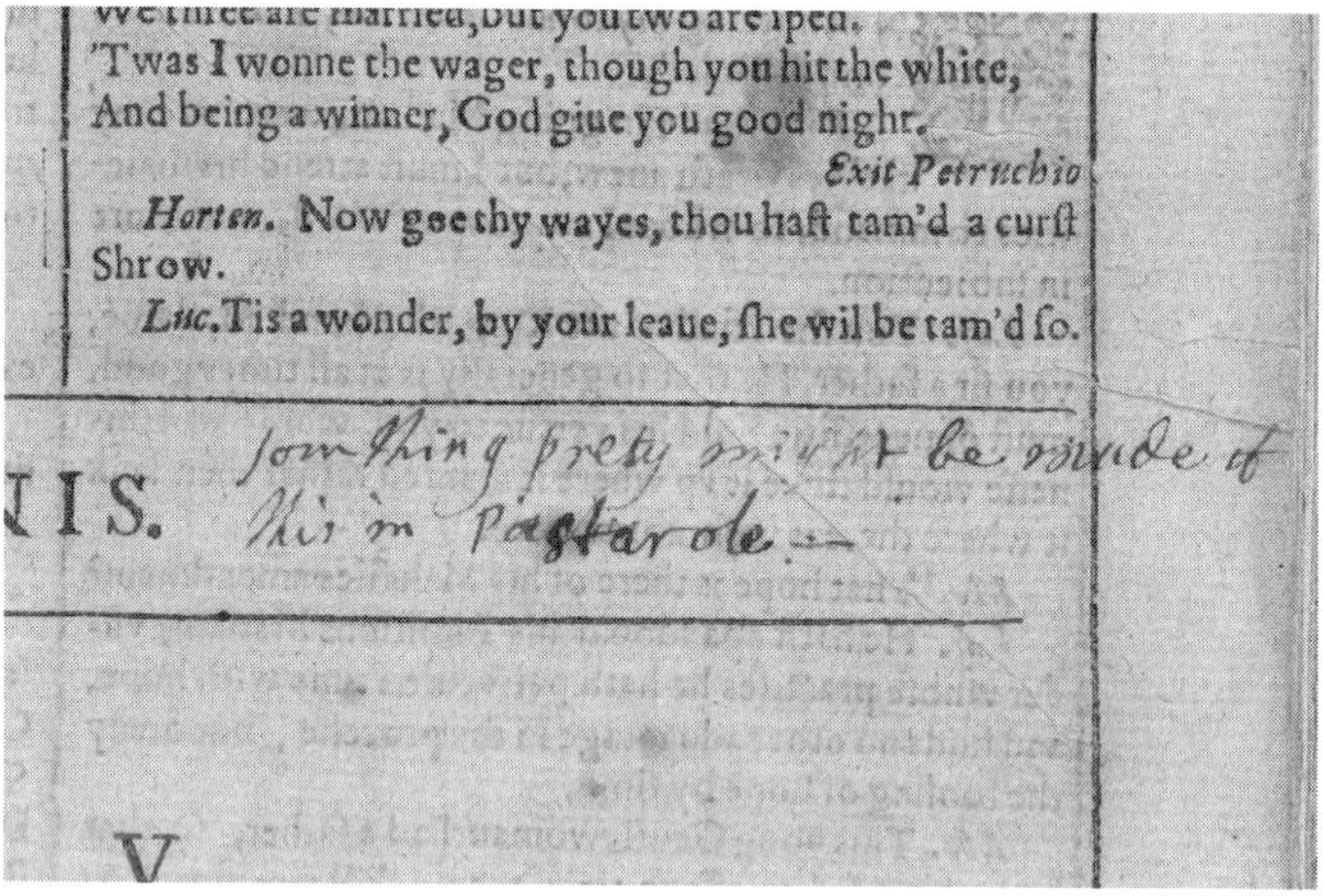
We three are married, but you two are sped.
'Twas I wonne the wager, though you hit the white,
And being a winner, God giue you good night.
Exit Petruchio
Horten. Now goe thy wayes, thou hast tam'd a curst Shrow.
Luc. Tis a wonder, by your leaue, she wil be tam'd so.

【図 43】 フォルジャー・フォリオ 73 には，王政復古期にこのフォリオを所有していた人物による書き込みがいくつかある。『じゃじゃ馬ならし』の終わり（「喜劇」，229 ページ）にあるこの書き込みもその 1 つである。「この芝居は牧歌風にすれば素晴らしいものに仕上がるかもしれない（something prety might be made of this in Pastarole）」（“Pastarole” は pastoral）と書いてある。

一六七〇年代に萌芽した新たな演劇史を刻んだ人物たちが所有し、継承したフォリオが、少なくとも三冊残っていることは、偶然ではないかもしれない。

ファースト・フォリオを所有していたことが分かっている最初のイギリス人劇作家は、ウィリアム・コングリーヴ（一六七〇―一七二九）[29]である。そして、そのフォリオをコングリーヴのまえに所有していたのは、チャールズ・キリグリューだった。キリグリューは、宮廷祝典局長となった人物で、一六七七年にはドルーリー・レイン劇場[30]の上演独占権を有するようになった。「コングリーヴ・フォリオ」はチャールズ・キリグリューの父で劇作家の先代トマス・キリグリュー〔父の後を継いだ同名の息子と区

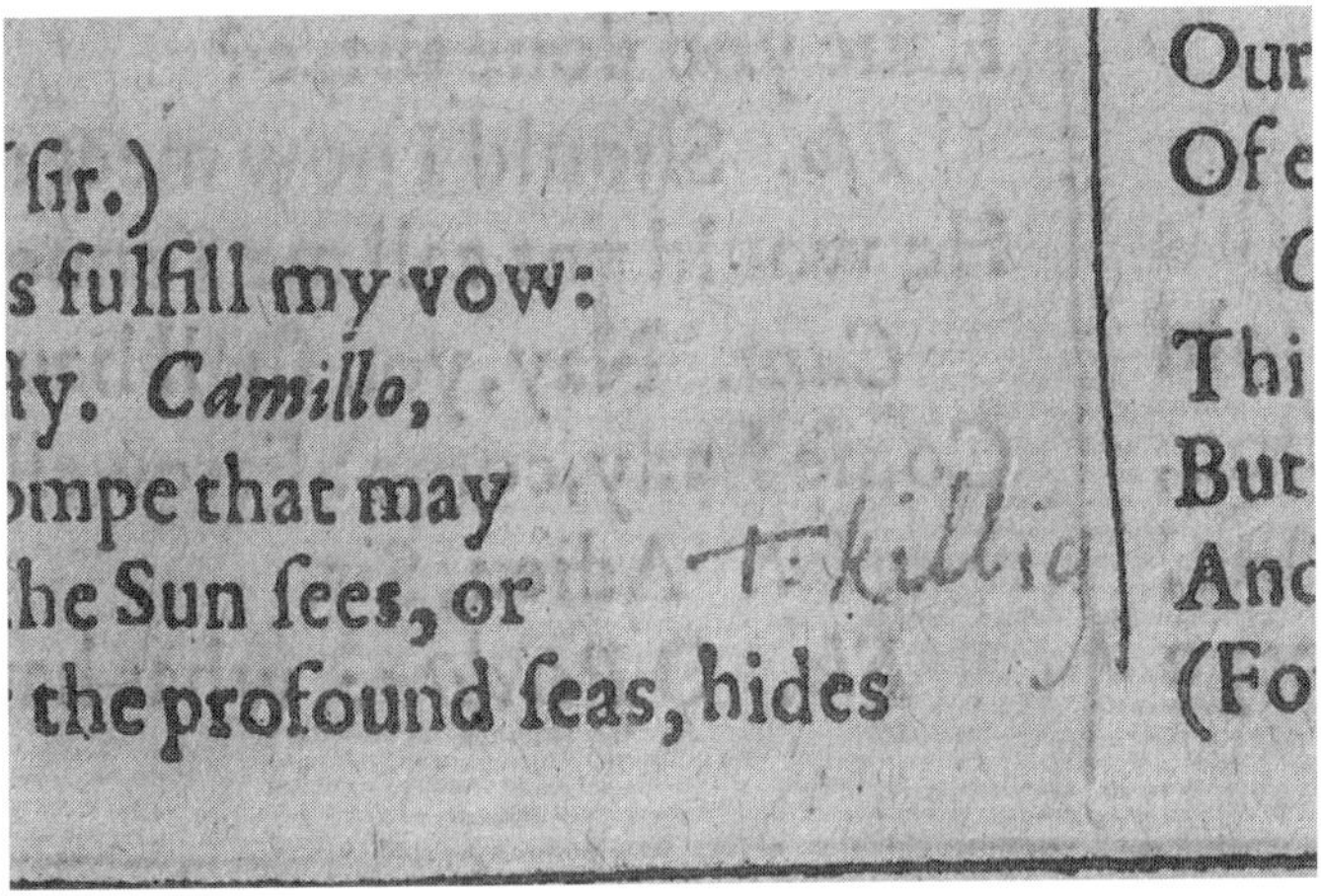

【図44】『冬物語』の本文（「喜劇」, 295 ページ）に書き込まれているこの略された名前を根拠に，フォリオ 73 に書き込みをした人物はチャールズ・キリグリューの父で劇作家のトマス・キリグリュー（1612-83）ではないかと考える研究者もいる。しかし，署名と考えられてきたこの書き込みも【図43】のような他の書き込みもトマスの筆跡ではない。

別して「先代」と呼ばれる」が所有していたフォリオかもしれないといわれてきたが、証拠はなく、トマスが最初の所有者だった可能性は極めて低い。コングリーヴのフォリオには、『トロイラスとクレシダ』が収録されていないし、かつて収録されていたことを示す証拠も残っていないので、このフォリオは、一六二三年一一月初旬に販売された第一段階のものだと考えられる。そのときトマスは、まだ一一歳だった。

　フォルジャー・フォリオ73は、一六七〇年代あるいはそれ以前に、芝居に関心のあった何者かが所有していたものである。このフォリオもトマス・キリグリューが所有したものだったと考えられてきたが、それは誤りである。

このフォリオの所有者は、二つの喜劇の脇に「登場人物の一覧」を書き込んでいる他、特に愉快と感じたいくつかの喜劇的な場面に関心を寄せている。そして、『じゃじゃ馬ならし』は「牧歌風にすれば素晴らしいもの」に仕上げられるかもしれない、などと注釈を書き込んでいる【図43】。『冬物語』のあるページの地のあたりに、同じ筆跡で、“T: Killig.”と略した名前が小さく書き込まれている【図44】。ただし、それは、キリグリューの筆跡ではない。また、それと同じように、チャールズ・シドレー卿という別の劇作家の名前（“sr chār sid:”と略されている）が、『アントニーとクレオパトラ』のあるページの余白に書き込まれている。この人物は、一六七七年に『アントニーとクレオパトラ』という名の芝居を書いている。その一〇年まえ、キリグリューの一座は、喜劇役者ジョン・レイシーによる『じゃじゃ馬ならし』の翻案もの（『間抜けたスコットランド人』という芝居）を上演している。その翻案ものが、このフォリオの所有者が考えていた「牧歌風」のものであったかどうかはともかく、フォルジャー・フォリオ73を所有していた人物が、当時の演劇界に関心を抱き、また、演劇界をよく知っていたことは確かである。

残念ながら、どこから見ても劇場で使用されたことがはっきりと分かるフォリオは、断片しか残っていない――そのフォリオじたいは、おそらく、ぎっしりと書き込みがされた使用済みの本として、捨てられてしまったのだろう。エディンバラ大学図書館には、不完全な一冊のフォリオから取り外され、個別に綴じられた芝居が二本残っている。その不完全なフォリオに収められていた芝居のうち少なくとも何本かは、作業用の書き込みがされたものだった。『夏の夜の夢』（他のフォリオから取られたリーフ四葉が綴じ込まれている）は、台詞が大幅に削除されている。しかし、それが実際に上演に使われたことをはっきりと示す証拠はない。ところが、『間違いの喜劇』（最後の一葉は別のフォリオから取られている）には、実際に上演で使用されたことを示す痕跡がある。役者の登場を示す「演技開始の指示」として書かれている名前から、この芝居は、「ナースリー劇場」という名で知られていたハットン・ガーデンの劇場において、一六七二年頃に上演されたと考えられる。

「シェイクスピアのファースト・フォリオ展」の準備のために所蔵品の整理をしていたとき、第三の「ナースリー劇場後見用台本」のリーフ六葉が、フォルジャー・シェイクスピア図書館所蔵の断片だけを集めた目録にないコレクションの中から見つかった【図45】。その六葉のうち四葉は、『マクベス』、『ハムレット』、『リア王』の三本を寄せ集めたリーフをまとめてつくり上げた一冊本の中にある。もう一葉は、同じ三本の芝居をまとめた別の一冊本に綴じ込まれていた。そして、残る一葉は、ばらばらになったリーフを集めた収蔵品の中から発見された。「ナースリー劇場」フォリオの断片は、少なくとも一九世紀のある書籍商が他のフォリオを補完する目的で用いたものであるようだ。ということは、このフォリオから取られたリーフが今後も発見される可能性がある。

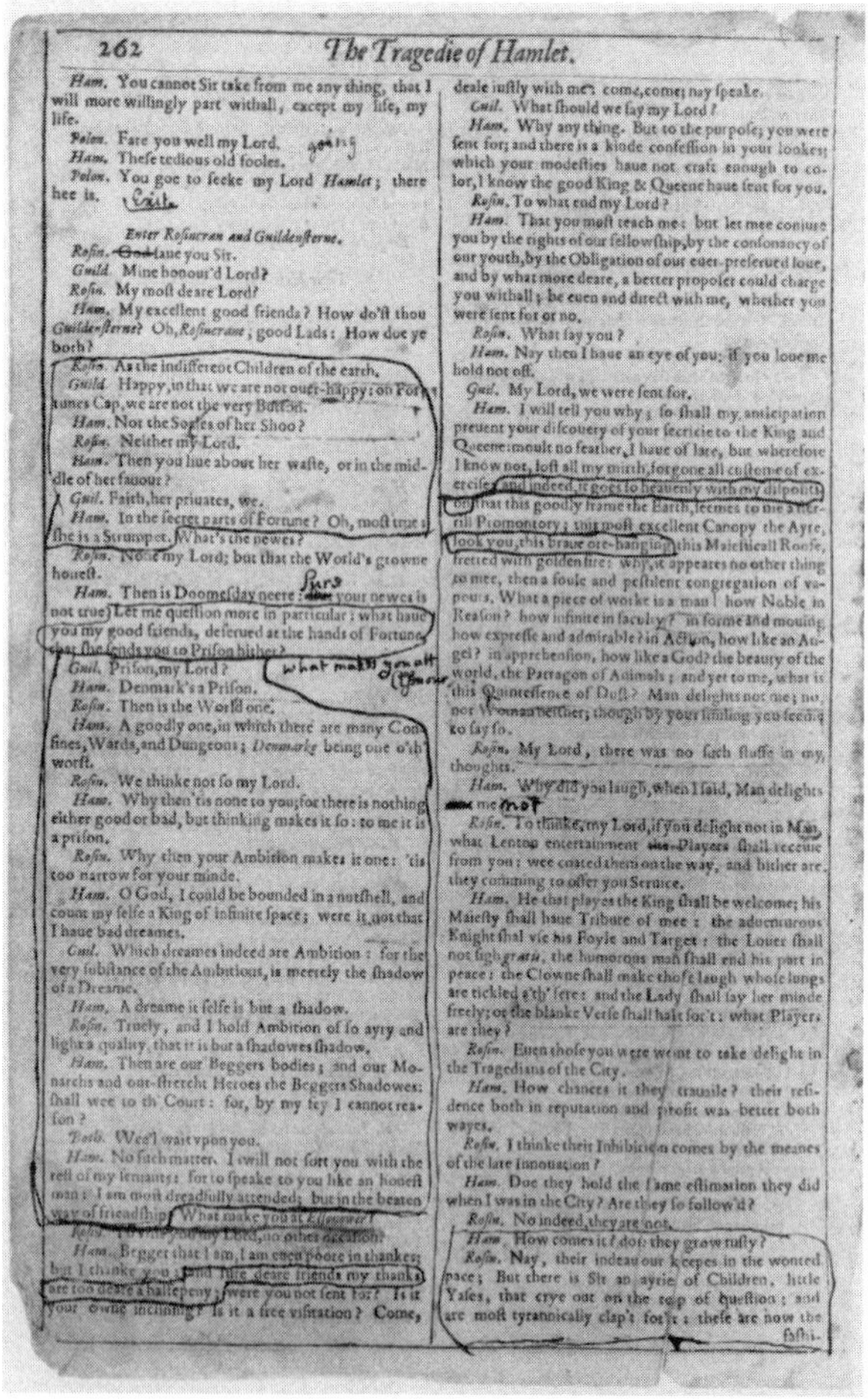
262 The Tragedie of Hamlet.

Ham. You cannot Sir take from me any thing, that I will more willingly part withall, except my life, my life.

Polon. Fare you well my Lord.

Ham. Theſe tedious old fooles.

Polon. You goe to ſeeke my Lord *Hamlet*; there hee is.

Enter Roſſencran and Guildenſterne.

Roſin. God ſaue you Sir.

Guild. Mine honour'd Lord?

Roſin. My moſt deare Lord?

Ham. My excellent good friends? How do'ſt thou *Guildenſterne*? Oh, *Roſſencrane*; good Lads: How doe ye both?

Roſin. As the indifferent Children of the earth.

Guild. Happy, in that we are not ouer-happy: on Fortunes Cap, we are not the very Button.

Ham. Nor the Soales of her Shoo?

Roſin. Neither my Lord.

Ham. Then you liue about her waſte, or in the middle of her fauour?

Guil. Faith, her priuates, we.

Ham. In the ſecret parts of Fortune? Oh, moſt true: ſhe is a Strumpet. What's the newes?

Roſin. None my Lord; but that the World's growne honeſt.

Ham. Then is Doomeſday neere: But your newes is not true. Let me queſtion more in particular: what haue you my good friends, deſerued at the hands of Fortune, that ſhe ſends you to Priſon hither?

Guil. Priſon, my Lord?

Ham. Denmark's a Priſon.

Roſin. Then is the World one.

Ham. A goodly one, in which there are many Confines, Wards, and Dungeons; *Denmarke* being one o'th' worſt.

Roſin. We thinke not ſo my Lord.

Ham. Why then 'tis none to you; for there is nothing either good or bad, but thinking makes it ſo: to me it is a priſon.

Roſin. Why then your Ambition makes it one: 'tis too narrow for your minde.

Ham. O God, I could be bounded in a nutſhell, and count my ſelfe a King of infinite ſpace; were it not that I haue bad dreames.

Guil. Which dreames indeed are Ambition: for the very ſubſtance of the Ambitious, is meerely the ſhadow of a Dreame.

Ham. A dreame it ſelfe is but a ſhadow.

Roſin. Truely, and I hold Ambition of ſo ayry and light a quality, that it is but a ſhadowes ſhadow.

Ham. Then are our Beggers bodies; and our Monarchs and out-ſtretcht Heroes the Beggers Shadowes: ſhall wee to th' Court: for, by my fey I cannot reaſon?

Both. Wee'l wait vpon you.

Ham. No ſuch matter. I will not ſort you with the reſt of my ſeruants: for to ſpeake to you like an honeſt man: I am moſt dreadfully attended; but in the beaten way of friendſhip, What make you at *Elſonower*?

Roſin. To viſit you my Lord, no other occaſion.

Ham. Begger that I am, I am euen poore in thankes; but I thanke you: and ſure deare friends my thanks are too deare a halfepeny; were you not ſent for? Is it your owne inclining? Is it a free viſitation? Come, deale iuſtly with me: come, come; nay ſpeake.

Guil. What ſhould we ſay my Lord?

Ham. Why any thing. But to the purpoſe; you were ſent for; and there is a kinde confeſſion in your lookes; which your modeſties haue not craft enough to color, I know the good King & Queene haue ſent for you.

Roſin. To what end my Lord?

Ham. That you muſt teach me: but let mee coniure you by the rights of our fellowſhip, by the conſonancy of our youth, by the Obligation of our euer-preſerued loue, and by what more deare, a better propoſer could charge you withall; be euen and direct with me, whether you were ſent for or no.

Roſin. What ſay you?

Ham. Nay then I haue an eye of you: if you loue me hold not off.

Guil. My Lord, we were ſent for.

Ham. I will tell you why; ſo ſhall my anticipation preuent your diſcouery of your ſecricie to the King and Queene: moult no feather, I haue of late, but wherefore I know not, loſt all my mirth, forgone all cuſtome of exerciſe; and indeed, it goes ſo heauenly with my diſpoſition; that this goodly frame the Earth, ſeemes to me a ſterrill Promontory; this moſt excellent Canopy the Ayre, look you, this braue ore-hanging, this Maieſticall Roofe, fretted with golden fire: why, it appeares no other thing to mee, then a foule and peſtilent congregation of vapours. What a piece of worke is a man! how Noble in Reaſon? how infinite in faculty? in forme and mouing how expreſſe and admirable? in Action, how like an Angel? in apprehenſion, how like a God? the beauty of the world, the Paragon of Animals; and yet to me, what is this Quinteſſence of Duſt? Man delights not me; no, nor Woman neither; though by your ſmiling you ſeeme to ſay ſo.

Roſin. My Lord, there was no ſuch ſtuffe in my thoughts.

Ham. Why did you laugh, when I ſaid, Man delights not me.

Roſin. To thinke, my Lord, if you delight not in Man, what Lenton entertainment the Players ſhall receiue from you: wee coated them on the way, and hither are they comming to offer you Seruice.

Ham. He that playes the King ſhall be welcome; his Maieſty ſhall haue Tribute of mee: the aduenturous Knight ſhal vſe his Foyle and Target: the Louer ſhall not ſigh *gratis*, the humorous man ſhall end his part in peace: the Clowne ſhall make thoſe laugh whoſe lungs are tickled a'th' ſere: and the Lady ſhall ſay her minde freely; or the blanke Verſe ſhall halt for't: what Players are they?

Roſin. Euen thoſe you were wont to take delight in the Tragedians of the City.

Ham. How chances it they trauaile? their reſidence both in reputation and profit was better both wayes.

Roſin. I thinke their Inhibition comes by the meanes of the late Innouation?

Ham. Doe they hold the ſame eſtimation they did when I was in the City? Are they ſo follow'd?

Roſin. No indeed, they are not.

Ham. How comes it? doe they grow ruſty?

Roſin. Nay, their indeauour keepes in the wonted pace; But there is Sir an ayrie of Children, little Yaſes, that crye out on the top of queſtion; and are moſt tyrannically clap't for't: theſe are now the faſhi-

1670 年代にロンドンのハットン・ガーデンに存在していたナースリー劇場での上演に使用するために書き込みがされたと考えられており,「ナースリー劇場後見用台本」として知られる。この 2 葉の他にも 4 葉（同じく『ハムレット』のリーフ）が，フォルジャー・シェイクスピア図書館のコレクションのうち目録に載っていない断片の中から新たに発見された。

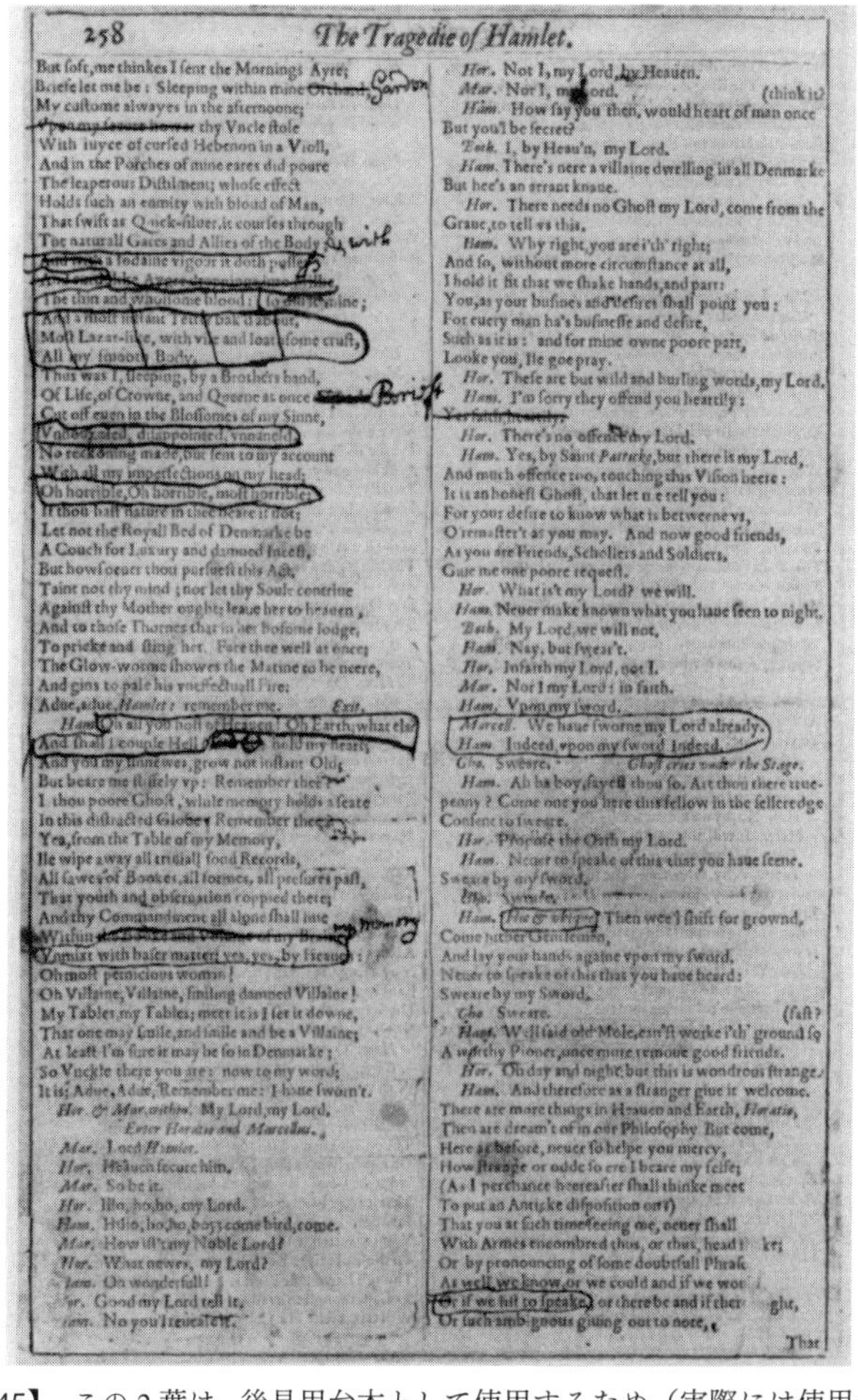
258 *The Tragedie of Hamlet.*

But soft, me thinkes I sent the Mornings Ayre;
Briefe let me be: Sleeping within mine Orchard,
My custome alwayes in the afternoone;
Vpon my secure houre thy Vncle stole
With iuyce of cursed Hebenon in a Violl,
And in the Porches of mine eares did poure
The leaperous Distilment; whose effect
Holds such an enmity with bloud of Man,
That swift as Quick-siluer, it courses through
The naturall Gates and Allies of the Body;
The thin and wholsome blood:
Most Lazar-like, with vile and loathsome crust,
All my smooth Body.
Thus was I, sleeping, by a Brothers hand,
Of Life, of Crowne, and Queene at once
Cut off euen in the Blossomes of my Sinne,
Vnhouzzled, disappointed, vnnaneld,
No reckoning made, but sent to my account
With all my imperfections on my head;
Oh horrible, Oh horrible, most horrible:
If thou hast nature in thee beare it not;
Let not the Royall Bed of Denmarke be
A Couch for Luxury and damned Incest.
But howsoeuer thou pursuest this Act,
Taint not thy mind; nor let thy Soule contriue
Against thy Mother ought; leaue her to heauen,
And to those Thornes that in her bosome lodge,
To pricke and sting her. Fare thee well at once;
The Glow-worme showes the Matine to be neere,
And gins to pale his vneffectuall Fire:
Adue, adue, *Hamlet*: remember me. *Exit.*
Ham. Oh all you host of Heauen! Oh Earth; what els?
And shall I couple Hell? hold my heart;
And you my sinnewes, grow not instant Old;
But beare me stiffely vp: Remember thee?
I, thou poore Ghost, while memory holds a seate
In this distracted Globe: Remember thee?
Yea, from the Table of my Memory,
Ile wipe away all triuiall fond Records,
All sawes of Bookes, all formes, all presures past,
That youth and obseruation coppied there;
And thy Commandment all alone shall liue
Vnmixt with baser matter; yes, yes, by Heauen:
Oh most pernicious woman!
Oh Villaine, Villaine, smiling damned Villaine!
My Tables, my Tables; meet it is I set it downe,
That one may smile, and smile and be a Villaine;
At least I'm sure it may be so in Denmarke;
So Vnckle there you are: now to my word;
It is; Adue, Adue, Remember me: I haue sworn't.
Hor. & Mar. within. My Lord, my Lord.
Enter Horatio and Marcellus.
Mar. Lord *Hamlet*.
Hor. Heauen secure him.
Mar. So be it.
Hor. Illo, ho, ho, my Lord.
Ham. Hillo, ho, ho, boy; come bird, come.
Mar. How is't my Noble Lord?
Hor. What newes, my Lord?
Ham. Oh wonderfull!
Hor. Good my Lord tell it.
Ham. No you'l reueale it.

Hor. Not I, my Lord, by Heauen.
Mar. Nor I, my Lord.
Ham. How say you then, would heart of man once (think it?
But you'l be secret?
Both. I, by Heau'n, my Lord.
Ham. There's nere a villaine dwelling in all Denmarke
But hee's an arrant knaue.
Hor. There needs no Ghost my Lord, come from the
Graue, to tell vs this.
Ham. Why right, you are i'th' right;
And so, without more circumstance at all,
I hold it fit that we shake hands, and part:
You, as your busines and desires shall point you:
For euery man ha's businesse and desire,
Such as it is: and for mine owne poore part,
Looke you, Ile goe pray.
Hor. These are but wild and hurling words, my Lord.
Ham. I'm sorry they offend you heartily:
Yes faith, heartily.
Hor. There's no offence my Lord.
Ham. Yes, by Saint *Patricke*, but there is my Lord,
And much offence too, touching this Vision heere:
It is an honest Ghost, that let me tell you:
For your desire to know what is betweene vs,
O'remaster't as you may. And now good friends,
As you are Friends, Schollers and Soldiers,
Giue me one poore request.
Hor. What is't my Lord? we will.
Ham. Neuer make known what you haue seen to night.
Both. My Lord, we will not.
Ham. Nay, but swear't.
Hor. Infaith my Lord, not I.
Mar. Nor I my Lord: in faith.
Ham. Vpon my sword.
Marcell. We haue sworne my Lord already.
Ham. Indeed, vpon my sword, Indeed.
Gho. Sweare. *Ghost cries vnder the Stage.*
Ham. Ah ha boy, sayest thou so. Art thou there true-
penny? Come one you here this fellow in the sellerage
Consent to sweare.
Hor. Propose the Oath my Lord.
Ham. Neuer to speake of this that you haue seene.
Sweare by my sword.
Gho. Sweare.
Ham. *Hic & vbique?* Then wee'l shift for grownd,
Come hither Gentlemen,
And lay your hands againe vpon my sword,
Neuer to speake of this that you haue heard:
Sweare by my Sword.
Gho. Sweare.
Ham. Well said old Mole, can'st worke i'th' ground so (fast?
A worthy Pioner, once more remoue good friends.
Hor. Oh day and night: but this is wondrous strange.
Ham. And therefore as a stranger giue it welcome.
There are more things in Heauen and Earth, *Horatio*,
Then are dream't of in our Philosophy. But come,
Here as before, neuer so helpe you mercy,
How strange or odde so ere I beare my selfe;
(As I perchance heereafter shall thinke meet
To put an Antick disposition on:)
That you at such time seeing me, neuer shall
With Armes encombred thus, or thus, head shake;
Or by pronouncing of some doubtfull Phrase;
As well, we know, or we could and if we would,
Or if we list to speake; or there be and if there might,
Or such ambiguous giuing out to note,
That

【図 45】 この 2 葉は，後見用台本として使用するため（実際には使用されなかった）の書き込みのある『ハムレット』の部分に由来するものである。この 2 葉がもともとあったファースト・フォリオの一部で，同じような書き込みがある芝居が 2 本〔『間違いの喜劇』と『夏の夜の夢』〕，ほとんど落丁のない状態でエディンバラ大学図書館に所蔵されている。この 2 本は，

ファースト・フォリオ廃れる

一六八五年に出版されたフォース・フォリオがシェイクスピア・フォリオの最終版だが、これは直前の版（七本の芝居が加えられたサード・フォリオ別版）を再版しただけのものだったので、一七〇〇年代になると、フォリオ版に収録された芝居には校訂が必要だと考えられるようになった。セカンド・フォリオやサード・フォリオと同じく、フォース・フォリオでも、まえの版に見つかったすぐに目立つ誤植がたくさん修正され、綴りや句読法、ときには言葉までもが、「当世風に改変」された。ところが、再版されるたびに、新たな間違いが持ち込まれ、間違ってはいない箇所が「訂正」され、正真正銘の誤りを修正すべきところで、見当違いの推測をするといったことは避けられなかった。

一八世紀初期の編集者・校訂者たちは、後に出版されたフォリオ版はファースト・フォリオに比べて本文が粗悪であることに気付かなかった。ニコラス・ロウが一七〇九年に校訂した版は、ファース・フォリオを底本としている。ロウは慧眼ぶりを発揮する修正をいくつも行って見せたが、その一方で、セカンド・フォリオ以降に生じた誤植を直さなかった（あるいは誤って直した）。ロウに続く四人の校訂者のうち二人は、ファースト・フォリオを少なくとも「調べ」て、そこにあった本来の表現のいくつかを本文に戻している。しかし、四人の校訂者はみな、自分たちの版より一つまえに出された版に基づいて本文を組んだため、結果としてそれまでの誤りを繰り返すこととなった。(31)

当時の「典型的」なファースト・フォリオの所有者は、初期の編集者・校訂者たちの誤りにはほとんど気付かなかっただろう。ファースト・フォリオは、後のフォリオ版や校訂版より収録された芝居の数も少ない古い本であり、一六二三年の本文は明らかに粗悪であるといった程度の理解しかされていなかった。当時の編集者・校訂者が、先達が重ねた努力に競って改良を加える必要性があると考えたのも、まさにそうした理由からではないだろうか。一七〇〇年から一七五〇年までの半世紀の間に、最も多くのファースト・フォリオが捨てられてしまったと考えられる。

ファースト・フォリオへの関心の復活

ところが、一八世紀半ばになると、ファースト・フォリオがその後のフォリオ版や校訂版より遥かに重要だということに校訂者たちが気付き始めていた。一七六〇年代には、重要なシェイクスピア作品集が二つ出版されている。その二つの作品集の編者は、それぞれの序文で、後に出版されたフォリオ版はファースト・フォリオの再版にすぎず、ファースト・フォリオに比べて質が劣ることを指摘している。一七六五年に出した版でそう述べて他の誰よりも影響力を持ったのは、サミュエ

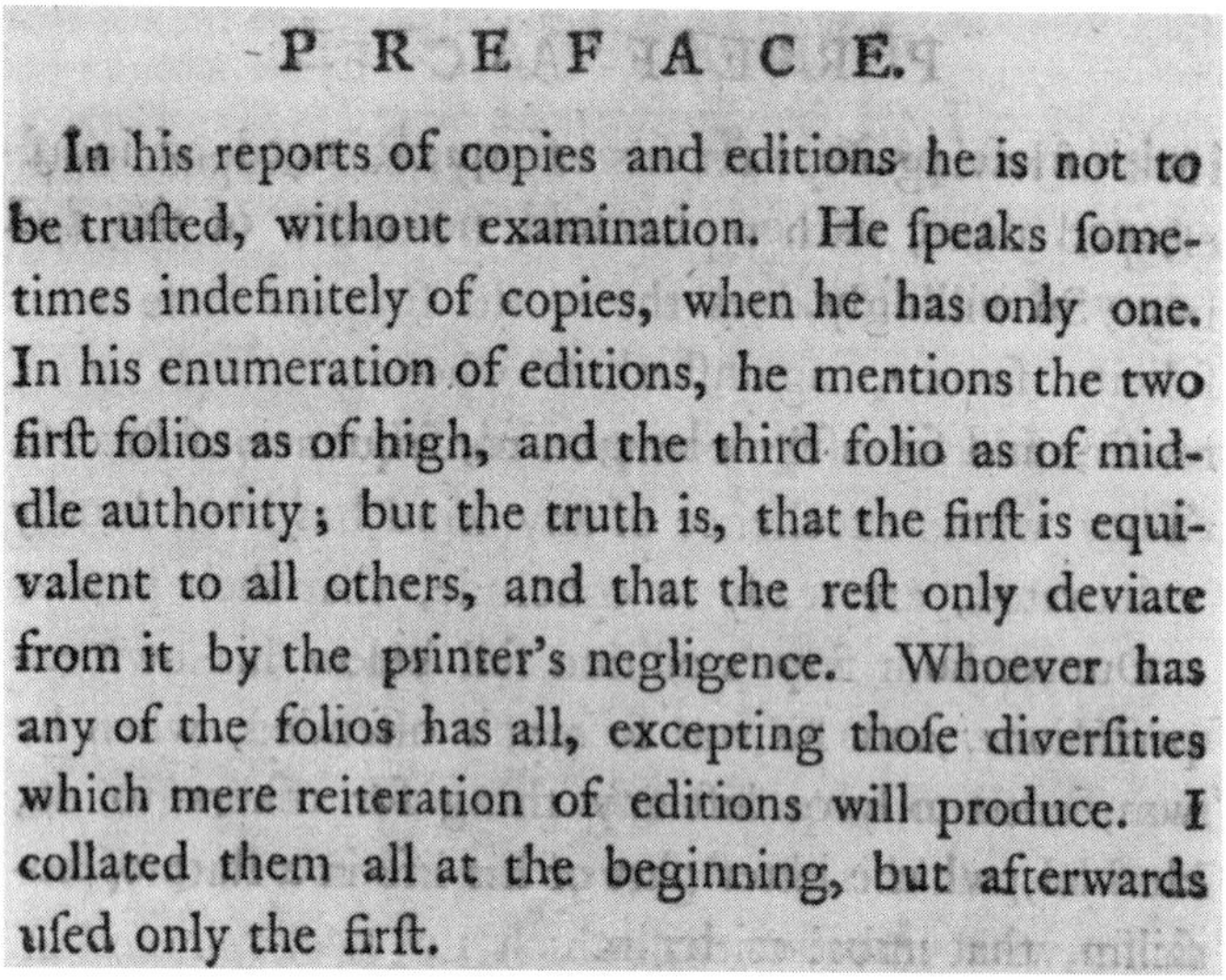

PREFACE.

In his reports of copies and editions he is not to be truſted, without examination. He ſpeaks ſometimes indefinitely of copies, when he has only one. In his enumeration of editions, he mentions the two firſt folios as of high, and the third folio as of middle authority; but the truth is, that the firſt is equivalent to all others, and that the reſt only deviate from it by the printer's negligence. Whoever has any of the folios has all, excepting thoſe diverſities which mere reiteration of editions will produce. I collated them all at the beginning, but afterwards uſed only the firſt.

【図 46】 フォリオ版作品集の中で，ファースト・フォリオだけが本文校訂の典拠となることを最初に指摘した 18 世紀の校訂者は，サミュエル・ジョンソンだった。1765 年出版の『シェイクスピア作品集』の「序文」で，彼はこのように指摘している。〔下は日本語訳。〕

〔序文　原本や版本に関するルイス・シーボルドの報告は，精査しなければ信頼できるものではない。彼は，自分が使用したフォリオに関して，それは 1 冊しかなかったのに複数あったようなことをいう。また，版本を列挙する際には，2 冊のファースト・フォリオが典拠としての価値が最も高く，サード・フォリオが中程度だというが，本当のところは，ファースト・フォリオは他のどの版に比べても価値が劣ることはない。他の版は，植字工の不注意によってファースト・フォリオから離れていくだけである。どの 1 冊でも良いから，ファースト・フォリオを持っていれば，それだけですべての版を所有しているのと同じで，その 1 冊を読んで分からないものは，版を重ねたことによって生じた数々の異同のみである。私は，最初のうちは，版による異同のすべてを照合したが，後になってからは，ファースト・フォリオだけを使った。〕

ル・ジョンソンだったが、ジョンソンがフォリオを活用したやり方は、序文に書かれた方針〔【図46】とキャプションを参照〕とはかけ離れたものだった。エドワード・ケイペル〔一七六〇年代の二人目の編者〕こそ、ジョンソンが力説した方法を二〇年にわたって実践していた人物であるが、彼は、あまりにも冗漫でひねくれた文章を書いてしまったせいで、一七六八年にやっと出た版に書いたその序文〔今ではシェイクスピア研究の重要な資料となっている〕さえも、しかるべき注目を浴びることはなかった。

ファースト・フォリオの重要性を文字で訴えたのはジョンソンとケイペルだったが、本格的なシェイクスピア研究にファースト・フォリオが欠かせないことを認識していた人々はすでに他にも存在していた。一七二〇年代から、シェイクスピアの本文に関する論争がちょっとした国民全体の娯楽となっていたので、ファースト・フォリオの特別な重要性が広く認識されるようになり、それに伴って〔ジョンソンとケイペルの時代にはすでに〕需要も伸びていた。

ファースト・フォリオの解体と綴じ直し

一七七〇年代後半には、ファースト・フォリオの需要は相当なものとなっていて、欠陥のあるファースト・フォリオを解体して別のフォリオを補完することが普通になっていた。文学者や文学の熱狂者が一番欲しがるものは、完全なフォリオ〔落丁がないと彼らが考えるフォリオ〕だった――(「無傷」のフォリオを

> Some of our legitimate editions will afford a ſufficient ſpecimen of the fluctuation of price in books.—An ancient quarto was ſold for ſix pence; and the folios 1623 and 1632, when firſt printed, could not have been rated higher than at ten ſhillings each.—Very lately, one, and two guineas, have been paid for a quarto; the firſt folio is uſually valued at ſeven or eight: but what price may be expected for it hereafter, is not very eaſy to be determined, the conſcience of Mr. Fox, bookſeller in Holborn, having lately permitted him to aſk no leſs than *two guineas* for *two leaves* out of a mutilated copy of that impreſſion, though he had ſeveral, almoſt equally defective, in his ſhop. The ſecond folio is commonly rated at two or three guineas.

【図 47】 1778 年頃までには，ファースト・フォリオの需要が非常に高くなり，落丁のあるフォリオを修繕するためのばらばらになったリーフに，書籍商たちは相当な値段を付けることができるようになっていた。ジョージ・スティーヴンズは，彼が度胆を抜かれたある販売例について〔彼の編集した『シェイクスピア作品集』（第 2 版）に〕このように記録している。〔下は日本語訳。〕

〔本の価格変動についていやというほど実例を挙げる版本が何冊か出ても許されるだろう。――かつては古いクォートが 1 冊 6 ペンスで売られていて，1623 年と 1632 年のフォリオは，出版当時は 1 冊 10 シリングで売られていた。――ところが，最近では，クォート 1 冊が 1 ギニーか 2 ギニーで売られるようになり，ファースト・フォリオには，通常，7 ギニーか 8 ギニーの値が付けられている。しかし，今後の価格がどこまで高騰するのかは簡単に予測できるものではない。ホルボーンの書籍商フォックス氏にははたして良心があるのか，ばらばらのファースト・フォリオから取った 2 葉の断片に 2 ギニーも吹っ掛けている始末である。彼の店には，同じくらいぼろぼろになったファースト・フォリオが数冊あるというのに。セカンド・フォリオは，通常で 2 ギニーか 3 ギニーの値が付けられている。〕

6 Every poſſible adulteration has of late years been practiſed in fitting up copies of this book for ſale.

When leaves have been wanting, they have been reprinted with battered types, and foiſted into vacancies, without notice of ſuch defects and the remedies applied to them.

When the title has been loſt, a ſpurious one has been fabricated, with a blank ſpace left for the head of Shakſpeare, afterwards added from the ſecond, third, or fourth impreſſion. To conceal theſe frauds, thick vermillion lines have been uſually drawn over the edges of the engravings, which would otherwiſe have betrayed themſelves when let into a ſupplemental page, however craftily it was lined at the back, and diſcoloured with tobacco-water till it had aſſumed the true *jaune antique*.

Sometimes leaves have been inſerted from the ſecond folio, and, in a known inſtance, the entire play of *Cymbeline*; the genuine date at the end of it [1632] having been altered into 1623.

【図 48】 スティーヴンズは，1793 年の改訂（最終）版に新たな脚注をいくつか加え，1778 年以降さらに事態が酷くなっていることに対する不満を述べている。彼がここで言及しているような刷り直された扉表紙の一例が，**【図 50】** である。〔下は日本語訳。〕

〔6　近年，この本〔ファースト・フォリオ〕の原本をでっち上げるのに，思いつく限りのあらゆる不義が行われている。

落丁があると，使い込んで潰れた活字を使って刷り直したリーフをそっと綴じ込み，もともと欠陥があったことも補修したことも知らせないということが起こっている。

扉が落ちている場合には，シェイクスピアの肖像を入れる空白のある偽物の扉をでっち上げ，その空白に，第 2 刷，第 3 刷，あるいは第 4 刷〔セカンド，サード，フォース・フォリオのこと〕から取った肖像が入れられるといったこともすでに起きている。そのようなペテンを覆い隠すための常套手段として，版画の縁に太い朱線が引かれることもあった。切り取られた肖像の縁をいかに巧みにページの枠に合わせようとしても，また，煙草のヤニ水を使って脱色し，紙が古くなって黄色く変色したように見せかけようとしても，切られた縁の部分はやはり目立ってしまうからである。

セカンド・フォリオから外したリーフを綴じ込むこともあった。知られている一例として，『シンベリン』が 1 本まるごとセカンド・フォリオのリーフということもあった。そして，芝居の末尾に入っていた日付［1632］は，1623 に変えられている。〕

捜す蔵書家もいたことは確かだが）出版されたときの状態をそのままとどめているからといって、蒐集家がそこに価値を見出していたわけではない。現在のように写真による複製技術のない時代には、落丁がないとされるフォリオだけが、一六二三年の時点で「完全」とされた本文をそのまま収録したものと考えられていた。したがって、本文を校訂したり注釈を付けようとしたりする者たちにとっては、本の状態そのものよりも、〔三六本の芝居が揃っている〕完全な状態であることが、重要だったのである。彼らが必要としたのは、作業用のフォリオだった（フォリオを購入すると彼らの多くはそこに書き込みをした）。一七七八年には、ある書籍商が、解体されたフォリオから取った二葉のリーフを二ギニー（二ポンド二シリング）で売ったことが知られていた。ジョージ・スティーヴンズは、その値段が当時の完全なフォリオ一冊に付けられた通常価格の四分の一であることに対して怒りを露にしている【図47】。その一五年後には、まがい物がより頻繁に流布するようになったことに、スティーヴンズは再び同様の憤りを覚えていた【図48】。流布していたのは、セカンド・フォリオから外されたリーフや、わざわざ現物を模写してつくり上げた扉表紙を用いて、不完全なファースト・フォリオを補完してより完全に見せかけるようなまがい物だった。

不完全なフォリオを偽ってでも完全なものにしたいという思いは、たいていは悪意のないものだった。それは、絵空ごとではなく、完全だという「見せかけ」を装いたいという欲求にすぎなかった。しかし、不謹慎極まりない書籍商がいたことも確かで、装いを偽ったフォリオが無傷のものとして売られていたことは間違いない。新たにフォリオを購入した人がそのフォリオを欠陥のないものと見比べるか、あるいは、その人が本物と偽物の紙の見分けがつくようにならなければ、何十年も偽装が見破られないままだったかもしれない。とはいえ、そうした偽装は、密かにというよりはおおっぴらに行われることの方が多かった――ときには、客がフォリオを買い求める際に、または、購入した後に、製本を依頼する感覚で、お金を払って依頼することもあったかもしれない。しかし、そのフォリオが転売されることになると、そのようなときこそ、偽装フォリオとなって売られた可能性が高い。素性の分からないフォリオを完全と偽って売る書籍商がいたかもしれないが、フォリオについて何も知らない書籍商も同じ数だけいたと考えられる。

修繕や差し替えを最も必要としたのは、前付け（特に遊び紙と扉表紙）と『シンベリン』の末尾の数ページだった。差し替えが必要となるのは、巻末より巻頭の部分であることの方が多いが、もし芝居の本文に落丁があるとなれば、話は別である。ファースト・フォリオの本文を細かく調べるつもりのない人にとっては、セカンド・フォリオからリーフを外して使うことが、最も手間のかからない方法だった。その場合は、出版業者名が記された箇所〔『シンベリン』が終わるページの最後〕に印刷された出版年を消したり、一六二三年と書き替えたりすれば済んだだろう。ファースト・フォリオを詳しく調べようとする人には、完全なフォリオの本文を手書きで丁寧に書き写したものの方が好まれた。ジョン・ハリスという伝説に語り継がれる人物がその代表格だが、一九世紀に模写を行った者たちの中には、フォリオに精通した専門家でも見抜けないことがあるほど、本物そっくりに書き写すことができる者もいた。

学者が作業に使うフォリオとしては、前付けは芝居の本文ほど重要ではなかった。前付けの一葉か二葉が欠けていても、ファースト・フォリオの本文の価値は何ら変わらないので、そのままでも我慢できるものだった。どうしても前付けが必要であれば、セカンド・フォリオから外されたリーフをもって差し替えても、多くの場合は、それで良しとされた。しかし、フォリオを所有する者のすべてが口をそろえて欲しいといい、それなしでは、いくら年季の入ったフォリオであってもまったく買う価値はないとされた一葉だけは、唯一の例外だった。その一葉とは、扉表紙である。

扉表紙を捜し求めて

一八六〇年代以前にフォリオを購入した人々は、差し替えられた扉表紙がファースト・フォリオのものに全体的に似通ってさえいれば、収録された芝居そのものに求めていたような厳密な正確さは求めなかった。扉表紙が手書きされたファースト・フォリオが何冊か残っているが、それらはペンで模写したとはいいがたい代物である【図49】。他のフォリオには、スティーヴンズが不平を述べているようなやり方で複製された扉表紙が用いられている。それは、活版印刷の文字が数行並んだ扉表紙で、シェイクスピアの肖像を入れる空白が用意されたものである。この手のものは、少なくとも三種類のものが残っていて、そのうちの一種類は、一七九三年にスティーヴンズが言及したも

Mr. William
SHAKESPEAR'S
COMEDIES
HISTORIES
& TRAGEDIES
Published according to the True Originall:
This Edition Printed 1623

【図 49】 フォルジャー・フォリオ 42 は，素人が修繕した扉表紙の一例である。出版当時の扉表紙のかなりの部分を残してはいるものの，原物に少しでも敬意を払いながら復原しようと苦心した形跡がまったく見てとれない。

Mr. WILIAM
SHAKESPEARES
COMEDIES
HISTORIES, &
TRAGEDIES,
Publiſhed according to the True Originall Copies.
LONDON
Printed by Iſaac Iaggard, and Ed. Blount. 1623.

【図 50】 この扉表紙は，文字部分を刷り直し，版面に設けられた中央の空白にセカンド・フォリオから取られた肖像が糊付けされたものである（フォルジャー・フォリオ 41)。文字部分を組み直したこのようなものが少なくとも 3 回刷られており，その中の 1 枚は，1793 年にジョージ・スティーヴンズが言及したものである。この写真の 1 枚はおそらく 1793 年より後に製作されたものである。もしスティーヴンズが 1 行目の “WILIAM” という誤植を見ていたなら，きっとそのことに言及していただろう。

Mr. WILLIAM
SHAKESPEARES
COMEDIES,
HISTORIES, &
TRAGEDIES.
Publifhed according to the True Originall Copies.
LONDON
Printed by Ifaac Iaggard, and Ed. Blount. 1623.

【図 51】 この扉表紙は，1807 年に出版された活字転写版のものである。彫り直された肖像は，ファースト・フォリオのものより気品が漂う，尊敬すべき劇作家といった雰囲気を醸し出している。この扉表紙は，1850 年代までは，ファースト・フォリオのもともとの扉表紙が紛失していたり，損傷していたりした場合の差し替えのリーフとしてよく使われたもので，フォルジャー・フォリオの中にも同じ扉表紙が入っているものが複数冊ある（この写真は，フォルジャー・フォリオ 52）。

Mr. WILLIAM
SHAKESPEARES
COMEDIES,
HISTORIES, &
TRAGEDIES.
Publifhed according to the True Originall Copies.
LONDON
Printed by Ifaac Iaggard, and Ed. Blount. 1623.

年に製作された複製版の紙片を使って接ぎはぎし，本物らしく見せかけることにある程度成功している一例である（フォルジャー・フォリオ78)。

M^R. WILLIAM
SHAKESPEARES
COMEDIES,
HISTORIES, and
TRAGEDIES.
Publiſhed according to the true Originall Copies.
The ſecond Impreſſion.

LONDON,
Printed by *Tho. Cotes*, for *Robert Allot*, and are to be ſold at his ſhop at the ſigne of the Blacke Beare in Pauls Church-yard. 1632.

【図 52】 **左**は，セカンド・フォリオの扉表紙である。**右**は，ファースト・フォリオの中に綴じられた**左**とは別のセカンド・フォリオの扉表紙で，1866

のだと思われる。他の一種類は、おそらく一七九三年より後のもので、標題の一行目に“WILIAM”〔Lの文字が一つしかない〕という誤植があることからすぐに見分けがつく【図50】。

破損した扉表紙の肖像が無傷である場合、それを複製したページに貼り付けることは、本質的には、差し替えというより修繕であった。ファースト・フォリオの扉表紙の数が不足していることは明らかだったので、もともとの肖像が修繕用にたくさん売りに出されていたとは考えにくい。複製の扉表紙に貼り付けられた肖像がファースト・フォリオのものと同じに見えるのであれば、それは残っていたファースト・フォリオの現物から取られたということも考えられるだろう。しかし、もっと一般的に行われていたのは、肖像を、セカンド・フォリオ以降の版から取ってくるというやり方だった——多くの場合、銅板刷りの仕上がりがファースト・フォリオ第三段階の肖像と見分けがつかない（が、紙に透かしが見えれば、見分けがつく）セカンド・フォリオ【図52左】から取られた。扉表紙にこの種の肖像がある数冊のフォリオについていえば、肖像はセカンド・フォリオ以降の版から取られたものである。肖像が手書きされているだけのものや、肖像がないフォリオも数冊ある。肖像がないフォリオについては、その理由が、フォリオの本としての完全性のみを意図して修繕されたからなのか、肖像が入手できなかったからなのか、それとも耐久力のある接着剤を使用しなかったからなのか、確実なことは分かっていない。

「活字転写」版（行と文字を対応させた再版）は、一八〇七年に初めて出版された。この活字転写版には、ファースト・フォリオの肖像を模倣して彫り直した肖像が刷られている。その後半世紀は、たいていはこの扉表紙が本物の代わりに使われた【図51】。また、この扉表紙がそれよりもまえに即席でつくられた扉表紙と差し替えられることもあったかもしれないし、差し替え用として扉表紙だけは余分に刷られたかもしれない。というのは、差し替えられたほとんどが（"Shakespeare 1806"という透かしの入った）特製の用紙に印刷されているからだ。一八〇七年の扉表紙の印刷が終わって間もなく、同じ扉表紙の活字部分が組み直され（行間が違っていることから分かる）、それが銅版画と一緒に、一七世紀の用紙数枚に印刷されている。その裏面に印刷者名が記されていないことから推測すると、この数枚は、騙すことを目的に刷られたものかもしれない。

一八六六年には、フォトリソグラフィによるフォリオの複製版が初めて印刷された。すると間もなく、扉表紙以外の差し替えのリーフをつくる際にも、たいていこの技術が用いられるようになった。複製版を切り取った紙片が、ファースト・フォリオの欠陥のあるリーフの修繕に使われることもあった。少なくともファースト・フォリオを買った一人は、一八六六年に刷られた扉表紙から切り取った紙片を使い、セカンド・フォリオの扉表紙（購入したファースト・フォリオにもともと綴じ込まれていたと思われる）をファースト・フォリオのものにより近づけようとしている【図52右】。

断片の末路

欠陥のあるファースト・フォリオの所有者は、もし可能ならば、落丁のある箇所を他のファースト・フォリオから外されたリーフを用いて修繕したいと考えていた。そのため、書籍商たちは、酷い欠陥のあるフォリオの断片を差し替えのリーフを取るのに使った。一九世紀になると、書籍商たちは、リーフを失って薄くなったフォリオを仲間うちで売買し始めた。「屑物」フォリオとして取引されたフォリオの中には、その形状からかなり目立つものもあった。特徴的な書き込みがあるものも数冊あり、他に縁どりのし直しがあったり、異様な寸法に切られていたりするものや、縁に色付けがしてあったり、局所的に虫食いがあるなどの目立つ特徴のある屑物もあった。そうしたフォリオから外されたリーフが、修繕されたフォリオに綴じ込まれているのが見つかることはよくある。屑物フォリオであったことがすぐに分かるファースト・フォリオの一例としては、校訂を計画していたと思われる学者がかつて所有していたものがある。この所有者は、一行一行について、それらをセカンド・フォリオ以降のフォリオ版や一七五〇年以前に出された主要な校訂版と比較する書き込みを残している。そのフォリオから外されたリーフが、三冊のフォルジャー・フォリオに綴じ込まれているのが発見されていて、さらに目録にない断片の中にも、そのフォリオに由来するリーフがある。

一九世紀末には、ファースト・フォリオの入手は以前に比べて明らかに難しくなっていた。まだ入手が難しくなるまえに、学会や公共機関の図書館が状態の良いフォリオをたくさん購入してしまったからである。一方、アメリカの蔵書家たちが英国の蔵書家たちを凌ぐ経済力を養い、フォリオ蒐集に熱心になっていたため、アメリカへ流入するフォリオの数が増えていった。そうなると、書籍商たちは、それまで解体して他のフォリオの修繕に充てていた断片に新たに注目し、その中で状態の良いものを状態の悪いものから外したリーフを使って修繕し始めた。そして、状態の悪い屑物はどんどん薄くなっていった。やがて、書籍商と蔵書家の双方が、どんなに酷い状態にあろうと、ばらばらになったリーフを集めて新しく「完本」をつくる挑戦を始めた。そして、一葉一葉のリーフまでもが互いの欠陥部分の補完に使われるようになり、欠陥のあるリーフが、さらに大きな欠陥のあるリーフを切り取った紙片で接ぎはぎされるようなことも起こり始めた。

通常、現存するファースト・フォリオの数は二三〇ないし二四〇と推定されている。この数字は、ばらばらのリーフを寄せ集めてつくった「完本」を数えたものである——つまり、十数冊の壊れたフォリオから寄せ集めたリーフで再形成されたものを一と数えている場合もある。一部の断片だけでも存在するものを一と数えるなら、現存するファースト・フォリオの数は、おそらく、三〇〇近くになるだろう。

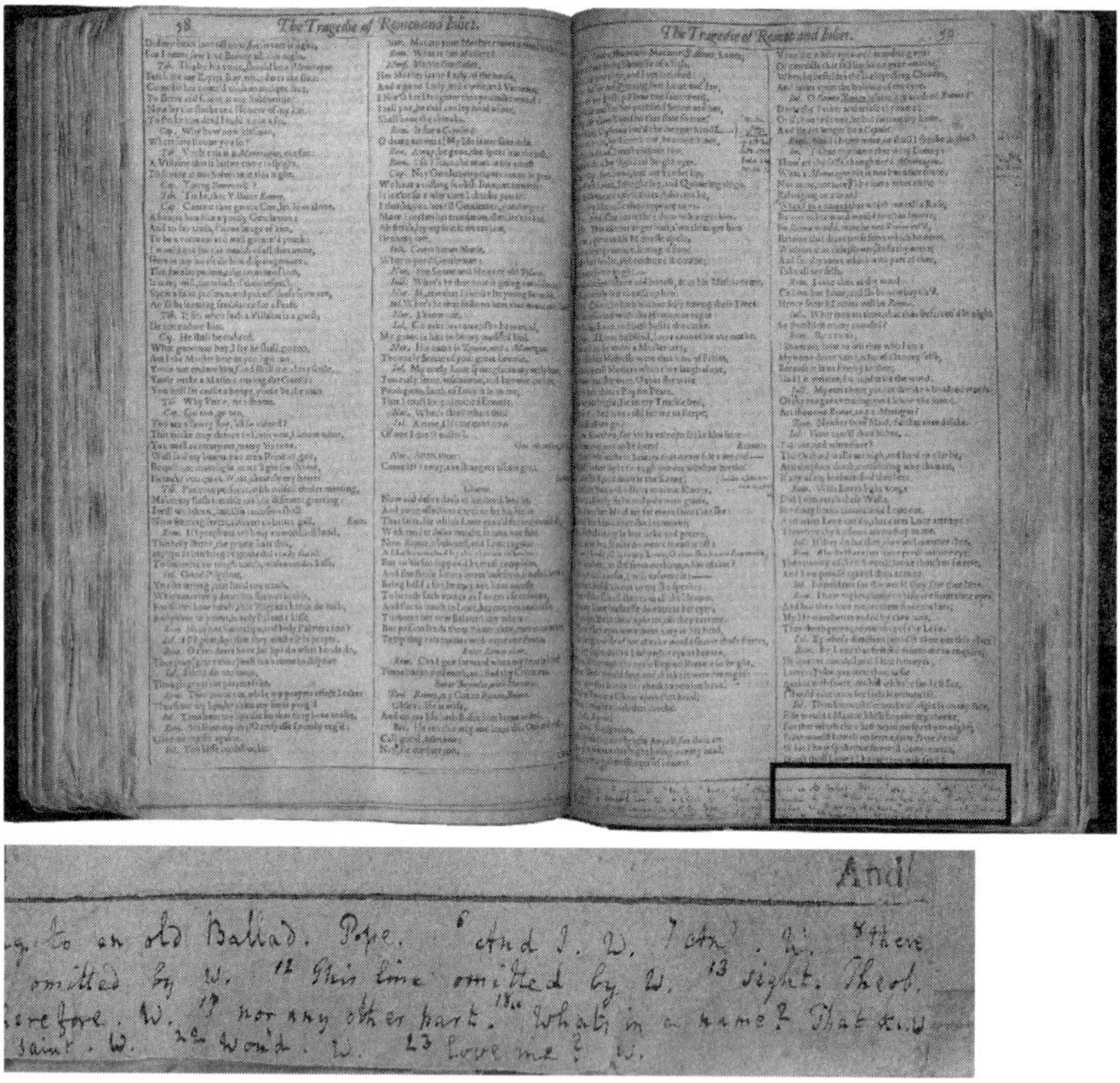

【図 53】 フォルジャー・フォリオ 63 は，数冊のフォリオの断片を寄せ集めてつくったものである。右側のリーフ（「悲劇」，59 ページ）は，芝居本の校訂を企図していたかもしれない 1 人の学者が書き込みをしたフォリオから外された 5 葉のリーフのうちの 1 葉である。ファースト・フォリオをその後の 3 つのフォリオ版と，1750 年以前に出版された主要な 5 つの校訂版に照らした結果が書き込まれている。〔下は □ で示した部分の拡大写真。〕

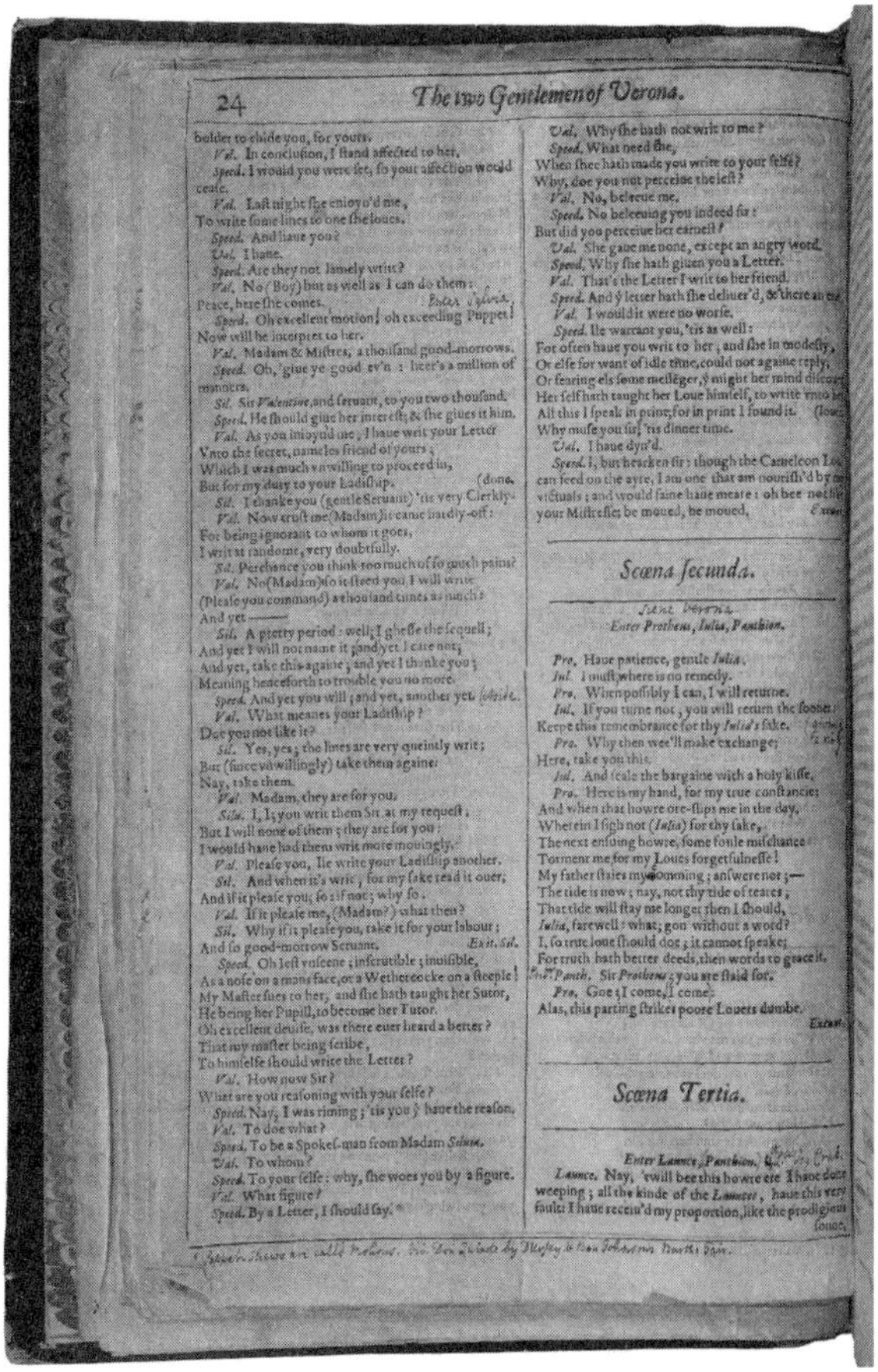

【図 54】 フォルジャー・フォリオ 76 は，ドロモア主教トマス・パーシーが所有したもので，過去には前付けの部分と本文の最初の 12 葉が落丁していたことがあった。後にその部分は他のフォリオから外されたリーフで補完された。写真は，補完した部分の最後のページである（「喜劇」，24 ページ）。12 葉が外されたフォリオは，フォルジャー・フォリオ 63〔【図 53】〕の 5 葉を補うのに使用した書き込みのあるフォリオである。

偉大なる蔵書家

ファースト・フォリオの縮小複製版〔J・O・ハリウェル＝フィリップスによる複製版〕が、一八七六年に出版された。一八八五年に結婚して間もない頃、ヘンリー・クレイ・フォルジャーは、「シェイクスピアの芝居を出版された当時の形で見る」ことができるようにと、その複製版を一冊、妻に贈っている。その四年後、フォルジャーは一冊目の古版を購入した。その一冊は、フォース・フォリオだった。シェイクスピア作品の古版を集めた史上最大級にして極めて意義ある蒐集は、こうして始まった。

フォルジャーがシェイクスピア作品集を初めて購入したのは、アマースト・カレッジの四年生のときだった。エマーソンの「シェイクスピア生誕三〇〇周年の記念式典に寄せての所見」に触発され[32]、シェイクスピアの芝居を学ぼうとしてそれを買い求めたのである。一八七九年に大学を卒業すると、フォルジャーは、石油精製会社スタンダード・グループ〔スタンダード石油会社〕の一部となっていたチャールズ・プラット・アンド・カンパニーに事務職員として就職した。彼はまた、働きながらコロンビア大学にて法学を学び始め、一八八一年に優等で法学士の資格を得て、ニューヨーク州法曹協会に登録された。その四年後、ヴァッサー・カレッジで学んだエミリー・クララ・ジョーダンと結婚した。

結婚するまえは、フォルジャー夫妻は、いずれも本格的にシェイクスピアを学んではいなかったが、二人が共有したシェイクスピアへの情熱は、やがて二人の人生における最大の関心事となった。ヘンリーは、スタンダード石油会社で出世すると（一九一一年に社長、一九二三年に会長となった）、増えてゆく財産を本の蒐集に充て、蔵書をどんどん増やしていった。やがて、フォルジャー夫妻は、シェイクスピアに関するあらゆる主要研究書にも通じるようになり、エミリーはついに英文学修士の学位請求論文を提出し、一八九六年にヴァッサー・カレッジより学位が授与された。

当初からヘンリー・フォルジャーの蒐集の的はシェイクスピアのフォリオ版、特にファースト・

【図55】　ヘンリー・クレイ・フォルジャー

【図56】　エミリー・ジョーダン・フォルジャー

フォリオだった。しかし、クォートや詩集〔一七世紀に詩集は八つ折本（オクテイヴォ）の形でも出版されている〕を無視したというわけではなく——クォートや詩集の蒐集でもフォルジャーに勝る者はなく、世界に一冊しか残っていない一五九四年のクォート版『タイタス・アンドロニカス』[33]を入手したことは、彼の最も誇るべき偉業の一つである——、彼は、フォリオ以外にもあらゆる種類のシェイクスピア文献を集めていた。しかし、シェイクスピアが種本とした資料や研究書、劇場の遺物や芝居のビラ、また肖像や他の蒐集の的となり得るシェイクスピアの遺品を捜すことは滅多になく、ただひたすら、一冊でも多くの逸品フォリオを購入しようとしていた。

一九二八年、フォルジャーは、アメリカ国民への寄贈として蒐集品を収蔵するための図書館を、ワシントンに設立するつもりであることを正式に表明した。しかし、一九三〇年、礎石が据えられて二週間後、ヘンリーは心臓発作で亡くなり、その夢の実現を目にすることはなかった。晩年には、ヘンリーが蒐集した四種類のシェイクスピア・フォリオの数は、各々の版が出版されてから今日までいかなる場所に集められた数をも上まわっていた——そのうち、ファースト・フォリオの数は、現存するものの約三分の一となった。

空前の数字を達成したあらゆる企てがそうであるように、ヘンリー・フォルジャーの蒐集に関しても多くの伝説が生まれた。本が箱から取り出されるまで、夫のヘンリーが一体何冊集めたのかは当のヘンリーも妻のエミリーも分からなかったという話がある。しかし、実際には、二人は几帳面に購入記録を付けていたし、蔵書数を公に吹聴することはなかったが、秘密にすることもなかった。

ヘンリーが四〇冊目のフォリオを購入すると、夫妻の友人だったH・H・ファーネス（著名なシェイクスピア研究者であり編者[34]）はヘンリーに、「フォーティー・フォリオ・フォルジャー」という綽名を付けている。また、蔵書が四九冊に達すると、タフト元大統領が「五〇冊目はイエール大学にある」とほのめかしたのを喜んで受け〔フォルジャーがW・H・タフトに会ったのは一九一一年四月〕、エリザベス朝研究会〔イエール大学に一九一一年に創設された文学社交界〕から五〇冊目となるフォリオを買い付けた。研究図書館を設立するというヘンリーの計画が、一九二八年に公にされるまではエミリーにしか知らされていなかったという噂も、つくり話である。一九二三年に行ったある講演（後に出版されている）で、エミリーは「シェイクスピアの研究のために来館される方々のお役に立てるシェイクスピア図書館を念頭に置き、フォルジャーの蒐集はややファースト・フォリオに特化する傾向にありました」と公に述べている。

エミリーとその修士論文にまつわる伝説もある。ヘンリーは財産を有していたが、本文の異同を捜すには何冊ものフォリオの本文比較が欠かせないと時代を先取りして考える頭脳を有していたのはエミリーだった、などといわれることがある。また、その一方では、エミリーは、「シェイクスピアの真の本文（The True Text of Shakespeare）」〔エミリーの論文の題名〕を明らかにするには、最終的には複数の原本を比較するしか方法はないと考えていたとして、非難されることもある。しかし、どちらも正しくはない。エミリーの論文は、その分野や時代において異彩を放つものではなく、また、一つ一つの点において、当時の一般的な考え方にしたがっており、結論に至るまで斬新なところはない。要点はすべて、すでに受け入れられていた説に基づくものであり、また、そういった説に対して賛成や反対の考えを示す際にも、他の研究者の学説を挙げたり引いたりしている。（特に本文の問題については）明らかに独創的と思われる考えは提示されていない——著者の奇抜な考えを裏付けていると思えるような箇所も見当たらない。

　ヘンリーがまるで憑かれたかのように入手できる限りのファースト・フォリオを求めた理由は、本文のすべての異同を見つけるには、多くの原本を照合することが重要だと信じたからのようだ。本文に異同があることを最初に知ったのは、ヘンリーだったのか、それともエミリーだったのかは、定かではない——しかし、本文に異同があるという事実は、少なくとも一八四〇年代以降には、研究者の知るところとなっていた。異同を調べることで「真の本文」が確定できるとフォルジャー夫妻が考えていたことは事実である——しかし、ファースト・フォリオの「真の本文」が確定できるという常識的な意味を超えてはいなかった。エミリーの論文のタイトルが特化して言及しているのはファースト・フォリオである。「それ〔ファースト・フォリオの「真の本文」〕はシェイクスピアの書いた本文ではないにせよ、ファーネスがいうように、それに可能な限り近づくものである」と、その論文は結ばれている。

「ギルバーンの」フォリオを求めて

ファースト・フォリオの購入を始めた頃は、フォルジャーは入手できればどのようなフォリオで

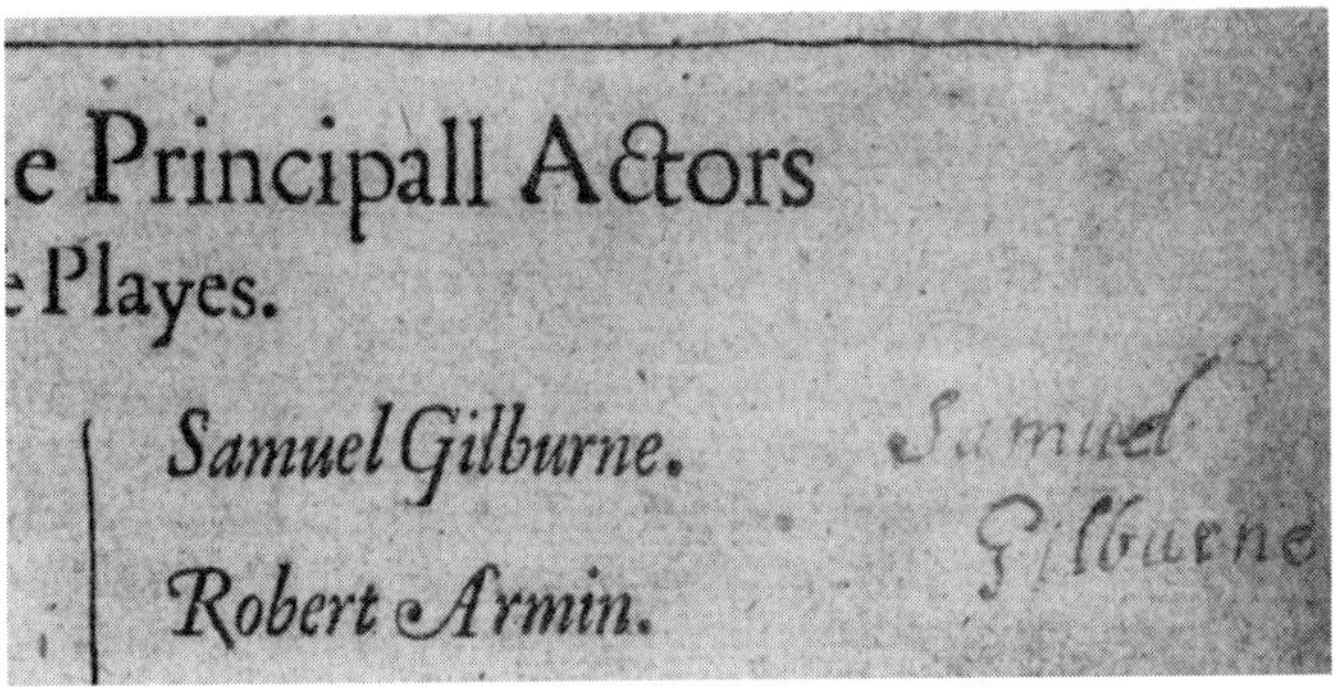

【図 57】 フォルジャー・フォリオ 12 にあるサミュエル・ギルバーンの署名かもしれないと考えられた書き込み。ただし，ギルバーンが 1623 年に生存していたか否かは分かっておらず，これが本物であることを裏付ける彼自身の筆跡も見つかっていない。

も買いあさっていた。ようやく完全なフォリオを最初に入手したのは、蒐集を始めてから数年が経過してからだった。蒐集人生の半ばになると、以前より識別ができるようになり、他のフォリオに比べて状態が劣っていると思うものや値段が高すぎると思う数冊のフォリオの購入を断っている。しかし、これぞと思うフォリオに目が止まると、その一冊を根気強く追い求めることがあった。

そのような一冊が、一九一九年五月のロンドンの古書目録に掲載され、フォリオの前付けに「主要な役者」の一人として名前が挙げられているサミュエル・ギルバーンのものだった「可能性がある(probably)」という説明の入ったものだった。ギルバーンに関しては、一六〇五年以前にオーガスティン・フィリップスという役者のもとで下積み生活をしていたことと、そのフィリップスの遺言状に名前が出てくること以外は、ほとんど何も知られていない[35]。そのフォリオには、サミュエル・ギルバーンという名前が刷られたすぐ隣に、当時の筆跡でギルバーンの名前が手書きされていて、ひょっとするとそれは本人のサインなのかもしれない【図57】。

このフォリオは完全なものではなかったが、法外な値段でもなかったので、フォルジャーはそれを注文した。ところが、ニューヨークのガブリエル・ウェルズ〔著名な古書籍商〕が、おそらく古書目録の見本を読んでいたと思われるある匿名の顧客の注文を受け、すでにそれを買い取ってしまっていた。フォルジャーは六月にウェルズに手紙を書き、求められれば目録価格よりも高値であっても構わないから、その人物にフォリオを売るつもりはないかと問いあわせた。八月と一〇月にも手紙を送ったが、結局、受け取った返事は、その人物は話に興味がないというものだった。一一月には六〇〇〇ドルという値段――目録にあった当初の値段の二倍の額――を提示したが、その人物は、それでもフォリオを手許に置きたいといい、自分の所有している唯一のフォリオを売ろうとはしなかった。

一九二〇年一月、ウェルズは上質のフォリオを一万一五〇〇ドルでフォルジャーに勧めた。フォルジャーはそれを購入せずにある取引を提案した。そのフォリオをギルバーンの名前入りのフォリオを買った人物に、その人物が買ったフォリオの値段に三〇〇〇ドルを上乗せした価格〔つまり現物と三〇〇〇ドル〕で買う気がないか勧めてみて、もし買うということになれば、ウェルズが提示した一万一五〇〇ドルとの差額はフォルジャーが支払うという取引である。しかし、三〇〇〇ドルという額は、その人物が喜んで支払える額ではなかったようだ。三ヶ月後の三月、ウェルズはフォルジャーに別の良質のフォリオを勧めた。フォルジャーは、今度は、ギルバーンの名前入りのフォリオの価格に

下の【図 58】と【図 59】は，ファースト･フォリオにある本文の文字をそのまま模写した書き込みの例である。このような書き込みがよく見つかっていることから，ギルバーンの「署名」とされる書き込み〔【図 57】〕も，ギルバーン本人の直筆であるというより，これらと同様の書き込みである可能性が高い。

【図 58】 フォルジャー・フォリオ 58 には，役者一覧の下にジョン・ライスの名前が書き写されている例がある。これは子供が書いたものと思われる。

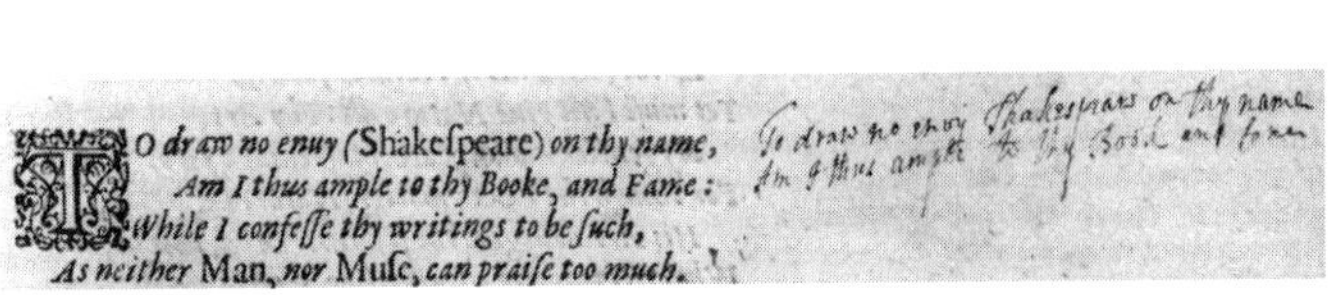
TO draw no enuy (Shakeſpeare) on thy name,
Am I thus ample to thy Booke, and Fame:
While I confeſſe thy writings to be ſuch,
As neither Man, nor Muſe, can praiſe too much.

【図 59】 フォルジャー・フォリオ 70 には，ベン・ジョンソンによる頌詩の最初の 2 行がそのすぐ脇に書き写されている例がある。

二三〇〇ドルを上乗せした価格を提示して、一月と同様の交換条件を突き付けたが、また断られてしまった。その後ウェルズとの間に交わされた通信の一部は紛失してしまっているが、最終的には、一九二〇年五月に、フォルジャーはギルバーンの名前入りのフォリオを入手している。どうやら、八八〇〇ドルで落札したフォリオと交換しただけのようである。

残念なことに、この俗にいうギルバーン・フォリオ（Gilburne copy）がギルバーン本人のものだった可能性はわずかで、フォルジャー自身も根拠は極めて薄弱であると知っていたに違いない。書かれた名前はサインとして書かれたもののようには見えない。また、印字された名前や語句の脇に同じ文字を手書きするというのは、未就学児がよくやる「いたずら書き」のやり方でもある。とはいえ、ギルバーンの筆跡は分かっていないので、このフォリオが彼のものではなかったと断定することもできない。フォルジャーは、少しでも可能性があれば、躊躇なくそれに賭けることを好んだのである。

フォルジャーがヴィンセント・フォリオを入手した経緯

フォルジャーが集めたファースト・フォリオには、上等なものも数冊あり、そのうちの二冊は、現存する中で最も上質なものである。しかし、フォルジャーが最も大切にした一冊は、ページもすべて揃っていないフォリオである。最初に集めた六六冊に番号を付したとき、フォルジャーが目録の筆頭に挙げたそのフォリオは、一六二三年にウィリアム・ジャガードの名前でオーガスティン・ヴィンセントに贈られたものである。

このヴィンセント・フォリオは、一八九一年に古書籍商A・B・レイルトンが、リンカンシャーのキャンウィック・ホールにおいて、コニングスビー・シブソープの蔵書の中から発見したものだ。発見されたとき、そのフォリオは装丁が破損して紐で結ばれた状態の不完全なもので、馬車置場にあった本箱の上に置かれて埃まみれになったフォリオ判の本ばかりが積まれた中に紛れていた。レイルトンを手伝っていた一人が、「これはどうしようもないものですよ。ただの古い詩です」といって、レイルトンのところにフォリオを投げ渡したのだった。

レイルトンはそのフォリオの価値を知ると、シブソープに代わって修復させた。入手できなかったリーフ二葉以外の欠落部分はすべて別の一冊のフォリオから取って補わせ、その二葉——見返しの遊び紙と巻末の一葉——は複製で補わせた。もともとの製本様式を注意深くまね、リーフの端を切り揃えることはせず、表紙ボールに付けられた紋章入りの革も装丁に組み込んだ。リーフの端を切り揃えるかどうかというのは重要な問題だった。というのも、ヴィンセント・フォリオがまったく切られたことのないフォリオというのは正しくはないが（最初の製本師が、本から目立ってはみ出してしまう一番大きなリーフの耳の部分を切って全体の大きさを揃えていたようだ）、このフォリオは、当時印刷されたファースト・フォリオ本来の姿と思われる大きさに最も近いものだったからだ。[36] 修復したフォリオをシブソープに返すとき、レイルトンはそれを購入したいという旨をほのめかしたが、鄭重に断られてしまった。

レイルトンがまだそのフォリオを預かっていたとき、大英博物館の専門家たちが調査を行い、シドニー・リーがある記事にそのことを書いた。フォルジャーは、リーの記事を読んでそのフォリオの存在を知り、後に大英博物館の報告書を見た。一八九九年三月、フォルジャーは、自分の代理人としてシブソープに掛け合ってほしいと、レイルトンに依頼した。レイルトンは慎重にことを進めたが、六月にフォルジャーに報告した内容はすぐに呑めるものではなかった。シブソープが提示した額は、五〇〇〇ポンド（二万ドルを遥かに超える額）という前例のないものだった。このような額なら誰も手が出せまいとシブソープは考え、また、誰にも手を出してほしくないと考えたのだと思われる。フォルジャーは四〇〇〇ポンドで――うち半分は即金で支払い、残りの半分は一九〇〇年一月一日に支払う条件で――購入したいと提案したが、シブソープは五〇〇〇ポンドという価格を変えなかった。フォルジャーはレイルトンに、四五〇〇ポンドでもう一度交渉してくれないかと頼んだ。もしどうしてもというのであれば、五〇〇〇ポンドで手を打つ用意はあったのだが、一月一日までは、二〇〇〇ポンドしか支払うことができなかった。

条件を付ければ、シブソープが取引を撤回することをレイルトンは知っていたので、フォルジャーの提案通りに交渉を進めることはしなかった。機転をきかせ、五〇〇〇ポンドでの取引を提案すると、シブソープはそれを受け入れた。支払い条件があったことを後に知ると、シブソープは喜ばなかったが、一月一日という期日には納得し、フォルジャーは都合の良い方法で、また都合のつく日にレイルトンに支払いをすれば良いということになった——ただし、シブソープは五〇〇〇ポンドの一括現金払いによる単純な取引を求めた。一一月には、おそらく、シブソープはフォリオに値を付けたことじたいを後悔していただろう。フォルジャーにとっては、レイルトンに手付金の二〇〇〇ポンドを支払った時点で売買はすでに成立していたので、彼は一月までフォリオを安全に確保しておきたいと要望した。一方、シブソープにとっては売買など成立してはいなかったので、フォリオをキャンウィック・ホールに置けなくなってしまうという含みがあることに憤慨した。

一二月、惨事が襲った。フォルジャーはリーの記事と大英博物館の報告書を読んでいたのだから、フォリオの状態を十分に把握しているだろうと、レイルトンは考えていた——しかし、どちらにもフォリオの状態が十分に説明されていなかった。別の書籍商がフォルジャーに、手紙でその状態をかなりけなして書き送ったことから、フォルジャーは、自分は複製したリーフ二葉が入っているフォリオを前例のない額で購入しようとしていたことを初めて知った。説明を求めると、レイルトンは意図して騙そうとしたわけではないといったが、フォルジャーは不満を拭いきることができなかった。彼が五〇〇〇ポンド支払う用意があるといったのは、すべてのリーフが本物であると信じたからだった。複製のリーフ二葉を本物と差し替えるなら提示した額を支払うが、そうでないなら四〇〇〇ポンドしか支払わないと、フォルジャーは態度を翻した。条件を変えれば取り返しのつかない結果になるとレイルトンが警告したため、フォルジャーは一九日、残りの三〇〇〇ポンドを送った。しかし、二二日、フォルジャーは新たな条件を突き付けた。それは、彼がフォリオを受理して、調査を終えるまでは、シブソープに金を渡してはならないというものだった。断固たる二人の板挟みとなり、レイルトンはできる限りの手を尽くしはしたが、フォルジャーの同意がなくては期日に取引をまとめることなどできはしなかった。一月三日、シブソープは、もうフォリオを売却するつもりはないので、手付金の二〇〇〇ポンドを返却するようレイルトンに指示した。フォルジャーの反応は、「無条件で購入したい」というものだった（しかし、それでもフォルジャーは、レイルトンがフォリオを入手した際に、もし可能なら、それを調査した後に四八〇〇ポンドで売り戻せるようにしてほしいと依頼した）。

しかし、シブソープはもはやフォリオを売る気はなかった。六日には、シブソープが新たな提案を棄却したため、翌日の七日、フォルジャーは六〇〇〇ポンドでの無条件購入をもちかけた。シブソープが交渉に応じないのは、フォルジャーが理由も分からずに受け入れた法外な値段に彼を縛り付けようとしたからではないと、フォルジャーはやっと気付き始めていた。シブソープはそのフォリオを真に大切にしていたのである。途方もない値段を提示したのは、「いやなら買わなくて良し」といわんがための、シブソープなりの表現だったのだが、フォルジャーはどちらつかずの態度を示してしまっていた。価格交渉は、シブソープの望むところではなかった。一つの価格を提示しておいて、別の価格を呑むというのは、紳士的とはいえないやり方である。金銭がらみのことで糸がどんどん縺《もつ》れてしまうことに、シブソープは苛立ちを覚え、本は自分で大切に保管しておく方が良いと考えたのだった。

一月中は、フォルジャーは平常心をほぼ失っていたようである。彼は、初めてシブソープに直接手紙を書き、なぜ、そして、いかなる経緯で、一二月にはあれほど強い態度を示したのか説明した。一方、レイルトンには、シブソープに六〇〇〇ポンドを支払った上で、もし氏が望むのなら、五年を超えない期間であれば、フォリオを氏の手許に置いてもらって構わないという提案をした。一五日には、二度、シブソープに宛てて電報を打っている。最初の通信内容は、八〇〇〇ポンドまでなら支払っても構わないという提案。そして、二度目の通信内容は、もし自分がロンドンに行けば埒が明くのかどうかを尋ねる内容だった。さらに翌日、新たな提示額で売ったとしても、五年を超えない期間ならシブソープがフォリオを手許に置いても構わないと念を押すために電報を打った。レイルトンはすでに六〇〇〇ポンドの提案をしていたが、無理に押せば、シブソープがこの商談を永久になかったものにするといい出すかもしれないと知っていた。レイルトンはフォルジャーに、唯一確実な策は、辛抱して待つことだと忠告した。

一九〇二年の夏、レイルトンは躊躇しながら、フォルジャーはまだフォリオに関心があるとシブソープに伝えた。すると、シブソープは詳しい商談内容を尋ねようとはしなかったが、その話はしてはならないとはいわないが――年に一度、例えばクリスマスなどに話せば良いことではないか――今は話す気はないといって、レイルトンを安心させた。

一九〇三年の初頭、別のアメリカ人蔵書家がシブソープのフォリオについて伺いを立てた。シブ

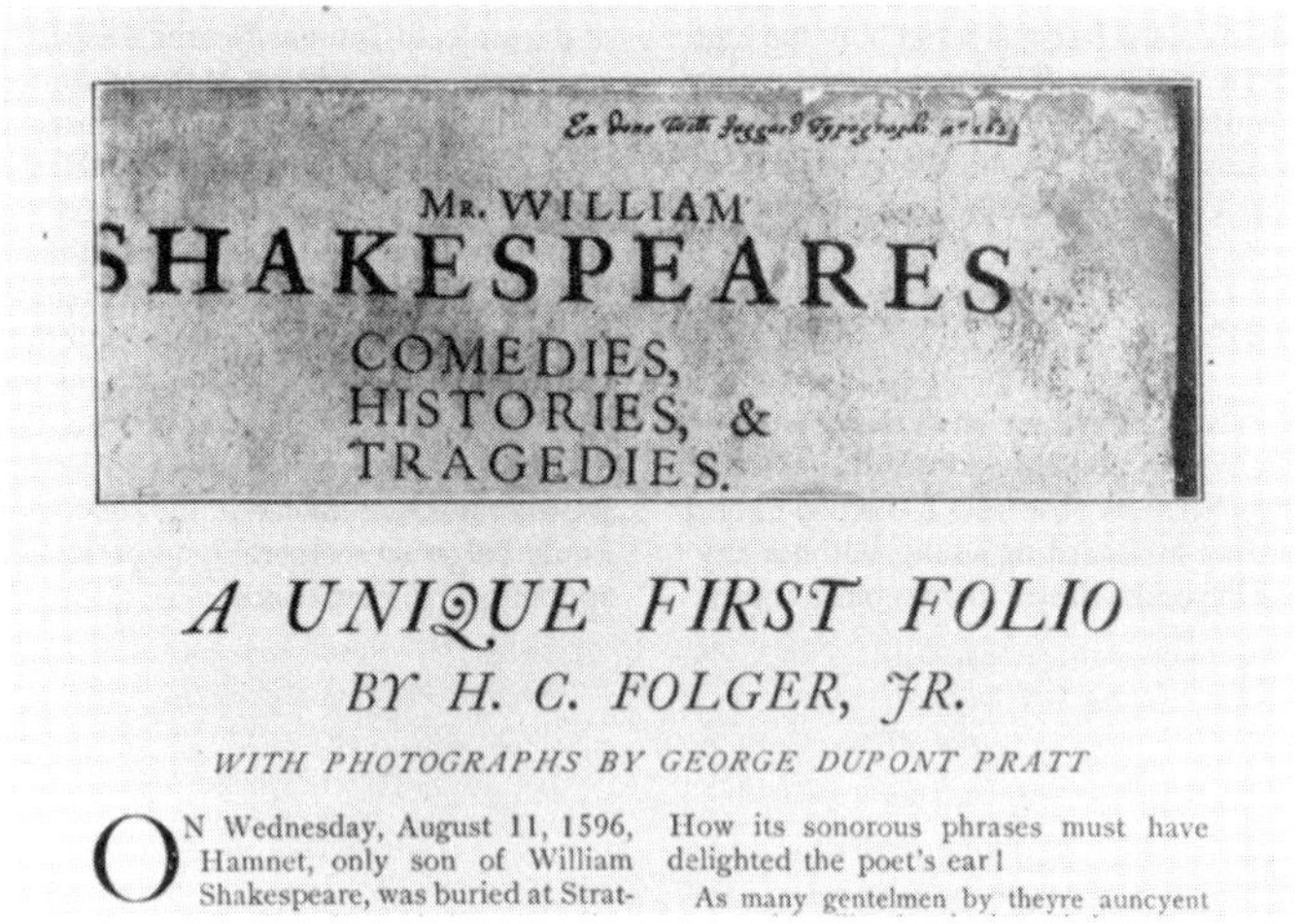

【図 60】 ヘンリー・フォルジャーは出版目的でものを書くことはほとんどしなかったが，彼はヴィンセント・フォリオの価値をとても高く評価し，1907 年に『ザ・アウトルック』に図版入りの記事を寄せた。

ソープは最初にそのフォリオを求めた人物にすでに断っていることを告げた上で、この価格なら手が出せまいと思う値段を付けるという最初のやり方を繰り返した——シブソープが提示した価格は、一万ポンドだった。シブソープはこのことをフォルジャーに伝えるべきだと判断し、個人的な手紙を書いた。すると、一月二三日、フォルジャーがレイルトンに再び電報を打ち、「一万ポンドであっても必ず現金で購入するが、もし可能なら期限付きの支払いにしてほしい」と指示した。シブソープが条件を受け入れ、遂にフォルジャーがヴィンセント・フォリオを入手したのは、最初に購入を試みてから四年後のことだった。最終的にフォルジャーが支払った額は、米ドルで四万八七三

○ドルだった。

フォルジャーはファースト・フォリオを何冊集めたのか？

フォルジャーが蒐集したファースト・フォリオの正確な数を明示するのは、困難である。通常は七九冊とされているが、それは完全なものも落丁のあるものも含め、フォルジャー自身が番号を付したものが本棚に七九冊収められているからである。「七九冊」という数の後に「と数々の断片《フラグメンツ》」と続くこともある。これは確かに本当なのだが、番号が付いたフォリオの中には、断片としてまとめられたものよりもリーフが少ないものもあるという事実を見落としている。たいていの研究者よりフォルジャー・フォリオをよく知っていたヒンマンは、「八〇冊以上（over eighty）」という表現を好んでいたが、このいい方が現実に即している。

完全なものは一三冊しかなく、また、もともとの扉表紙があるものは半数もないが、番号が付けられている七九冊のほとんどは、間違いなく「原本《コピー》」と呼べるものである。しかし、66という番号が付された製本されたフォリオには、もともとの三分の一ほどのリーフしか残っていない。一方、多くの壊れたフォリオから外されたリーフをばらばらの状態で箱に収めたものが四点あるが、その中に、もともとの四分の三以上の数のリーフが集められているものが一点ある。

「断片」とされるものの中には、一束にフォルジャー・フォリオ66よりも多くのリーフを寄せ集めたものが三束ある。そのうちの二束には、ある蔵書家がリーフを寄せ集めて二冊の完本をつくろうと試みた形跡が残っている。それらは、個々の芝居ごとに分けてか、または物理的に連結する（つまり、同じリーフで一本の芝居が終わり次の芝居が始まる）芝居ごとに分けて束ねられている。この二束は、いずれも同じように製本されていて、個々の芝居または連結した芝居群のうち状態の良いものには赤色の表紙が、状態の良くないものには緑色の表紙が付けられている。赤色表紙のものにも緑色表紙のものにも完全なものは一つもなく、多くには複製されたリーフが一葉以上含まれている。しかし、赤色表紙のものは、フォルジャーが番号を付けたフォリオのうちの四冊と比較すると、全体的に見てもともとの状態に近い。緑色表紙のものであっても、フォルジャー・フォリオ66や74と比較すると、もともとの状態に近い。完全な状態に近いという点でいえば、この二束と比べて、あるいは66や74と比べてリーフの数が少ないものの、同じく断片を寄せ集めたものがある。その中には、『高貴な断片』（*A Noble Fragment*）と題された「一葉本《リーフ・ブック》」――ファースト・フォリオを礼賛する薄い本で、フォリオの原本から外れた一葉のリーフに装丁が施された本――が数十冊含まれている。(37)

フォルジャーが蒐集したファースト・フォリオを「一冊」と「断片」とに区別することは、区分けが存在しないところに明確な区分線を引くような行為に等しい。フォルジャーのファースト・フォリオには、明らかに本の形を留めたものと、明らかに断片と分かるものはあるが、完全な状態の一冊から損傷を受けたリーフ一葉までの幅がある。目録に載っていない三束の断片が、これまで正式に検分され、「一冊」と規定・登録されたかどうかは別として、それらは少なくともそれぞれ「一冊」として数えても間違いはない——すると、最も厳密にいえば、フォルジャーが蒐集したフォリオは八二冊ということになる。[38] 多くのフォリオは完全とはほど遠い状態にあるので、八二という数は多すぎるし厳密すぎるという批判もあるかもしれない。しかし、ヒンマンのいう「八〇冊以上」という暈《ぼか》したいい方（または、リアの台詞を引いて「八〇を超えた（Fourscore and vpward）」というのはどうだろう）を好むとしても、かつて「フォーティー・フォリオ・フォルジャー」と呼ばれたフォルジャーは、四〇冊という前例のない記録を二度も達成した事実は変わらない。

なぜそこまで多くのフォリオを集めたのか？

フォルジャーは生前、ファースト・フォリオの市場を買い占めたとして多くの人々の批判を浴びた。たいていの人々はフォルジャーの蒐集を、フォリオを誰よりも多く所有したいという欲望以外に現実味のある目的のない買いだめのための買いだめだと見ていた。この蔵書数には意味がないという人が現在でも多いが、「十分」か「過分」かの判断はいったい何冊を基準として下せば良いのかを明示しようとする人は、今までのところ誰もいない。

一九六三年にヒンマンの研究が出版されたとき、前例のないこの蔵書が持つ比類なき学問的価値が例証され（少なくともほとんどの研究者が納得し）た。ヒンマンは、フォルジャー自身が始めようと望んでいたこと、すなわち、本文異同の発見を目的としてフォルジャー・フォリオを比較検証し始めたのである。しかし、それだけの数のフォリオをとことん詳しく調査する機会に恵まれたヒンマンは、予期せぬ様々な発見をすることとなり、そして、その結果、彼が編集した本文異同のリストよりもさらに重要な業績となる、ファースト・フォリオ復原の試みに着手することとなった[39]〔ヒンマンは、一九六八年に『ノートン・ファクシミリ版ファースト・フォリオ』（初版）を編纂した〕。一箇所にこれほど多くのフォリオが所蔵されていなければ、そうした仕事をしようなどとは考えもしなかっただろうし、また、その仕事が完結することもなかっただろう。

一九六三年以降、もうフォリオの比較は済んでその結果は入念に記録されたのだから、フォリオを今後も一箇所にとどめておく必要はないといわれることもあったが、そうした批判は必然といえるかもしれない。しかし、ヒンマンの仕事に比べるとスケールは小さいかもしれないが、〔一九九一年にフォルジャー・シェイクスピア図書館が主催した〕この「シェイクスピアのファースト・フォリオ展」によって、フォルジャーの蔵書にはまだ知られていない価値があることが示されるかもしれない。一つの重要な本の歴史に関して、その本が辿った様々な足跡を、現物を展示して示すことができる場所は、フォルジャー・シェイクスピア図書館の他にはどこにもない。また、展示するフォリオを選ぶ過程で、「ナースリー劇場」版『ハムレット』が見つかり、『リチャード二世』とフアヴァンの『栄光の舞台』との関連性も分かった。そして、さらに製本師の鋏も見つかった。このような新しい「発見」がある場所も、世界広しといえど他にはないだろう。

ファースト・フォリオのような類例のない本が、類例のない蔵書家の注目の的となったのは、相応しいことだった。ファースト・フォリオの出版に協力した役者たちを駆り立てた動機の一つは、シェイクスピアの芝居を保存し彼の仕事を偲《しの》ぶ記念物を遺すという思いだったが、フォルジャーを比類なき蔵書家へと駆り立てた思いも同じものだった。しかし、フォルジャー・シェイクスピア図書館のフォリオ・コレクションは、シェイクスピアを偲ぶ記念物であることに加え、エミリー・フォルジャーが印象深い控えめな言葉で「ややファースト・フォリオに特化する傾向」があったと評価するファースト・フォリオ蒐集家が後世に遺した不朽の業績でもある。

訳注

（1） 全紙を二つ折りにして作ることからフォリオ（二つ折本）と呼ばれる。本文四八ページの【図12】を参照。

（2） 一六三二年に再版（セカンド・フォリオ）が出版され、一六六三年にその再版（サード・フォリオ）が、そして、翌年には、その増補版（サード・フォリオ別版）が出版され、さらに一六八四年にはその再版（フォース・フォリオ）が出版されている。このことから、一六二三年版は「ファースト・フォリオ」と呼ばれている。「第一・二つ折本」と呼ばれることもある。シェイクスピアの「フォリオ」といえば、一般的にはファースト・フォリオを指す。

（3） 全紙を四つ折りにして作ることからそう呼ばれている。全紙一枚に八ページ分の版面がとれるので、当然だが、コストはフォリオより安い。

（4） 「不良クォート（Bad Quarto）」という呼び方は、二〇世紀前半に台頭した新書誌学派の影響によって、シェイクスピア批評の言説において広く使用されるようになった。しかし、最近では、不良／善良という二項対立的思考を避ける配慮から、「不審なクォート（suspect quarto）」や「短いクォート（short quarto）」と呼ばれることが多い

(John Jowett, *Shakespeare and Text*, Oxford University Press, 2007, p. 191 を参照)。

(5) 『終わりよければすべてよし』、『から騒ぎ』、『じゃじゃ馬ならし』、『トロイラスとクレシダ』などがその可能性がある芝居と考えられてきた。

(6) ルイス・シーボルドがこの芝居を復原し、『二重の欺瞞』(*Double Falsehood*) と題してドルーリー・レイン劇場で上演した。チャールズ・ハミルトンは、トマス・ミドルトンかシリル・ターナーのものとされ、その手稿本が残っている『第二の乙女の悲劇』(*The Second Maiden's Tragedy*) こそが失われた芝居であると推定し、その登場人物名を変えてシェイクスピアとフレッチャーの共作『カーディニオ』(*Cardenio or the Second Maiden's Tragedy*, Glenbridge, 1994) として失われた本文の復原を試みている。

(7) シェイクスピアの「正典」とされる芝居は、伝統的にはファースト・フォリオに最終的に収録された三六本に『ペリクリーズ』を加えた三七本とされてきたが、今日では、その三七本に『血縁の二公子』、『エドワード三世』を加えた三九本、または『サー・トマス・モア』(場合によってはその一部分) を含めた四〇本とされるようになっている。『エドワード三世』は河合祥一郎による邦訳 (白水社、二〇〇四年)、『血縁の二公子』(邦題は『二人の貴公子』) は大井邦雄による邦訳 (『イギリス・ルネサンス演劇集II』早稲田大学出版部、二〇〇二年に所収) および河合祥一郎による邦訳 (白水社、二〇〇四年)、『サー・トマス・モア』は玉木意志太牢・松田道郎による邦訳 (河出書房新社、一九八三年) があり、これら三作品は日本でも「シェイクスピア作品」として認知されつつある。

(8) 当時、書籍出版業組合によって許されていた一冊の本の印刷部数は一五〇〇冊が限度だった。ファースト・フォリオ出版三〇〇周年を記念して一九二三年にロンドン大学キングズ・カレッジで開催された学会で、W・W・グレッグは、採算をとるためには一〇〇〇部は売る必要があったという考えを主張していた (W. W. Greg, "The First Folio and its Publishers," in Israel Gollancz, ed., *1623-1923: Studies in the First Folio Written for the Shakespeare Association in Celebration of the First Folio Tercentenary and Read at the Meetings of the Association Held at King's College*, Oxford University Press, 1924, pp. 129-56, p. 156)。グレッグのこの考えを修正し、一二〇〇部を現実的な発行部数と

考えたのは、チャールトン・ヒンマンである（Charlton Hinman, *The Printing and Proof-Reading of the First Folio of Shakespeare*, Clarendon, 1963, vol. 1, p. 39)。「七五〇部程度か、あるいはもっと少なかったかもしれない」と推測できる根拠については、Peter W. M. Blayney, "The Publication of Playbooks", John D. Cox and David Scott Kastan, eds., *A New History of English Drama*, Columbia University Press, 1997, pp. 383-422 を参照されたい。

（9）二度の世界大戦によって荒廃したこの地域は、現在では開発途上地域となっている。一九八〇年代には、付近に劇場やコンサートホールなどを有する巨大な娯楽施設が建てられ、一六世紀の面影はほとんど失われてしまっているが、当時は貴族の屋敷などが立ち並ぶ高級住居地区だった。シェイクスピアもこの一角に住んでいた。

（10）本書の二一ページに掲載した「シェイクスピアのファースト・フォリオ展」の展示写真**【図1】**も参照されたい。

（11）これまでに確認されているフォリオの中で最小のものは、甲南女子大学図書館所蔵の一冊である（Anthony James West, *The Shakespeare First Folio: The History of the Book, Vol. 2: A New World Census of First Folios*, Oxford University Press, 2003, p. 15)。一九世紀初頭まではサセックス公爵が所有していたとされるこのフォリオは、高さ二九・二センチ、幅一九・六センチである（Eric Rasmussen and Anthony James West, eds., *The Shakespeare First Folio: A Descriptive Catalogue*, Palgrave Macmillan, 2012, p. 801)。

（12）一七世紀中頃までには、活字を収める際の伝統的な整理方法が確立していた (Philip Gaskell, *A New Introduction to Bibliography*, Oak Knoll, 1972, pp. 33-39)。

（13）山田昭廣『本とシェイクスピア時代』（東京大学出版会、一九七九年）の第二章第二節「印刷と本のつくり」に、当時の印刷工程についての分かりやすい解説がある。

（14）活字の一種で頭の部分に文字も記号もないもの。いろいろな幅のものがあり、目的に応じて使われていた。字間・語間・行間などの空白を設けるためのもので、本書では「込めもの」と訳している。

（15）ここでいう「組版」とは、**【図16】**の「6」と「7」、「5」と「8」のペアのように、全紙一枚の片面に印刷されるニページのこと。

(16) ブレイニーが言及している異同は次の通りである。

〈クォート版（一六〇〇年）の本文〉

Frier And my helpe.

Heere comes the Prince and Claudio. ←この一行（太字は訳者）がフォリオにはない。

Enter Prince, and Claudio, and two or three other.

Prince Good morrow to this faire assembly.

〈ファースト・フォリオの本文〉

Frier. And my helpe.

Enter Prince and Claudio, with attendants.

Prin. Good morrow to this faire assembly.（TLN 2587-89）

(17) ブレイニーが言及しているのは、本文の次の箇所である。

Pro. This Ile report (deere Lady)
Haue comfort, for I know your plight is pittied
Of him that caus'd it.

Pro. You see how easily she may be surpriz'd:
Guard her till *Cæsar* come.（TLN 3238-42）

一〇音節からなる五歩格《ペンタメター》を基調とする韻文で書かれているので、"Of him | that caus'd | it." を半行《ハーフ・ライン》、"You see | how ea | sily | she may | be surpriz'd: |"（surpriz'd は一音節）を一行と数える。

(18) 当時一般的に受け入れられていたこの説は、エドウィン・エリオット・ウィロビー（Edwin Eliot Willoughby, *The Printing of the First Folio of Shakespeare*, Bibliographical Society, 1932, pp. 54-70）に由来し、W・W・グレッグ（W.

W. Greg, *The Shakespeare First Folio: Its Bibliographical and Textual History*, Clarendon Press, 1955, pp. 433-68）もこれを支持した。ヒンマンは、前掲書の「印刷工程での異同と校正」と題する章において先行研究を引きながら彼自身の考察を行っている。

（19）それまでに『リチャード二世』（初版、一五九八年）、『ヘンリー四世・第一部』（初版、同年）、『リチャード三世』（初版、一五九七年）は、それぞれ五回ずつ版を重ねるという好調な売れ行きで、フォリオの印刷が始まったときもまだ良く売れていた。

（20）『アテネのタイモン』はクォートなどでは残っておらず、ファースト・フォリオによってのみ現存する芝居である。『エドワード三世』、『血縁の二公子』などがシェイクスピアと他の劇作家による共作であることからフォリオに収録されなかったのだとすれば、シェイクスピアが書いた部分が少ないと考えられている『アテネのタイモン』も同様に扱われていてもおかしくはない。

（21）ウィリアム・ジャガードは、ジェイムズ・ロバーツの店舗を引き継いだ一六〇八年頃から「ロンドン市御用達の印刷業者（Printer to the City of London）」となっていた（R. B. McKerrow, ed., *A Dictionary of Printers and Booksellers in England, Scotland and Ireland, and of Foreign Printers of English Books 1557-1640*, Bibliographical Society, 1910）。

（22）フォルジャー・シェイクスピア図書館が主催し他の研究機関と共同運営するウェブサイト「記録資料で見るシェイクスピア――ウェブ展覧会（*Shakespeare Documented: An Online Exhibition* [shakespearedocumented.folger.edu]）で、ジェイムズ・ロバーツによる『お気に召すまま』他の仮登記が書き込まれた組合登記簿（一五九五―一六二〇）の遊び紙（Liber C, fly-leaf [doi.org/10.37078/406]）の現物を閲覧することができる。

（23）宮廷の催事を担当する役職である宮廷祝典局長は、一六〇七年にすべての芝居本の出版についてその許認可を行う権限が与えられて書籍出版業組合を監督するようになっていた。

（24）国内の印刷・出版をほぼ独占していた書籍出版業組合は、組合員の出版権利の裁定を行うコモンロー上の権限を有しており、カンタベリー大主教の代理として宮廷祝典局長が有した出版の許認可権は、組合のそうした権限を縛るものではなかった。

(25) 一九世紀には、ファースト・フォリオが貴重な古書としての価値を帯びるようになった。

(26) 一九〇六年三月三一日に、ボドレー図書館はそのフォリオを買い戻している。ボドレー・フォリオは、当時オクスフォード大学に在籍していた学生の実家から発見され、ヘンリー・フォルジャーがそれを三〇〇〇ポンドで買いたいと迫ったが、オクスフォード大学が同額の寄付を募って買い戻した。

(27) 「モロッコ皮革」とは山羊皮の俗称。一六世紀から一七世紀にかけて、モロッコがその主な産地だったのでそう呼ばれている。「適切な処理が施されていると、図書館で使用する革としては最適」であると、A・エズデイルはいう(A・エズデイル『西洋の書物』R・ストークス改訂、高野彰訳、雄松堂出版、一九九一年、一九一ページ)。

(28) 新しく加えられた芝居は、『ペリクリーズ』、『ロンドンの放蕩者』、『クロムウェル卿トマス』、『サー・ジョン・オールドカッスル』、『ピューリタン』、『ヨークシャー悲劇』、『ロークラインの悲劇』である。これらはフォース・フォリオにもそのまま収録されている。

(29) コングリーヴが所有していたフォリオは、明星大学が所蔵するファースト・フォリオ一二冊のうちの一冊(「明星ファースト・フォリオ11」)であることが分かっている。ブレイニーが本書を書いていた頃に、明星大学がその一冊を購入していた。弾丸の跡があることでも有名である。「監訳者解説」も参照されたい。

(30) 一六六三年に先代トマス・キリグキュー(チャールズの父)が、国王チャールズ二世の勅許により創設した劇場。シアター・ロイヤルという名で創設された。ロンドン大火で焼失したが、一六七四年にクリストファー・レンの設計による大型劇場として再建された。

(31) 四人のシェイクスピア校訂者とは、アレグザンダー・ポープ、ルイス・シーボルド、トマス・ハンマー、ウィリアム・ウォーバートンのことである。そのうちポープとシーボルドの二人は、部分的にではあるがファースト・フォリオを参照している。

(32) ヘンリー・フォルジャーは、詩人、思想家のラルフ・ウォルドー・エマーソン(一八〇三―八二)を、生涯にわたり尊敬していた。フォルジャーが学生時代に読んでいた『シェイクスピア作品集』(フォルジャー・シェイクスピア図書館所蔵)には、エマーソンの詩からの引用が多く書き込まれている。また、フォルジャー・シェイクスピア図書館の閲覧室には、フォルジャーの意向により、シェイクスピアを賛美するエマーソンの詩の一節が飾られている。フォルジャーを刺激したエマーソンの講演は、一八六四年四月二三日にボストンのレヴェリー・ハウスで行われた「シェイクスピア生誕三〇〇周年の記念式典に寄せての所見」と題されたもので、当時アメリカにおいて高まりつつあったシェイクスピア礼賛ムードを代弁したものとして有名である。一八七九年三月一九日にアマーストでエマーソンの講義を聴いて感銘を受けたフォルジャーは、すでに活字になっていた一八六四年のこの講演を読んだ。

(33) 一九〇四年にスウェーデンで発見された。発見当時は、二枚の宝くじ券で包まれていたという。このクォートは、フォルジャー・シェイクスピア図書館の最も貴重なコレクションの一つである。

(34) 「第四ヴァリオーラム版シェイクスピア全集」と称される集注版を単独で一八巻まで編集して出版したホレース・ハワード・ファーネス(一八三三―一九一二)は、エミリーの修士論文の指導教授でもあった。

(35) 根拠は乏しいが、ギルバーンは、一六〇〇年頃に『ハムレット』のオフィーリアや『十二夜』のオリヴィアなどの女性登場人物を演じていたと推定される。オーガスティン・フィリップスは、一五九四年に宮内大臣一座(後の国王一座)が旗揚げした当初から主要株主の一人だった。

(36) このフォリオは、現存するファースト・フォリオの中で一番大きいものと認定されている。

(37) ファースト・フォリオのリーフ一葉に、二〇世紀初頭に活躍した書誌学者シーモア・ド・リッチがエッセーと表紙を付けてつくった薄手の洋綴じ本である。フォルジャー・シェイクスピア図書館のウェブ目録(*HAMNET* [www.folger.edu/digital-resources/hamnet])によると、同図書館には現時点で六四冊が所蔵されている。

(38) ブレイニーがここで提唱している「八二冊」という冊数が、現在ではフォルジャー・シェイクスピア図書館の公式見解となっている。

(39)『ノートン・ファクシミリ版ファースト・フォリオ』(Charlton Hinman, ed., *The Norton Facsimile: The First Folio of Shakespeare*, W. W. Norton, 1968) は、フォルジャー・フォリオのリーフを使って「完全な」ファースト・フォリオを「復原」しようとする試みの結晶である。一九九六年にブレイニーの序文が付された改訂版が出ている(「監訳者解説」を参照)。通常シェイクスピア研究者がファースト・フォリオを引用する際には、この版を使用している。

索引

【サ行】

【マ行】

英和対照項目表

【C】

call(s)　演技開始の指示

complete line　完全な一行

canon　正典

Canwick Hall　キャンウィック・ホール

Cardenio　『カーディニオ』

casting off　割付け

casting-off mark　割付けの目印

Catalogus Universalis　『一般書籍目録』

Christian Dictionary, A　『キリスト教事典』

colophon　（巻末の）出版事項

'complete'　「完全」

Compositor A　A植字工

Compositor B　B植字工

Compositor C　C植字工

Compositor D　D植字工

Compositor E　E植字工

Compositor F　F植字工

Congreve, William　コングリーヴ、ウィリアム

copy right　版権

【D】

deposit　納本

Dering, Edward　デリング、エドワード

Description of Leicestershire, The　『レスターシャーの歴史』

Discoverie of Errours, A　『誤りの発見』

distribution　解版作業

doodling　いたずら書き

Double Falsehood　『二重の欺瞞』

Droeshout, Martin　ドルーシャウト、マーティン

duplicate (n.)　重複本

【E】

Edward Capell　ケイペル、エドワード

Elizabethan Club　エリザベス朝研究会

Emerson, Ralph Waldo　エマーソン、ラルフ・ウォルドー

【F】

Favyn, André　ファヴァン、アンドレ

Fleet Street　フリート・ストリート

Fletcher, John　フレッチャー、ジョン

Folger Shakespeare Library　フォルジャー・シェイクスピア図書館

folio in sixes　六葉仕立てのフォリオ

'Fourescore and vpward'　「八〇を超えた」

fragment　断片

freeman　組合員特権の享受者
full-length　通常の長さ
Furness, H(orace) H(oward)　ファーネス、H・H

【G】
Gaskell, Philip　ギャスケル、フィリップ
Gilburne, Samuel　ギルバーン、サミュエル
Greg, W(alter) W(ilson)　グレッグ、W・W

【H】
half-line　半行
Hall, Joseph (Bishop)　ホール主教（ジョゼフ・ホール）
Halliwell-Phillips, J(ames) O(rchard)　ハリウェル＝フィリップス、J・O
hand-press printing　手動印刷
Hanmer, Thomas　ハンマー、トマス
Harris, John　ハリス、ジョン
Hatton Garden　ハットン・ガーデン
Hinman, Charlton K.　ヒンマン、チャールトン・K
Hollar, Wenceslaus　ホラー、ヴェンツェスラウス
Homer　ホメロス

【I】
imprint　（巻頭の）出版事項

【J】
Johnson, Arthur　ジョンソン、アーサー
Johnson, Samuel　ジョンソン、サミュエル
Jonson, Ben(jamin)　ジョンソン、ベン（ジャミン）
Julio und Hyppolita　『ジュリオとヒポリタ』

【K】
Killigrew, Charles　キリグリュー、チャールズ
Killigrew, Thomas　キリグリュー、トマス
King's Men　国王一座

【L】
Lacy, John　レイシー、ジョン
Law, Matthew　ロー、マシュー
leaf book　一葉本
Leason, John (compositor)　リーソン、ジョン（植字工）
London Prodigal, The　『ロンドンの放蕩者』
Longe, Thomas　ロング、トマス
Lord Chamberlain's Men　宮内大臣一座
Love's Labours Won　『恋の骨折り得』

【M】
manuscript　手稿本
mark-up　値入率
Master of the Revels　宮廷祝典局長
McKerrow R(onald) B(runlees)　マッケロウ、R・B
'modernized'　「当世風に改変」
'more complete'　「より完全」
Motte, Benjamin　モット、ベンジャミン
Mowery J. Franklin　マウリー、J・フランクリン

【N】
Noble Fragment, A　『高貴な断片』
Nursery promptbook　ナースリー劇場後見用台本
Nursery Theatre　ナースリー劇場

【P】
Parrot, The　ザ・パロット
Pavier, Thomas　パヴィア、トマス
Percy, Thomas　パーシー、トマス（ドロモア主教）
Phillips, Augustine　フィリップス、オーガスティン
photolithographic facsimile　フォトリソグラフィによるフォリオの複製版
Pope, Alexander　ポープ、アレグザンダー
presentation　献呈
pressmen　印刷工
printer　印刷業者
printer's thirds　印刷業者への三分の一
Printing and Proof-Reading of the First Folio of Shakespeare, The　『シェイクスピアのファースト・フォリオの印刷と校正』
proofsheet　校正刷り
Proculeius　プロキュリーアス
public theatre　公衆劇場
publishing rights　出版権利
Puritan Widow, The　『ピューリタン』

【Q】
quire　折丁

【R】
rag paper　襤褸紙
Railton, A. B.　レイルトン、A・B
reduced facsimile　縮小複製版
Register of Apprentices　「年季奉公記録」
resale　転売
Ricci, Seymore de　ド・リッチ、シーモア

Rice, John (actor)　ライス、ジョン（役者）
Roberts, James　ロバーツ、ジェイムズ
rolling press　銅板印刷機
Rowe, Nicholas　ロウ、ニコラス
rule　罫
running-title　通し題名

【S】
Satchell, Thomas　サッチェル、トマス
Saunty the Scot『間抜けたスコットランド人』
scrap Folios　屑物フォリオ
Second Maiden's Tragedy, The『第二の乙女の悲劇』
seconds　傷物
Sedley, Charles　シドレー、チャールズ
setting by formes　組版組付け
Shakespeare Documented: An Online Exhibition「記録資料で見るシェイクスピア――ウェブ展覧会」
Shakespeare, John (compositor)　シェイクスピア、ジョン（植字工）
sheet　全紙
short quarto　短いクォート
Sibthorp, Coningsby　シブソープ、コニングスビー
Sidney, Philip　シドニー、フィリップ
Sir John Oldcastle『サー・ジョン・オールドカッスル』
Sir Thomas More『サー・トマス・モア』
Smethwick, John　スメズィック、ジョン
space　込めもの
Spenser, Edmund　スペンサー、エドマンド
Standard Oil Company　スタンダード石油
Stationers' Company　書籍出版業組合
Stationers' Register　書籍出版業組合登記簿
Steevens, George　スティーヴンズ、ジョージ
Surrenden Hall　サレンデン・ホール
suspect quarto　不審なクォート

【T】
Tacitus　タキトゥス
Taming of a Shrew, The『ジャジャウマ馴ラシ』
Theater of Honour, The『栄光の舞台』
Theobald, Lewis　シーボルド、ルイス
Thomas Lord Cromwell『クロムウェル卿トマス』
title　標題
Tragedy of Locrine, The『ロークラインの悲劇』
Troublesome Reign of King John, The『ジョン王の乱世』
'True Text of Shakespeare, The'「シェイクスピアの真の本文」
Two Noble Kinsmen, The『血縁の二公士』

【監訳者解説】

なぜ、今、ファースト・フォリオを問うのか？

五十嵐博久

ここに訳出したのは、Peter W. M. Blayney, *The First Folio of Shakespeare*, Folger Library Publications, 1991 の全文である。ただし、著者の指示により、若干の修正を施している。版元のフォルジャー・シェイクスピア図書館は、まもなく本書の改訂版を出版する予定だが、その版には同じ修正が反映される。

本書は、一九九一年四月一日から同年九月二一日にフォルジャー・シェイクスピア図書館が主催した「シェイクスピアのファースト・フォリオ展」を一般向けに解説した小冊子として書かれたものである。この古典的名著が現代の日本人に投げかける問いをより明確にするため、訳題を「シェイクスピアのファースト・フォリオ——偶像となった書物の誕生と遍歴」とした。なぜ、今、ファースト・フォリオを問うのか。通常の「あとがき」に代えて、本稿ではこの点についてやや詳しく解説しておきたい。

1　ファースト・フォリオの価値について

ファースト・フォリオとは、一六二三年にロンドンで出版された、ウィリアム・シェイクスピアのものとされる芝居を収録した作品集のことをいう。しかし、ファースト・フォリオは、現代の感覚でいう「シェイクスピア全集」ではない。扉表紙の標題は、「名匠ウィリアム・シェイクスピアの喜劇、歴史劇、および悲劇（MR. WILLIAM SHAKESPEARES COMEDIES, HISTORIES, & TRAGEDIES）」（"Mr." は "Master" の略）である。(1) 一六二三年までに出版されたシェイクスピアのものとされる芝居の版本と、シェイクスピアが書いたとされるもので手稿本《マニュスクリプト》が入手できた芝居のうち、正確には分かっていない何らかの基準によって選別された三六本を収録した作品集が、ファースト・フォリオである。現代のほとんどの英語版「シェイクスピア全集」に含まれる『ペリクリーズ』や『ソネット集』、『リュークリーズの凌辱』、『不死鳥と鳩』とその他の詩歌や、近年になってシェイクスピア作品に数えられるようになった『血縁の二公子』、『エドワード三世』、『サー・トマス・モア』は収録されていない。私たちが「シェイクスピア」を享受する拠り所となる「全集」を編纂する考えは、少なくとも、この本の扉表紙に名前のある二人の出版業者エドワード・ブラウントとアイザック・ジャガードにはなかった。

とはいえ、活版印刷された紙製の洋綴じ本で、古書としてファースト・フォリオほどの値段が付けられるものはない。日本の若者に人気があり広く読まれている三上延の『ビブリア古書堂の事件手帖7――栞子さんと果てない舞台』（KADOKAWA、二〇一七年）は、ある一冊のファースト・フォリオの捜索をめぐって展開する物語だが、この物語の結末では、本物のファースト・フォリオが一億五〇〇〇万円で買い取られることになる。しかし、ファースト・フォリオの実際の市場価値は、それを遥かに凌駕している。二〇〇一年に米国の実業家ポール・アレンは、ファースト・フォリオを六〇〇万ドル（約七億円）で購入し、二〇〇三年には米国生まれの慈善家サー・ポール・ゲッティーが二八〇万ポンド（約五億五〇〇〇万円）で購入している。『ビブリア古書堂の事件手帖7』の中で「二〇〇六年にサザビーズでオークションにかけられた一冊は、当時の日本円にして約六億円で落札されました」といわれているのも、実話に基づいている。そして、こうして本稿を書いている今（二〇二〇年一〇月一五日）、クリスティーズで競売にかけられていたファースト・フォリオが九九七万ドル（約一〇億円）で落札されたとのニュースが報じられている。一九九六年に慶應義塾大学が世界最古の活版印刷本『グーテンベルグ四二行聖書』（一四五五年頃）を数億円で購入したことは有名だが、すでに本が日常のものとなっていた一七世紀の芝居本集に、『グーテンベルグ四二行聖書』にも劣らない市場価値が付くとは、驚くべきことだ。

ファースト・フォリオには、文学資料としての価値がある。それは、第一に、この本が出版されていなければ、後の世に残ることがなかったかもしれないシェイクスピアの作品といわれる芝居が、一八本収録されているからである。[2] そして、第二に、ファースト・フォリオ以前にクォート版（本文の訳注3を参照）が出版されていた芝居のいくつかに関して、その芝居がおそらく当時上演のたびごとに改変されていった過程で生じた本文の異同について、少なくともその一端を目で見て確認することができるからだ。しかし、シェイクスピア研究者なら、そうした資料に数億円もの価値を見いだしはしない。資料の書誌学的調査がしたいなら、所蔵図書館で現物を閲覧すれば済むことだ。一般のシェイクスピア愛好家にとっては、興味の対象が芝居そのものであるなら、芝居本を読むより劇場に足を運ぶ方が楽しいだろうし、興味の対象が文学（戯曲《ほん》）としての芝居本であるなら、ファースト・フォリオを読むより注釈の付いた現代の校訂本を読む方が、より深く作品を理解することができる。仮に、世界中のファースト・フォリオ（本書でブレイニーはその数を「三〇〇近く」と推定している）のリーフ一葉一葉をすべて精査することができたとしても、少なくともシェイクスピア作品の演劇性や文学的価値について新しく得られる知識はほとんどないだろう。

では、なぜ、ファースト・フォリオには天文学的な値段が付けられてきたのか。そこには「シェイクスピア」の神秘が絡んでいると考えられる。今、「シェイクスピア」と「 」で括ったのは、ウィリアム・シェイクスピア（一五六四―一六一六）という、私たちの知る一連の芝居や詩歌の作者とされる歴史上に実在した人物と区別するためである。古くからシェイクスピアには複数の別人説もあるが、本稿はいずれかの立場に与《くみ》するものではない。本当のシェイクスピアが一体誰であろうと、二一世紀の私たちにとって作品の価値は変わらない。『ハムレット』や『マクベス』といった作品は今後も世界中で読まれ、上演され、新たな意味付けや脚色がなされてゆくに違いない。そして、その過程において、人間の想像力は、「シェイクスピア」という理念上の作者を塗り替えてゆくことだろう。日本の学校で習う「シェイクスピア」も、同じく、先人たちが想像し、塗り替えて、現代に継承してきた理念上の作者であるといえる。生涯の記録が残る現代作家とは違い、「シェイクスピア」を知る手掛かりは作品以外にはほとんど何も残っていない。伝記は、『ハムレット』や『マクベス』を書いた作者「シェイクスピア」を描き上げることはできるが、作品が存在しなければ「シェイクスピア」は存在しない。そして、想像の拠り所となる作品が変われば、「シェイクスピア」は塗り替えられる。

　私たちは、舞台や映画、小説やテレビドラマ、さらにはアニメやオンライン・ゲームといった様々な媒体を通じても「シェイクスピア」と接触する機会を持っている。しかし、大前提として、その「シェイクスピア」は歴史上のウィリアム・シェイクスピアが書いたとされる作品群とそのテクストを原拠として成立している。現時点においては、『ハムレット』や『マクベス』など四〇本の芝居と詩歌からなる「正典（canon）」と呼ばれるものがそれである。他方、「外典（apocrypha）」と呼ばれる作品群（『ロンドンの放蕩者』、『クロムウェル卿トマス』、『サー・ジョン・オールドカッスル』、『ピューリタン』、『ヨークシャー悲劇』、『ロークラインの悲劇』）が別に存在するが[3]、少なくとも日本ではこれらを知る人は少ないだろう。この六本の芝居は、現在では正典に含まれる『ペリクリーズ』とともに一六六四年に出版されたサード・フォリオ別版に初めて収録された作品群で、一八世紀の初頭までに出版された『シェイクスピア作品集』にも含まれていた[4]。一六三三年に一八世紀に入って三本目となる『シェイクスピア作品集』を編纂したルイス・シーボルドが、最初に、『ペリクリーズ』を含む七本の外典を「シェイクスピア作品」から除外した(5)。

一七九〇年に『シェイクスピア作品集』を編纂したエドマンド・マローンは、『ペリクリーズ』だけを「シェイクスピア作品」の中に戻している。一六〇九年に他の印刷業者がクォート版を出版した『ペリクリーズ』は、シェイクスピア作品と認められるが、ファースト・フォリオの企画が浮上した頃もまだ売れ行きが好調だったため、ブラウントとジャガードがその出版権利を得ることができなかったのではないかと考えたのである。また、マローンは、現在ではジョージ・ピールとの共作とされる『タイタス・アンドロニカス』について、そのシェイクスピア作品としての真正性に疑念を抱いている。しかし、彼は、この芝居がファースト・フォリオに収録されていることを理由に『作品集』から除外することはなかった。他方、『タイタス・アンドロニカス』や『アテネのタイモン』などの「共作」ものが「シェイクスピア作品」といえるならば、サード・フォリオ別版に収録されてはいないが、シェイクスピアの手が加わっていることがほぼ明白である『血縁の二公子』、『エドワード三世』、そして、『サー・トマス・モア』もそのくくりに入る可能性があると指摘したが、それらを『作品集』に収録することはなかった。

「全集（Complete Works）」と銘打たれた「作品集」が最初に編纂されたのは、二〇世紀初頭のことである。最初の全集が出版されてから二〇世紀末まで、「全集」への収録作品を選定する基準は、マローン以降に定着した正典と外典の区別を踏襲していた。ファースト・フォリオに最終的に収録された三六本に『ペリクリーズ』を加えた三七本の芝居は、当初から正典に数えられていたが、『血縁の二公子』、『エドワード三世』、『サー・トマス・モア』（通常は一部分のみ）が正典に含まれるようになったのは、ごく最近である。[6]サード・フォリオ別版に加えられた『ペリクリーズ』以外の六本は、現在でも「全集」には含まれない。「シェイクスピア全集」に芝居が収録されるための基準は、ファースト・フォリオに収録されているか否か、そして、サード・フォリオ別版で初めて収録された七本とマローンの指摘した三本については、もしそれらが一六二三年の時点でファースト・フォリオに収録されたとしても他の出版業者の権利を侵害しないと判断されていれば、ファースト・フォリオに収録されたかもしれないと推定できるか否かであった。つまり、ファースト・フォリオは、シェイクスピア全集編纂の拠り所とされるようになっていた。ファースト・フォリオはまた、一八世紀後期からごく最近までの本文校訂史においても、クォート版やセカンド・フォリオ（一六三二年）以降のフォリオ版に比べて「信頼できる」ものとされ、本文校訂上の最終的な拠り所または底本とされてきた。

一九世紀から二〇世紀の古書蒐集家にとって、稀少なファースト・フォリオがロマンに溢れる本となっていたのは当然のことである。フォルジャー・シェイクスピア図書館の創設者ヘンリー・クレイ・フォルジャーと妻エミリー・ジョーダンが、シェイクスピア「全集」編纂の黎明期だった一九世紀末から一九三〇年代初頭にかけてファースト・フォリオの蒐集に人生を懸けたのは、そのロマンを追求してのことだった。この本が数億円もの値段で取引されるようになった理由もそこにある。「シェイクスピア」に一歩でも近づこうとしたフォルジャー夫妻のような蒐集家たちが、ファースト・フォリオの市場価格をつり上げたのであるが、蒐集家たちの中でも価格上昇に最も貢献したのはこの夫妻である。そして、天文学的な市場価格を帯びたファースト・フォリオは滅多に一般の人々の目に触れることはなくなり、その本質はヴェールに包まれるようになっていった。

しかし、一八世紀初頭には、ファースト・フォリオの市場価値はゼロに等しかったことを忘れるべきではない。今では外典とされる芝居を含むサード・フォリオ別版が出版され、さらには、ニコラス・ロウとアレグザンダー・ポープによってそれぞれ編集された、より美しく、大きさも手頃で読みやすい校訂版も市場に出回っていた。そのロウとポープの版を売ったのは、出版業界一のやり手、ジェイコブ・トンソンだった。当時の人々は、ファースト・フォリオをシェイクスピア全集の原拠とは考えず、むしろ作品集としてもその本文を構成する英語も、他の版に比べて劣るものであると考えていた。

2　ブレイニーによるファースト・フォリオの脱構築とその後

ピーター・W・M・ブレイニーが本書を著した一九九〇年代には、欧米では学問のあらゆる分野において知の脱構築が起こっていた。欧米文化を象徴するイコンとして機能していた「シェイクスピア」もその対象となったが、ファースト・フォリオはまだ神秘のヴェールに包まれたまま、正典の原拠としての権威を保ち続けていた。シェイクスピア研究者の間でもファースト・フォリオの脱構築は聖像破壊とされ、タブー視されていた向きもある。しかし、それは歴史の必然として起こったといえる。

本書の企画が浮上したとき、ブレイニーはフォルジャー・シェイクスピア図書館にて初期近代のイギリスにおける出版業の研究を単独で行っていた。シェイクスピア研究者ではないブレイニーが、フォルジャーが蒐集したファースト・フォリオの一般展示という前例のない企画に携わることになった思いがけない経緯を、本書冒頭の「日本語版に寄せて」において彼自身が語っている。イギリス初期近代における書籍出版業の研究を専門とする偉大な学者とフォルジャー夫妻の蒐集した偉大なコレクションとの邂逅によって、ファースト・フォリオは自らその神秘のヴェールを脱いだのである。

ブレイニーの業績は、二〇世紀初頭から中頃にかけて台頭していた「新書誌学（New Bibliography）」と呼ばれる学問の系譜上に位置付けられることもある。[7]「新書誌学」は、初期近代における版本の印刷工程や原稿と作者の関係性についての科学的調査をその範疇とする書誌学研究で、二〇世紀前半の「第二ケンブリッジ版シェイクスピア全集（The New Cambridge Shakespeare）」（一九二一―一九六六年）を監修したジョン・ドーヴァー・ウィルソンの編集方針に多大な影響を与えた。しかし、ブレイニーの研究は、新書誌学が目指した作者、原稿、版本の関係性を解明しようとするのでも、あるいはドーヴァー・ウィルソンがそうであったように、「作者の意図（authorial intention）」に忠実な本文の復原を目指そうとするものでもない。ブレイニーの独自性は、（本人がそれを意図したかは別として）新書誌学の影響下にあるシェイクスピア研究者や全集編纂者たちを呪縛してきたファースト・フォリオ至上主義の脆弱さを、理念上の「シェイクスピア」の影響を受けない書籍出版業研究者の立場から可視化して示したところにある。

本書の出版は、その後のファースト・フォリオの学問上の扱われ方や「シェイクスピア全集」の編纂方法に多大な影響を及ぼすこととなった。一九九六年、W・W・ノートン出版は、一九六八年に書誌学者チャールトン・ヒンマンが編集していた『ノートン・ファクシミリ版ファースト・フォリオ』に、ブレイニーの「序文」を加えた改訂版を出版している。ヒンマンのこのファクシミリ版は、フォルジャー・シェイクスピア図書館が所蔵するファースト・フォリオのリーフを用いて、一六二三年にブラウントとジャガードが目指していた「完成版」の構築を試みた理念上のファースト・フォリオである。改訂版の「序文」でブレイニーは、ヒンマンがファースト・フォリオの権威について新書誌学派の考えを安易に踏襲してしまっていることを批判し、それが「ときに誤解を生んでいる（occasionally misleading）」と述べている。

『オクスフォード版シェイクスピア全集』（一九八六年）を底本にスティーヴン・グリーンブラット他が大学の教科書として監修した『ノートン版シェイクスピア全集（第二版）』（W・W・ノートン、一九九七年）[8]は、異本の存在する『リア王』をクォート版（一六〇八年）、ファースト・フォリオ版（一六二三年）および折衷版という三本の独立した作品として収録している。そうすることで、新書誌学派の研究に基づいてつくられた折衷版『リア王』の本文が、二つの異なる同価値の

「原本」を原拠として成立することを強く印象付けようとしている。[9] また、オクスフォード版全集の『ハムレット』がフォリオの本文を底本としている点を是正し、新書誌学派以降の編纂史において「善本」とされてきたクォート版（一六〇四／五年）も同等に扱われるべきだとする強いメッセージを、二つの「原本」の異同を本文中に並べるという特異な形で示している。この全集は、ファースト・フォリオを最も信頼できる本文編集・校訂の原拠としてきた伝統的な常識が古くなったことを学生に示そうとする試みの一例である。

ジョナサン・ベイトとエリック・ラスムッセン監修『RSC版シェイクスピア全集』（マクミラン、二〇〇七年）は、ファースト・フォリオを「未完成」の全集とみなし、その「補完」を目指している。[10] 一八世紀初頭の校訂の流儀に倣いつつ、ロイヤル・シェイクスピア・カンパニーを念頭に置いた二一世紀の上演を踏まえて本文に校訂と改良を加え、さらに、ファースト・フォリオに収録されなかった作品（『ペリクリーズ』、『血縁の二公子』と詩歌および『サー・トマス・モア』の一部分）を補って、一六二三年には到達できなかった「完全版」を編むというのがこの「全集」の編集方針である。また、ゲアリー・テイラー、ジョン・ジャワット監修『新オクスフォード版シェイクスピア全集』（オクスフォード大学出版、二〇一六年）は、文体解析等によるエビデンスに基づいて、シェイクスピアが単独または共作者として執筆したと推定される四〇本の芝居と五本の断章、および『ソネット集』他一〇編の詩歌を収録した画期的な「全集」である。テイラーとジャワットは、ファースト・フォリオを一資料として他の資料と同等に扱うという編集方針を明確に示している。この二つの全集においては、ファースト・フォリオは「拠り所」としての権威を失っている。

他方、最近では、これまでヴェールに包まれていたファースト・フォリオの本質について、多くの学術書や一般向けの教養書によっても理解が広く浸透しつつある。シェイクスピア没後四〇〇周年とされる二〇一六年には、エマ・スミス監修『ケンブリッジ版シェイクスピア・ファースト・フォリオへの手引き』(*The Cambridge Companion to Shakespeare's First Folio*, Cambridge University Press, 2015) が出版された。スミスは、この本の出版と並行して、二冊の入門的内容の研究書——『シェイクスピアのファースト・フォリオ——偶像的書物が歩んだ四世紀』(*Shakespeare's First Folio: Four Centuries of an Iconic Book*, Oxford University Press, 2016) および『シェイクスピアのファースト・フォリオの成立』(*The Making of Shakespeare's First Folio*, Bodleian Library, 2015) ——を出版している。アンソニー・J・ウェスト著『シェイクスピア・ファースト・フォリオ——本の歴史』(*The Shakespeare First Folio: The History of the Book*, Cambridge University Press, 2001-) ——企画当初の計画では全五巻が刊行予定だった——は、彼が五〇歳を過ぎてビジネス・コンサルタントの仕事を退職してから、私費を投じて世界中のファースト・フォリオについて一冊一冊の遍歴と形状を調査したもので、第二巻まで刊行された。ウェストは、この調査を始めた頃にエリック・ラスムッセンに出い、志を共にする二人は後に、『シェイクスピア・ファースト・フォリオの詳細目録』(*The Shakespeare First Folios: A Descriptive Catalogue*, Palgrave Macmillan, 2012) を共同監修している。

この目録は、二〇一二年までに世界中で存在が確認できたフォリオのうち著者たちが調査したすべてのファースト・フォリオについて、その一葉一葉の状態を刻銘に記録したものである。ラスムッセンの単著『シェイクスピア泥棒――ファースト・フォリオを求めて』(*The Shakespeare Thefts: In Search of the First Folios*, Macmillan, 2012/安達まみ訳『シェイクスピアを追え!――消えたファースト・フォリオ本の行方』岩波書店、二〇一四年)は、彼のファースト・フォリオ調査における体験を記した見聞録で、読み物として面白い。ポール・コリンズ著『ウィリアムの本――シェイクスピアのファースト・フォリオはいかにして世界征服を成し遂げたのか』(*The Book of William: How Shakespeare's First Folio Conquered the World*, Bloomsbury, 2009)は、一八世紀初頭には価値のなかったファースト・フォリオが「お宝」となり、二〇世紀初頭にはアメリカ人が、そしてその後は日本の蒐集家たちがそれを求めるようになった経緯を物語風に綴っている。

フォルジャー夫妻のフォリオ蒐集を取材した本も二冊出版されている。アンドレア・メイズ著『億万長者とシェイクスピア――ヘンリー・フォルジャーの異常なファースト・フォリオ蒐集』(*The Millionaire and the Bard: Henry Folger's Obsessive Hunt for Shakespeare's First Folio*, Simon & Schuster, 2016)は、フォルジャーのファースト・フォリオへの執着や、アメリカにおいてフォリオが正典化された過程を辿り、そこにフォルジャーの伝記を重ねて描いた本である。また、スティーヴン・H・グラント著『シェイクスピア蒐集――ヘンリー&エミリー・フォルジャーの生涯』(*Collecting Shakespeare: The History of Henry and Emily Folger*, Johns Hopkins University Press, 2014)は、ファースト・フォリオ蒐集家としての二人の生涯を、フォルジャー・シェイクスピア図書館の資料や生前の夫妻を知る人々への独自取材に基づいて克明に描き上げている。この二冊の伝記本は、フォルジャーの時代の人々をファースト・フォリオ蒐集という行動へと駆り立てた集団心理を照射し、ファースト・フォリオ崇拝の本質とその歴史を浮かび上がらせている。

こうした本が出版される時代の潮流に乗って、二〇一六年には、フォルジャー・シェイクスピア図書館のファースト・フォリオを、全米およびプエルトリコの合計五二箇所の大学や公共図書館を巡回して展示する一大企画が、同図書館の主催によって開催された。この巡回展は、「シェイクスピア全集の原拠」とされ、天文学的な市場価値が与えられてきた一冊の古い洋綴じ本が、神秘のヴェールを脱いだありのままの姿で、全米の大学生や中高生をはじめ多くの一般市民の目に曝《さら》された史上初の出来事である。フォルジャー・シェイクスピア図書館によると、この催しには延べ五三万三八九〇人の来場者があったという。欧米では、ファースト・フォリオがより多くの人々の目に触れ、より日常的な話題となる傾向が、今後さらに加速してゆくだろう。

3　日本人が知っておくべきこと

「シェイクスピア」の「本場」である欧米のこうした動向は、すぐに日本人のシェイクスピア受容にも影響を及ぼすだろう。本物好き、骨董品好きの日本人は、ファースト・フォリオの蒐集においてもその本領を発揮した時期がある。明星大学には、一二冊のファースト・フォリオ（現物）が所蔵されており、これはフォルジャー・シェイクスピア図書館に次ぐ世界で二番目の所蔵数となる。

また、京都外国語大学に一冊、神戸の甲南女子大学にも一冊の所蔵がある。これらのファースト・フォリオはすべて、日本がバブル経済を謳歌していた一九九〇年代初頭までに国内に流入したものだ。明星大学のコレクションに含まれる、かつては一七世紀の劇作家ウィリアム・コングリーヴが所有した「明星ファースト・フォリオ11」(本文訳注29を参照)の買収をめぐっては、その由緒あるフォリオを国内に留め置こうとする英国では大きな反対運動が起こったが、明星大学は譲らなかった。また、日本には、同じ頃にファースト・フォリオを買い付け、今日に至るまでお家の秘蔵品としている人もいる。しかし、ファースト・フォリオがどのような本なのか、ほとんどの日本人はその本質についてほとんど知らない。

学問の領域では、変化の兆しが窺える。明星大学、京都外国語大学、甲南女子大学は、数年前からウェブサイト等で所蔵するファースト・フォリオの一部を広く公開するようになった。一般市民への公開イベントも開催するようになっている。国内外の研究者が予約をすれば現物を閲覧することもできるようになり、コレクションの調査に基づいた著書や論文も多く書かれている。また、邦訳全集の編集方針にも変化が見られる。松岡和子が取り組んでいる「全集」(ちくま文庫)や、河合祥一郎の「新訳」(角川文庫)には、翻訳者によるテクスチュアル・ノート(フォリオやクォートでの異同についての注釈)が加えられるようになった。また、大場建治が取り組んでいる「完訳」(研究社)は、「対訳・注解 研究社シェイクスピア選集叢書」として大場自身が校訂した本文に基づく翻訳である。これらは、既述の「第二ケンブリッジ版シェイクスピア全集」などの「古い」版本を底本としていた前世紀の翻訳とは、本質的に異なるものである。こうした「新訳」がより広く読まれるようになる頃には、ファースト・フォリオの象徴性や意味、そして、日本人にとっての「シェイクスピア」は今とはかなり違ったものになっているだろう。

欧米では、フォリオを所蔵する多くの図書館が、現物をデジタル化して一般公開している。他の古書も同様だが、今では、フォルジャー・シェイクスピア図書館や大英図書館、オクスフォード大学ボドレー図書館などが所蔵するフォリオを、公園のベンチやカフェで寛《くつろ》ぎながらデジタル端末で読むことができる。ハイブリッドなデジタル・テクストで、フォリオをクォートや一八世紀の版本と比較しながら読むことも簡単にできる(11)。きっと、遠からず、世界中のファースト・フォリオも同じように読める日がくるだろう。そのとき、日本のシェイクスピア愛好家や英文学を学ぶ学生たちの間では、これまで秘蔵のお宝として表象されてきたファースト・フォリオは、いかなる本として語り継がれることになるのだろうか。こうした動向に目を向けるなら、「シェイクスピア」を受容し続けてきた日本人も、本書が可視化して示しているその原拠とされてきたものの本質について、今、理解を深めておくべきだろう。

【注】

(1) ファースト・フォリオの前付けにある「本書に収録された全芝居の主な役者名(The Names of the Principall

Actors in all these Playes)」のページには、「ウィリアム・シェイクスピアの作品集、氏の喜劇、歴史劇、および悲劇をすべて収録……(The Workes of William Shakespeare, containing ***all*** his Comedies, Histories, and Tragedies...)」(強調は筆者)というもう一つの標題があり、扉表紙の標題と一致していない。このページの印刷原稿を用意したのは、ファースト・フォリオの製作を企画して主導した出版業者(エドワード・ブラウントと前付けの印刷時に父ウィリアムの仕事を受け継いでいたアイザック・ジャガード)ではなく、フォリオの製作に協力した国王一座の役者たち(ジョン・ヘミングズとヘンリー・コンデル)だったと推定される。こうした不統一は、当時の本には珍しいことではないが、ファースト・フォリオの製作にかかわった者たちの意識に齟齬が生じていたことを示唆している。

(2) 収録順に、『テンペスト』、『ヴェローナの二紳士』、『尺には尺を』、『間違いの喜劇』、『お気に召すまま』、『じゃじゃ馬ならし』、『終わりよければすべてよし』、『十二夜』、『冬物語』、『ジョン王』、『ヘンリー六世・第一部』、『ヘンリー八世』、『コリオレーナス』、『アテネのタイモン』、『ジュリアス・シーザー』、『マクベス』、『アントニーとクレオパトラ』、『シンベリン』。

(3) この他にも、『ジャジャウマ馴ラシ』(『じゃじゃ馬ならし』とは別の芝居(本文二七ページを参照)や『ミュセドーラス』、『ファヴァシャムのアーデン』、『マーリン誕生』等々、ときとして「外典」に含まれることのある芝居は数多く存在するが、通常は、「外典」といえばこの六本の芝居を指す。

(4) この六本は、ファースト・フォリオよりまえに、ウィリアム・シェイクスピアという名前か、もしくはその頭文字と推定される"S. W."という文字を冠したクォート版でも出版されていた。『ヨークシャー悲劇』(一六〇八年)と不正出版されたその再版(一六〇一九年)にもウィリアム・シェイクスピアの名前があり、後者を印刷したのはウィリアム・ジャガードである。しかし、この芝居はファースト・フォリオに収録されていない。

(5) シーボルドの先駆者であるアレグザンダー・ポープが編纂した『作品集』の初版(一七二三—二五年)では、『ペリクリーズ』を含む他の外典が除外されたが、第二版(一七二八年)では『ペリクリーズ』と詩歌が加えられている。

（6）二〇世紀を代表する邦訳版全集である小田島雄志訳『シェイクスピア全集』（白水社）に含まれる芝居が三七本であるのは、この理由による。
（7）例えば、荒井良雄・大場建治・川崎淳之助主幹編集『シェイクスピア大事典』（日本図書センター、二〇〇二年）の一二五ページに見える解説がその一例である。
（8）北米の大学で広く教科書として使用されている版で、二〇一五年には改訂版（第三版）も出ている。
（9）『オクスフォード版シェイクスピア全集』（一九八六年）が、すでにクォート版（一六〇八年）とフォリオ（一六二三年）の『リア王』を二つの独立した芝居として収録している。この全集の編集方針に最も大きな影響を与えた研究の一つは、ピーター・ブレイニー著『「リア王」の本文とその由来』（ケンブリッジ大学出版、一九八二年）だった。
（10）この編集方針について、スタンレー・ウェルズとポール・エドモンドソンは「ファースト・フォリオ原理主義（First Folio Fundamentalism）」という言葉を用いて批判している（Stanley Wells and Paul Edmondson, eds., *Shakespeare on Page and Stage: Selected Essays*, Oxford University Press, 2016, p. 444）が、これは的外れというべきだろう。
（11）ヴィクトリア大学（カナダ）が運営するウェブサイト *Internet Shakespeare Editions* [internetshakespeare.uvic.ca]（創設者：マイケル・ベスト）は、近未来版デジタル・シェイクスピア全集のモデルを示している。

監訳者付記

本書は、恩師で畏友の故野口忠昭先生と定期的に開催していた勉強会で、本書を二人で共訳した草稿（ファウル・ペーパー）を改訂し、訳注を付けたものである。二〇〇七年に先生とお互いの訳文をメールで交換し合いながら、本書を精読していた。そのとき、草稿に手を加えて共訳書として出版する計画について話し合ったが、先生が体調を崩されたためお蔵入りしてしまった。このたび、（学恩に報いるつもりで）私が監訳することとし、その原稿作成を科研費による単独研究プロジェクト「一八世紀における「真正のシェイクスピア」の創成とその本文編纂史への影響」（基盤研究（C））【課題番号 15K02318】の研究計画の一部として位置付けて草稿の改訂に必要なリサーチと調整を行った。訳文や訳注に誤りがあれば、それはすべて私の責任である。

監訳に際し、ピーター・ブレイニー博士のおはからいとフォルジャー・シェイクスピア図書館のご厚意により、本書の翻訳出版と、掲載資料のうち同図書館が権利を有するもの（クレジットを付していない図すべて）の使用を、無償で許諾していただいた。また、ブレイニー博士には、私のメールでの質問すべてに対して丁寧に回答していただき、「日本語版に寄せて」も寄稿していただいた。フォルジャー・シェイクスピア図書館長のマイケル・ウィットモア氏、同図書館のエリック・ジョンソン氏、ジュリー・シュワーチェック氏、キャロライン・デュロッセル＝メリッシュ氏、私を同図書館に紹介してくださったエモーリー大学のシーラ・カヴァーナ教授、そして、水声社の小泉直哉氏には、本書製作の過程において大変お世話になった。この場をお借りして、心より御礼を申し上げたい。

二〇二〇年秋

五十嵐博久

著者・監訳者について――

ピーター・W・M・ブレイニー（Peter W. M. Blayney）　一九四四年、英国に生まれる。初期近代のロンドンにおける書籍出版業研究の第一人者。主な著書に、*The Stationers' Company and the Printers of London, 1501-1557*（Cambridge University Press, 2013）, *The Bookshops in Paul's Cross Churchyard*（The Bibliographical Society, 1990）, *The Texts of 'King Lear' and Their Origins: Volume 1, Nicholas Okes and the First Quarto*（Cambridge University Press, 1982）などがある。また近刊の著書に、*The Printing and the Printers of The Book of Common Prayer, 1549-1561*（Cambridge University Press）がある。

＊

五十嵐博久（いがらしひろひさ）　一九七二年、福島県に生まれる。東洋大学教授（専門は英文学）。主な著書に、*Comic Madness, or Tragic Mystery, That is the Question: The Loss of Comic Features and the Invention of the Tragic Mystery in Shakespeare's 'Hamlet'*（Eihosha, 2013）、『英語世界のナビゲーション』（共著、青踏社、二〇〇三年）、訳書に、デイヴィッド・ニコル・スミス『一八世紀のシェイクスピア』（共訳、大阪教育図書、二〇〇三年）などがある。

シェイクスピアのファースト・フォリオ

――偶像となった書物の誕生と遍歴

二〇二〇年一一月二〇日第一版第一刷印刷　二〇二〇年一一月三〇日第一版第一刷発行

著者――ピーター・W・M・ブレイニー
監訳者――五十嵐博久
装幀者――西山孝司
発行者――鈴木宏
発行所――株式会社水声社
東京都文京区小石川二―七―五　郵便番号一一二―〇〇〇二
電話〇三―三八一八―六〇四〇　FAX〇三―三八一八―二四三七
[編集部] 横浜市港北区新吉田東一―七七―一七　郵便番号二二三―〇〇五八
電話〇四五―七一七―五三五六　FAX〇四五―七一七―五三五七
郵便振替〇〇一八〇―四―六五四一〇〇
URL : http://www.suiseisha.net

印刷・製本――ディグ

ISBN978-4-8010-0524-2